ジェンダー平等社会の実現へ

――「おかしい」から「あたりまえ」に

Shizuko Sugii
杉井静子

日本評論社

ジェンダー平等社会の実現へ
——「おかしい」から「あたりまえ」に

目次

はじめに

配偶者を何て呼ぶ？　未だにある「家」制度の名残

今では、テレビなどのメディアで夫のことを「主人」と表現することは、ずいぶん減ってきました。でも、市民の日常会話では結構「主人」が使われていますね。

私は一九七〇年に結婚したあと、「はて夫を何と言ったらいいのか？」と正直言って悩みました。さすがに「主人」とは言いたくなかったのです。

そこで、最初は「ダンナ」と言いました。「旦那さま（さん）」ではなく、「ダンナ」と呼び捨てにした言い方です。これは夫と対等であることを示す意味で当時としては「適切」と思っていたからです。いくら弁護士でも法律用語としての「配偶者」は堅すぎるし、夫という言い方もしらじらしく思えたからです。

でも、今になってもともと「旦那」とは、①使用人などが商家の主人を呼ぶことば、②夫、また他人の主人を呼ぶことば、③女性の生活の面倒をみている夫ではない男、パトロンなどの語意があることを辞書で知りました。

なんだぁ、結局「主人」と変わりなかったのです。

当時、私は講演の度に、参加者に「あなたは自分の夫を何と呼びますか？」と語りかけました。するとほとんどの場合「主人」という返事が返ってきました。そこで、「夫が主人だとするとあなたは奴隷ですか？　家来ですか？　なぜ夫が『主』なんですか？」と質問すると、みんな「そういえば……」とざわめくのです。ただ、次に決まって「先生、じゃあ、他人の夫について何と言えば良いんですか？『あなたの夫』というのは失礼な気がします」という疑問が出されるのです。

そこで私はその頃、読みかじった国語学者の寿岳章子《じゅがくあきこ》さんが[1]提唱している「夫さん」でいいでしょうと答えました。でも、いざ自分が他人の夫に対して「夫さん」とは言いづらく、結局「ご主人」と言ってしまう自分がいましたし、講演でも「夫さんなんてネ」というのが多くの反応でした。

しかし、なぜ日本語はこうもややこしいのでしょうか。英語では自分の夫も他人の夫もハズバンドですむし、妻のことはワイフですむのに……。と思ったことでした。

私としてはその頃、決して「言葉狩り」をするつもりではなく、「主人」と言っている人を「遅れてる～」と蔑視するのでもなく、あくまでも疑問を投げかけるとともに戦前の社会では法律では妻は夫に従属する立場であり、文字通り「夫は主人」だったことを講演するための糸口とすることが狙いでした。

ただ、約五〇年も経った今になって、昔私の講演を聴いた女性から「私はその後、絶対に夫のことを『主人』と呼ばないことにして今日に至っています」などと言われたり、男性からは「先生の『夫さん』は元気ですか？」と声をかけられると、私の話はムダではなかったかな？　と思うのです。そして最近では「相方」とか「パートナー」という言い方も増えてきていますね。

ごく最近ある新聞の投書欄で、七八歳の男性の「〝ジルの夫にわが振り直す[2]〟」が目にとまりました。

「先日のアメリカのバイデン次期大統領の演説報道の中で、演説冒頭に『私はジルの夫です』とし『ジルは私の妻です』と述べませんでした。この報道で考えたのは普段から知人との対話で私は妻を『かみさん』『家内』と呼び、知人の連れ合いを『奥さん』と呼んでいることです。これまで何と呼ぶべきかと考えてきましたが、妻に対しては『妻　連れ合い』『ワイフ』も良いかなと思います。いずれにしてもジェンダー平等を目指す道は奥深いものがあると認識しました」。

やはり時代は変わってきているのです。

それにしても言葉、とくに日常用語はとても大事ですよね。言葉により人びとの意識が固定され、それが世間常識（判決などでよく使われる『社会通念』）が形成されるのですから。

入籍という言葉

若いカップルから結婚の報告のハガキが届きました。「私たちは入籍しました」とありました。婚姻届を出すことを今でもふつうに「入籍」と言うのはなぜでしょうか。

後で詳しく述べますが、今では民法上も戸籍法上も婚姻について、「入籍」という用語はありません。婚姻の届出があったときは「夫婦について新戸籍を編製する」（戸籍法一六条本文）のであって、夫の戸籍に妻が「入籍」するわけではないのです。

ただ、戸籍の筆頭者が夫の場合は妻は夫の戸籍に「入る」ように見えますね。

でも、もちろん夫も妻も配偶者の「家」に入るわけではありません。

しかし、旧法（戦前の民法、正確には明治民法）ではちがいました。後述するように「妻は婚姻によりて夫の家に入る」（旧民法七八八条一項）と明記されていました。そして夫が「戸主」の場合は、その夫の戸籍に入るのですが、夫とは別に父親なり兄なり戸主がいる場合は「戸主」が筆頭に記載されている「戸籍」に妻は「入籍」するわけです。だから婚姻＝入籍はまちがいではなかったのです。

このように戸籍や「家」制度にまつわる言葉も吟味する必要があるのではないでしょうか。

「夫」関連でいうと、なぜ「○○夫人」というのでしょうか。夫人は夫である人を指すのではなく、夫の人、夫に養われる（所有されている）妻を意味する言葉ですね。またなぜ夫は「良人」なのでしょうか。

その一方で妻のことを夫は「家内」と呼びますね。私など外で働いている妻は決して「家内」ではないので、私の夫は何と言っていたのか気になりましたが、どうも「女房」といっていたようです。しかし「女房」とは「亭主」の対語でやはり「主」に仕える女性です。ただ「昔、宮中や貴族に仕えた高位の女官」という意味もあるので、「家内」よりは若干地位が高い、敬意が込められているといえるのでしょうかね……。

次に「嫁」という字は「女」の「家」と書くのですね。今でも「嫁に行く」「嫁をもらう」などと言いますが、なぜ「結婚する」「婚姻した」と言わないのでしょうか。

結婚式の形はずいぶん変わってきましたが、未だに式場での表示は「○○家と△△家の結婚披露宴（控室）」とあります。

さらにお墓。これはまだ圧倒的に「○○家（代々）の墓」ですね。

このように、今でも「家」の名残は生きつづけています。

世帯主は夫?

ところで、戦後「家」制度がなくなり「戸主」はなくなりました。しかし、「世帯」と「世帯主」は法制度上も残りました。この用語は住民基本台帳法（一九六七年制定）に根拠をもちますが、住民票には「世帯主」が誰かが記載され、世帯員については「世帯主との続柄」が記載されます。詳しくは後述（第二章）しますが、「世帯を代表する者」「主たる生計の維持者」（少しでも収入が多い方とされがち）が世帯主とされているのです。そして実際には住民票上の世帯主は戸籍の筆頭者以上にほとんどの場合、夫です。そういう実態のなかで、夫＝世帯主＝世帯の代表者というのが「常識」になっています。これも「家」制度の名残といえるでしょう。

コロナ禍で、たとえば子どもも含む国民一人ひとりに支給される給付金が、住民票上の「世帯主」ではないと受け取れないということが大問題になりました。DV被害女性が夫から逃れて住民票を移さずにいる場合はもちろん、同居している場合も夫が「世帯主」であることから妻子の分まで受給してしまうという不都合が露呈したのです。こうなると単に形式的ではなく、世帯主が家族の代表とされているといえます。

一人称にどんな言葉を使うか

ある新聞の投書欄に二八歳の青年からの次のような意見がありました。

「自分のことを『俺』ということにすごく違和感がある。私は体も心も男だが『俺』という言葉に心がついていかない。『僕』は幼い感じがするので最近は使わない。一番しっくりくるのは『わたし』です。でもくだけた場や友達との会話で使うと『女々しい』『堅苦しい』と言われたりしないか不安になり、躊躇してしまう。一人称にどんな言葉を使うかという選択はジェンダーや性自認、アイデンティティーにかかわる繊細な問題だと感じます。それは二人称（○○くん、ちゃん、さんなど）三人称（彼、彼女）においても同様だと思う」。

辞書[3]で調べると「俺」は「おもに男性が親しい人や目下の者に対して使う」「改まった言い方としては『わたし』を使う」とありました。

なので、男性が「俺」を使わないのは全然問題ないし、むしろ「わたし」の方が相手を尊重する言い方で、いいんじゃないかと思うのです。

また「僕」は辞書では「男性が自分を指していうことば。改まった言い方としては『わたし』を使う」とあります。ちなみに「僕」は「男の召使い。しもべ」という意味もありますので、ずいぶんへり下った言い方と言えますね。

たしかに封建時代や身分制度が厳しい社会では「俺」は目下の者に「僕」は目上の者に対していう言葉だったのでしょうが、民主主義の今日の社会では人はみな平等なのですから「俺」「僕」よりも「わたし」の方がいいし、それを「女々しい」とか「堅苦しい」という方がまちがっているんじゃないでしょうか。とくに「女々しい」というのはジェンダー差別的な言い方ですので、ジェンダー平等に敏感な若者としたら断然、胸を張って自信を持って「わたし」というのがいいですし、また妻のことを「お前」というのもどうなんでしょうか。言葉の一つ一つから変えていくことが大切だと私は思います。

伝統的な日本語の場合、丁寧語や謙譲語があり、外国語に比べてTPOの使い分けが難しいですが、ジェンダー視点でみることが大事ではないでしょうか。

ジェンダー差別表現を変える動き

一九七〇年頃のウーマン・リブは人間（マン）という言葉が男しか表わさない〝男と女〟という表現は男を中心とした世界観を示しているなど言語が男性中心とした世界観を示している男性中心の価値システムであると主張しました。一九七五年には国際婦人年をきっかけとして「行動を起こす女たちの会」（略称：行動する女たちの会）が〈私作る人・僕食べる人〉という食品会社のCMを男女差別だとして抗議して放送中止に追い込みました。同時にNHKに女性労働者の処遇改善とあわせて「主人」を夫または配偶者にする、父兄を父母または保護者にするなど性差別表現の改善を要望しました。一九八五年には「ことばと女を考える会」によって、辞書の注釈や用例に〈女は煮え切らない〉〈女のくさったよう〉などと性差別的記述が見られることが明らかにされました。その後、新聞についても〝女性社長〟〝女流作家〟など女性を亜流として扱っていることも明らかにされ、こうした言語改革運動の結果、辞書は改訂され、一部の新聞のお悔やみ欄や死亡記事の男性には〝氏〟、女性には〝さん〟とされていた区別がなくなり〝さん〟に統一されるなどの変化が生まれました。

身のまわりを見直してみる

日常のくらしのなかに潜むジェンダー差別を、自分のくらし、身のまわりのことから見直してみましょう。「これはおかしい！」、そこまでいかなくても「これはどうなの？」と感じることがあったら声をあげてみましょう。

「おかしい」と感じるのは戦後、日本国憲法が施行されて「両性の平等」「個人の尊厳」が「あたりまえ」になっているからです。でも一方で伝統とかしきたり、慣習上、差別がまかり通っているのでなかなか声をあげにくい現状もあります。

だからこそ、声をあげてみましょう。

なぜ差別がまかり通っているのかを戦前の「家」制度にさかのぼって考えてみましょう。そして日本国憲法を道しるべに、これからのジェンダー平等社会の「あたりまえ」を探っていきましょう。

私自身の体験をふまえ、一緒に「おかしい」から始まり、「あたりまえ」を目指すことを始めたいと思います。

1　寿岳章子『日本語と女』（岩波書店、一九七九年初版）

2　しんぶん赤旗千葉二〇二一年一月一四日　小野功

3　『角川必携国語辞典』

第1章

「家族」とは何か
「家」制度とは何か

1　家族とは何か

（1）家族の多様性

『日本女性史大辞典』によると家族とは「性・生殖・子どもの養育・精神的支えという機能をもち、婚姻・血縁で結びついて世帯を営む生活集団」です。

歴史的には、結婚や血縁で結びついたものだったのでしょう。時代や地域によってさまざまな形態がありました。夫婦と未成年の子どもという核家族を指すようになったのはヨーロッパでは一七世紀末であり、日本では後に述べるように第二次世界大戦後のことですが、今ではこの核家族も少数になってきています。そして、『角川国語辞典』には「ふつう同じ家で生活をともにしている夫婦・親子・きょうだいなど」とありました。

今では、夫婦・親子・きょうだいといってもさまざまです。婚姻届を出した夫婦だけではありません。事実婚の夫婦もいるでしょうし、ＬＧＢＴの人たちのように同性のカップルもいるでしょう。

親子・きょうだいといっても両親を共通にするとはかぎりません。親が再婚であったりするといわゆるステップファミリーということもあるし、もちろん親一人のシングル親（ファザー、マザー）と子どももあります。

さらに〝生活をともにする〟というのは重要な要素の一つでしょうが、夫婦のどちらかが単身赴任であったり、遠隔地に住み、週末のみ一緒に過ごす別居夫婦の形もあります。また、成人してからは自立して親と別居している子どももいるでしょう。

フィンランドの首相になったサンナ・マリンさんは、母親と母親の女性パートナーという家族に育てられたといいます。

全く血のつながりのない家族もあるでしょう。

二〇一九年本屋大賞を受賞した『そして、バトンは渡された』（瀬尾まいこ著、文藝春秋社）を読んだ方も多いと思います。この本の主人公の一七歳の女性は、血のつながらない親の間をリレーされ、四回も名字が変わります。でも、彼女はいつも家族として愛されていました。「（血のつながりのある）家族よりも大切な（血のつながりのない）家族」とは何かを教えてくれます。

このように、親密な人同士が共同生活をし、そこで、行われている現実の営みに着目すると今どきの家族は本当に多様です。

そして、その構成員一人ひとりの人権と個人の尊厳、その人らしい生き方を尊重するのであれば、家族のあり方はさまざまであっていいのではないでしょうか。

(2)「家族」のあり方まで法律で決められる？

家族のあり方は個々人が決めるもので、国が家族を法律で定義づけ、制度としての「家族」のあり方まで国が規制・介入するのはどうなのでしょうか。

ところが、安倍元首相を含む改憲派の人たちは、「家族や親子のあるべき姿をモデル化」して多様な家族を封じようとしているようにみえます。それは戦前の大家族や三世代家族を理想として念頭においているのではないかと思われます。
ところで、戦前の「家」制度はまさに「家族」のあり方を民法という法律で定めていたのです。
そこで「家」制度はどんなものだったのかを詳しくみていきましょう。

2 「家」制度は戦前の民法で規定された「家族共同体」

(1) 明治民法とは

戦前の民法（明治民法といいます）は、今から一〇〇年以上も前の一八九八（明治三一）年につくられた法律です。戦後に親族・相続編が全面改正され、最近では「債権法」の部分も大改正されましたが、「物権法」の部分はその多くがそのまま依然として残っているように、日本の市民（私人）間の関係を規律する日本の国の最重要な基本法の一つです。

実は明治民法ができる前にある民法典がつくられています。日本が鎖国を解いて、外国との交渉を始め近代化を目指した時期に、ボアソナード（一八二五〜一九一〇年）というフランスの法律家が中心になって、ヨーロッパの夫婦中心主義にそった民法典をつくりました（これを旧民法またはボアソナード民法という）。しかしこの民法はつくられたのに一度も施行されることがありませんでした。

というのは、「民法出でて忠孝滅ぶ」という憲法学者穂積八束博士の論文が出るなどして論争があったのです。反対論の中心は、旧民法は、わが国の「家族共同体」の人倫（人の道や道徳）に反する、というものでした。結局、旧民法は施行延期となり、一八九八（明治三一）年に「家族共同体」を重視する（個人より家族を優先する。個人は家族のなかに埋没する）明治民法がつくられ施行されました（以下、戦前の民法は明治民法または旧法という）。

明治民法は武士階級の封建的で階級的な家族制度と儒教的な「忠」「孝」などの倫理道徳に基礎をおいて、家族共同体を「家」制度として法制化したものでした。「家」制度は、法律的な制度であると同時に、道徳的・社会制度でもあったのです。そして民法の特色だとされ維持しなければならない家族共同体は、天皇をいただく一大「家族国家」の一部であり「忠孝は一如」とする思想に立っていました。そこには観念上「正常（正当）な家族」が想定されていました。

(2)「戸籍」の由来

次に「戸籍」とは何かをみてみましょう。

日本の戸籍制度は、一八七一（明治四）年に制定された戸籍法に遡ります。もともとは、現実に一つの家屋で暮らす人びとをもれなく把握するためにその家屋を「戸」とし、登録する制度でした。そしてその長を「戸主」とし「戸主」以外の親族も「戸主」との続柄を記載したうえでの「戸籍」がつくられました。

これは明治政府が税金を徴収したり、人びとを兵隊として徴兵したりするためのものでした。つまり、国民（戦前は臣民といいましたが）を管理し統治する目的でつくり出された住民登録制度です。

その後日本社会の近代化とともに人びとの移動が激しくなり、本籍以外に寄留する人口が増加するにつれ、戸籍の記載が実態を反映しないケースが増えていくため、戸籍は、次第に住民登録としては機能しなくなり、主に身分登録としての性格を強めていくことになります。

しかし、戦前は「寄留法」（一九一四年制定　大正三年三月三一日施行）があり、「九〇日以上本籍外において一定の場所に住所又は居所を有する者は之を寄留者とす」（同法一条）と規定され、寄留簿には寄留者の氏名、世帯主との続柄、寄留者が家族のときは戸主の氏名とその続柄等を記載することになっていました。これが戦後の住民票に引き継がれます。

現在でも戸籍には「附票」があり、住所を移転（住民票の変更をすれば変更の都度に）その「附票」に記載されるので、間接的には住所登録的機能を果たしているといえます。

戸籍は、前述したように一八九八（明治三一）年に明治民法上の「家」制度と結びつきます。戸籍は、民法上の「家」を単位に編製され「戸主とその家族」が登録されます。「家」の所在地が「本籍」です。「家」に属する者は全員同じ戸籍に入り「家」の呼称である同一の「氏」を名乗ります。戸籍は「氏」で統一された「家」を目にみえる形にしたものといえるでしょう。

（3）明治民法上の「家族」

①「戸主」と「家族」からなる「家」

明治民法では「戸主の親族にして其家に在る者及び其配偶者は之を家族とす」とされていました。親族とは、①六親等内の血族、②配偶者、③三親等内の姻族です。血族は血がつながっている者で、姻族とは血はつながっていなくとも婚姻でつながっている者。つまり、夫（妻）の親やきょうだい、「義理」の親やきょうだいをいいます。血族は六親等、姻族は三親等内が親族です（図表1のとおりで血族

図表1　血族と姻族

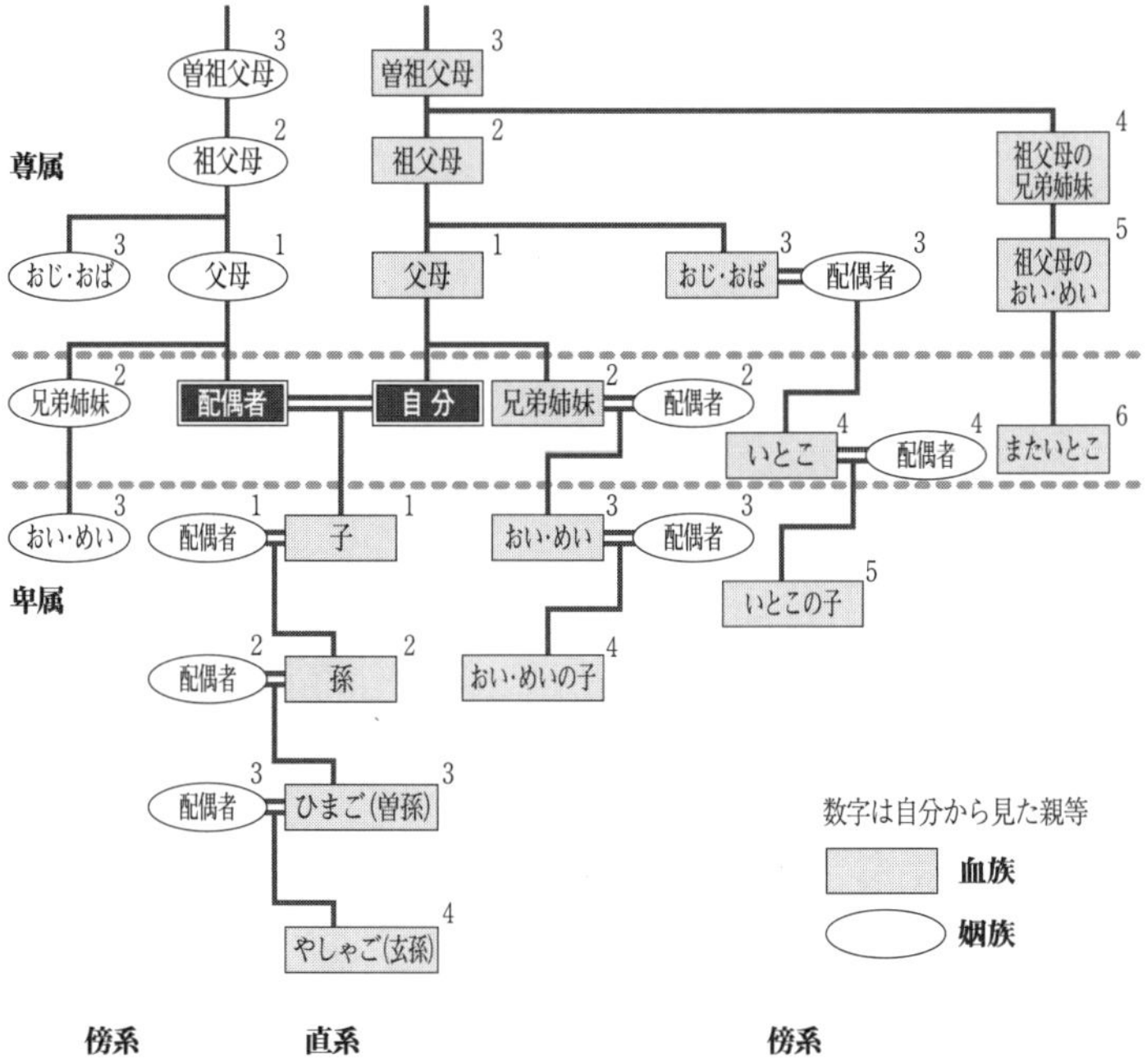

は自分からみて「またいとこ」まで、姻族は配偶者の「おい・めい」まで）。ですから、相当な広範囲になります。その「家族」の統率者が「戸主」です（世間的には家長という言葉が使われますが民法上は戸主ですので以下、戸主といいます）。

「家族」は「其の家に在る」と限定しているように同一の氏で統一され「戸主」が筆頭者の戸籍に載っている親族とその配偶者なのです。「家」は「分家」として分かれることも、新しく「家」を創立することもあります。「家」は現実に衣食住をともにしている者だけではなく、あくまでも「戸籍」上のものでした。そして「家」は戸主から戸主へ連綿と引き継がれるものとされ、戸籍にも戸主の欄の前に「前戸主」が明記され、「家」が誰から誰へ引き継がれたかがわかるようになっていました。

戸主は、あくまでも「家」の代表者ですから、戸主の変更があっても「家」は存続し、「家族」もその「家」の家族として引き継がれるのです。たとえば戸主が隠居した場合や、戸主が死亡したときでも「家」は存続し、「家族」は全員新しい戸主の家族となります。

「前戸主」から「戸主」の地位を引き継ぐことを「家督相続」といいます。引き継ぐ人を「家督相続人」といいます。

② 「家」は原則「男系相続」

家督相続人は原則として男性でした（男系相続）。男性というだけでなく、男性の「長子」つまり「長男」がなります。正妻との間に生まれた子が女子であれば、婚姻外で生まれた子（お妾さんの子など）が男子で父親が認知すれば「家」の戸籍に入り（これを庶子といいます）、この婚外子の男子が婚内子の女子より優先して家督相続人になります。つまり「妾」の地位を認めその子を一般の非嫡出子（私生子）とは区別して、できるだけ男子に「家」を継がせようとしたのです。女性は相続人が全員女性の場合のみ、例外的に「女戸主」になりますが、後に述べるように女性の戸主にはさまざまな制約がありました。また、実子がいないときは他家から養子を迎えて「家」を継がせます。「妾」公認制度と養子制度が「家」制度を支える二本柱であったといっていいでしょう。

このように、日本の「家」制度は、男性優先でありかつ後述する絶大な「戸主権」で家族構成員を支配する「家父長制」の家族形態でした。同時に「儒教的な」長幼の序と結びついた差別と男尊女卑（性差別）にもとづくのでした。

③　全員どこかの「家」に属する

人は出生とともにどこかの戸籍に入りますが、原則的には「子は父の家に入る」とされ、父が入籍している戸籍に入ります。父が戸主でない場合は、父の父つまり祖父の戸籍あるいは父の兄が戸主の戸籍に入ることになります。しかし、父が知れない（わからない）すなわち婚姻外で生まれ父が認知していない子（これを私生子と言います）は母の「家」（戸籍）に入ります。この場合も今日のように母が筆頭者の戸籍ではなく、父や兄が戸主の戸籍で入籍するには戸主の同意が必要でした。つまり「戸主」の同意がないとどこの戸籍にも入れないことになっていたのです。

④　女性は結婚すると

結婚すると夫は従前から入っている戸籍から移りませんが、妻は夫の入っている戸籍に入ります。つまり妻は夫の「家」に入るのです。もちろん「氏」も夫の氏に変わります。妻が入籍する戸籍は、夫が戸主の戸籍とはかぎりません。祖父や父親が戸主あるいは長男（長兄）が戸主の戸籍ということも多くあります。夫婦間の子も、父母が入っている戸籍に入ります。

具体的に見てみましょう。

私は一九四四（昭和一九）年生まれですから、生まれたときはまだ明治民法の時代でした。私は、

図表2　戦前の戸籍の順序

前戸主	小俣　○○
戸主	小俣　順作
妻	ともの
子	長男
子	二男
子	三男
婦	長男の嫁
孫	長男の子
孫	長男の子
婦	二男の嫁
孫	二男の子
婦	三男の嫁
孫	三男の子（私）

父・小俣友作と母・坂本良子の間に生まれた長女でした。私が入籍した戸籍は、戸主小俣順作の戸籍です。順作は私の父の父すなわち祖父です。戸主の次に妻、私から見ると祖母のとものが入っていて父のきょうだいの長男、二男の後に三男として父・友作が入っています。そして、長男の妻、二男の妻、そして三男友作の妻である私の母がつづきます。その後に長男とその妻の間の子たち、つまり順作からみれば孫たちが入っています。さらに二男とその妻との間の子（これも順作の孫になります）がつづきます。孫たちは出生順に入籍しています。そして私も孫の一人として入籍しています（図表2参照）。

　この戸籍はあくまでも戸主を中心にその家族（子そしてその配偶者）さらに孫全員が入っているのですが、私からみれば伯父、叔母さらに伯父たちの子つまりいとこが全員入っている戸籍で、何とこれが「家族」なんです！　まさに大家族です。それと驚くことに妻の表示はあくまでも戸主の妻だけであって、息子たちの妻は「婦」とのみ表示されているのです！

　戸籍は「戸主」を家長とした婚姻届を出した正当な婚姻（法律婚）とそれによって形成された家族だけを保護する。しかし、前述したように婚外の子が男子であれば庶子として「家族」に入れてあげるという意味では男子優先（男尊女卑）もので、こうした「家」からはずれた家族は許さない思想があったのです。

一方でいくつもの親子が一つの「家」に入っていて後述するように一人の「戸主」の絶大な権限下におかれたのです。

（4）「戸主」の絶大な権限

戸主は個々の家族（家族員といいます）に対し、絶大な権限をもちます。たとえば以下のとおりです。後述するように夫の妻に対する権限、親の子に対する権限のうえに「戸主」としての権限があったのです。

① 家族は「家」を出るにも「家」に入るにも、戸主の同意が必要です（入家、出家同意権）。
② 家族は戸主が指定した居所に住まなければなりません（居所指定権）。
③ 家族は婚姻したり、養子縁組をするには戸主の同意を得なければなりません。等々です。

「家」に入るとは、戸主の戸籍に入籍することですが、前述したように出生した子が戸籍に入るにも戸主の同意が必要でした。「家」を出るとは、戸籍から抜けること（除籍、分籍等）ですが、これについても戸主の同意が必要でした。

つまり家族員は、「家」に入るときも出るときもいちいち戸主の同意が必要とされたのです。びっくりするのは、生まれたときだけでなく、婚姻したり、養子縁組をする際にも、戸主の同意を得なければならなかったことです。婚姻も縁組も「家」に入ることになるからです。

後述するように、婚姻には一定の年齢以上なら父母の同意は不要です。けれども戸主の同意は年齢に関係なく要したのです。だから婚姻は「家」同士の結びつきといえるのです。

婚姻の制限については後で詳しく述べますが、私が戦前に生まれ戦前に婚姻するのであれば、戸主である私の祖父と夫になる人の属する「家」の戸主双方の同意が必要だったのです。これには私自身慄然としました。愛しあった男性であっても「戸主」が反対すれば私は婚姻できなかった。つまり婚姻は「家」同士の結びつきで婚姻する当事者個人の自己決定権はなく、結婚の自由がなかった、それが戦前の時代だったのです。

ですから憲法二四条にある「婚姻は両性の合意にのみに基づいて成立する」という規定は、婚姻当事者の自己決定で婚姻は成立する、当事者以外の者の反対、介入を許さないという深い意味をもっているのです。

さらに前述したように戸主は家族構成員に対して「ここに住みなさい」と命じる権限（居所指定権）もありました。この点で、家族には居住移転の自由もありませんでした。「家」制度のもとでは日常生活全般について個人の自己決定権が尊重されず、各種の自由が奪われていたことがわかりますね。個人の尊重、個人の尊厳という現憲法の原理はひとかけらもありません。

（5）婚姻は「家」と「家」の結びつき

① 婚姻についての父母の同意

「家」制度のもとでは、婚姻は「両性の合意のみ」では成立しません。年齢に関係なく戸主の同意が必要であったことは前述しましたが、父母の同意も必要でした。

婚姻できる年齢は、当時は男は一七歳、女は一五歳でしたが、この年齢を超えても、男は三〇歳未満、女は二五歳未満だと、父母の同意がないと婚姻はできませんでした。仮に、父母の同意が不要な年齢に達しても「父母に反対されたら結婚はできない」というのが「世間常識」になっていたでしょう。

だから、結婚は戸主や「親が決めるもの」というのが常識で、恋愛結婚なんて「もってのほか」だったのではないでしょうか。

婚姻は夫の「家」にとっては「嫁をもらうこと」であり、妻の「家」にとっては「嫁にやる」ことだと考えられていました。「もらう」とか「やる」とか、まるで「モノ」のやりとりではありませんか！

婚姻により「妻は夫の『家』に入る」という意味はここにあります。

つまり、婚姻は「家」同士の「嫁のやり取り」であり、「家」同士の結びつきだったのです。だから「家風にあわない」「子を産まない」嫁は実家に帰される。結婚式はあげたけれども「入籍」はしない事実婚（足入婚などという）も戦前には多くみられました。そのため内縁を保護する法理論や裁判例も積み重ねられました。

婚姻が「家」同士の結びつきという意味は、婚姻後は妻は「家」に入ることにより夫の「家」の戸主に服することになります。さらにその「家」の直系姻族（すなわち夫の両親や祖父母）との間に姻族関係が生じ「扶養義務」が生じます。夫の死亡した後も「その家」に留まるかぎり姻族関係が持続し扶養義務がつづく関係でもありました。

②「推定家督相続人」の婚姻

妻は原則、婚姻によって夫の家（戸籍）に入るのですが、例外がありました。それは女性が一人っ子あるいは姉妹だけの場合です。いずれこの女性が戸主となりますが、このいずれ戸主となる者を推定家督相続人といいます。もちろん男性でも長男あるいは一人っ子の場合は推定家督相続人です。男女を問わず推定家督相続人は民法上「他家に入りまたは一家を創立することを得ず」となっていました。婚姻したり養子になって他家に入籍することはできなかったのです。

つまり長男長女（姉妹のみの場合）は、家を継ぐ者として他家の長男長女（前に同じ）との婚姻は法律的にできなかったのです。明らかな婚姻の自由の侵害ですね。

ただ、男性の家督相続人は他家の家督相続人ではない女性なら、自分の「家」に入ってもらえばよいので、女性ほどの婚姻の自由の侵害にはなりません。しかし、女性の家督相続人の場合は、他家に入る形の婚姻はできないので、婚姻するには「入夫婚姻」「婿養子婚」（ムコ取婚）といって婚姻する相手と父母との間で養子縁組を結び、「ムコ」として家に入ってもらうのと同時に婚姻する、という特殊な婚姻形式でしか婚姻できなかったことも見逃せません。女性の推定家督相続人の場合は男性の家督相続人に比べても極端に婚姻の自由がなかったことは注目すべきことです。

再び私の例でいうと、私は三人の姉妹の長女です。そして私の夫は一人っ子で長男でした。だから私たちは戦前であれば前述したように戸主である祖父や父母の同意以前に、推定家督相続人としてそもそも婚姻自体ができなかったのです。その点で二〇二〇年のＮＨＫの朝ドラ「エール」の主人公・小山裕一の妻の音は三人姉妹ですが、姉が軍人と結婚しているのが気になります。夫の方が姉の「家」に入ったのでしょうか？　いずれにしても婚姻は「家」と「家」との結びつきであること、「家」を絶やさないためのものであったことが明らかです。それが「家」制度だったのです。本当に恐ろしいことです。

また、婚姻後夫が他家に入る場合（夫が他家に養子に入る場合など）は「妻は之に随ってその家に入る」ことになっていました。法律上も「夫唱婦随《ふしょうふずい》」でした。

さらに、離婚も自由にできませんでした。満二五歳未満の者が協議離婚するには、婚姻について同意権をもっていた者、つまり家に在る父母双方の同意がまた婚姻で他家に入った者が離婚するには実家に在る父母の同意が必要とされていました。二五歳を超えれば同意は不要になりますが、おそらく年齢にかかわらず父母から反対されたら離婚もできないというのが実態ではなかったでしょうか。

③　戸主と家族員は支配服従関係

このようにみてくると「家」制度のもとでの「家族」は、対等平等な人間関係ではなく、絶大な権限をもつ「戸主」とそれに従わなければならない「家族員」であり、戸主と家族は横並びの平等ではなく「支配」し「服従」する上下関係であることがわかります。

その一方で「戸主」は「家族」を扶養する義務を負っていました。ただ「家族のいずれに属するかわからない財産」は「戸主」の財産と推定されるし、「家」の財産は「戸主」が握っており、遺産相続においても長男単独相続が原則だったので、「家族」としては一人で独立して生計をたてることは困難でした。とりわけ農業や漁業のほか自営業といわれる「家業」の場合は、「家族」は「家」の働き手ですが、給料などは払われず、「家業」の収入は全部「戸主」が取得するのですから、「家族」は「戸主」に扶養されなければ生活していけなかったともいえます。戸主はある意味家族の生殺与奪の権限をもっていたのです。

(6) 夫と妻も支配服従関係

① 妻は無能力者

明治民法下の女性の地位の低さを象徴するものとして、妻は「無能力者」であったことを真っ先にあげたいと思います。若い人には信じられないでしょうが、明治民法一四条には次のような規定がありました。

明治民法第一四条
妻が左に掲げた行為をなすには夫の許可を受けることを要する
一、第一二条第一項一号から六号に掲げた行為
二、贈与若しくは遺贈を受諾し又はこれを拒絶すること
三、身体に羈絆《きはん》を受けるべき契約をすること
前項の規定に反する行為はこれを取消すことを得

第一二条は準禁治産者の規定ですが、第一項一号から六号に掲げた行為とは、

借金や保証をなすこと
不動産又は重要な動産に関する権利を得たり失ったりすることを目的とする行為をなすこと、訴訟行為をなすこと、贈与和解又は仲裁契約をなすこと
などです。
これは「準禁治産者が保佐人の同意を得ないとできない行為」で、その点で妻は準禁治産者と同様で夫の同意を得ないと契約など法律行為ができない「無能力者」だったのです。

② 無能力者とは何か？

当時の民法で「無能力者」とされていたのは、妻以外に、①未成年者（当時は二〇歳未満）、②心神喪失の常況にある者で禁治産宣告を受けた者、③心神耗弱者・聾者・唖者・盲者・浪費者で準禁治産宣告を受けた者でした。これらの人たちは、自分の行為の結果を判断できる精神的能力（意思能力といいます）が不充分な場合があり、その程度によって②と③に分かれます。
①の未成年者は未成熟な子どもを保護する目的で設けられています。現在でも未成年者は特定の行為以外は一人で契約はできず、親権者が代理人となったり、親権者の同意が必要ですので、詐欺商法に引っかかって未成年者が親権者の同意がなく、一人で契約を結んだ場合、法定代理人である親権者はこの契約の取消しができる制度です。これは未成年者を保護するための制度です。この制度は現民法にもあります。
②は禁治産者と呼ばれるもので、精神的な判断能力が不充分である程度が著しい者です。結婚とか身

分法上のものを除いて一人（単独）でできる法律行為はなく、後見人がつけられた場合は、後見人だけが契約などの法律行為ができて本人がした行為は無効です。この規定は戦後も残りました。

③については、準禁治産者と呼ばれるもので、精神的判断能力の不充分な点も軽いものから、聾唖盲者であっても精神的能力が充分ある人もいるし、浪費者に至ってはとうてい精神的能力が不充分とはいえない者も含まれていて、大変差別的な規定でした。そのため戦後の民法改正で、聾唖盲者や浪費者は削られましたが、準禁治産者の規定は残りました。①②③は無能力者と呼ばれ、私の大学在学中はもとより弁護士になってからも長いこと、この「無能力者制度」は残っていました。

しかし、二〇〇四年に成年後見制度が創設され「無能力者」という呼称も廃止され、「制限行為能力者」と改められ禁治産者は被後見人、準禁治産者は被保佐人とされる民法改正がなされました。

たとえば事故等で植物状態になったりすると、家裁に申し立てることで、後見人を選任してもらうことができます。また、認知症のお年寄りについて後見人あるいは保佐人や補助人をつけたりすることもあります。いずれにしても意思能力が不充分な人たちを保護するという合理的な理由がありますね。

③　妻はなぜ「無能力者」なのか？

これに対して「妻」はどうでしょうか。精神的判断能力に何ら問題がなくても、女性が結婚し妻になったとたんに、上述した①②③の無能者と同列の「無能力者」とされ経済的活動能力を奪われてしまったのです。それが戦前の民法、「家」制度下の妻でした。

つまり妻は前述した一定の行為について、夫が法定代理人として代理するかあるいは許可がなければ、法律行為ができませんでした。先に列挙した行為を妻が一人ですると夫は取り消すことができました。つまり不動産の売買契約、家の賃貸借契約、宝石類等の高価な物の購入等々、契約などの法律行為等取引行為ができなかったのです。妻は社会生活の重要な場面である経済活動が単独ではできず、その点で一人前の人間とみなされてなかったといえます。

そしておかしなことに前述したように未成年者のうちは無能力者ですが、二〇歳で成人していったん能力者となった女性が結婚したとたんにまた無能力者になってしまうのです。

戦前の民法の解説書[1]によると「妻は精神的弱者ではないから、特に其の利益を保護するため、之を無能力者とし、之に法定代理人又は保佐人の如き保護機関を設ける必要は少しもない。民法が妻を無能力者とし、一定の行為には、夫の許しを要するとしたのは、妻をして夫の意思を尊重せしめ、家庭の平和を維持せんがためである」とあります。

何という女性蔑視でしょうか。まさに儒教にいう「夫を天ともあおげ」という思想。どんなに夫に不当な言動があっても「家庭の平和」のために妻は夫の意思を尊重して夫に従え、夫は妻の意思や意見を無視してもよいという思想を法的に公認したものといえます。

平塚らいてうは、女性による雑誌『青鞜』を発刊し「元始女性は太陽であった」と書き「家」制度や女性のセクシャリティなどの問題を積極的に取り上げてマスコミから「新しい女」と非難されました。二八歳の時に五歳年下の奥村博（のち博史と改名）を愛し同棲しました。しかし「家」制度のもとで婚姻届を出せば妻は無能力者となることから婚姻届を出しませんでした（今でいう事実婚です）。らいてうは「独立するについて両親に」と題する論文のなかで、「私は現行の結婚制度に不満足な以上、そんな制度によって是認してもらうような結婚はしたくないのです」「恋愛のある男女が一つの家に住むということほど当前のことはなく（中略）形式的な結婚などどうでもかまわないと思います」「ましてその結婚が女にとってきわめて不利な権利義務の規定である以上なおさらです」と言っています。一〇〇年以上も前の時代に書いたとは思えない先進性を感じます。そして生まれた子を未婚の自分の戸籍に入れ、差別的な「私生子」の扱いを甘んじて受けました（ただ、戦時下の一九四一年、息子・敦史の兵役のため奥村家に入籍しました）。

④　妻のものは夫のもの？――夫は妻の財産を管理する権限がある

さらに夫は妻の財産を管理するため必要な一切の行為ができます。財産管理に必要であれば、妻の為に借財をなし妻の財産（たとえば結婚時の持参金や不動産）を譲渡し、これを担保に供し、または賃貸することもできるのです。ただし、これらをするには妻の承諾を得なければなりませんが、現実には妻が承諾しないことはないでしょう。また、たとえば妻所有の家屋を他人に賃貸したとき得られる賃料は「果実」（収入）ですが、これについては妻の承諾を要しないで処分できました。

このように夫は妻の財産を管理するために必要なときは、妻の代理人として特定の事柄は妻の承諾なくしても他の特定の事柄は妻の承諾を得て法律行為ができる地位にあったのです。これでは夫が妻のものは自分のものと考えてしまうのは自然であり、夫は妻を一個の別人格とは認めない、「主人」という言葉が象徴するように「夫は主人で妻は夫の奴隷」と考える意識のルーツがここにあることがわかります。

⑤ 離婚での不平等――不貞行為など

現行の民法では裁判上の離婚の離婚原因としては、①配偶者に不貞な行為があったとき、②配偶者から悪意で遺棄されたとき、③配偶者の生死が三年以上明らかでないとき、④配偶者が強度の精神病にかかり、回復の見込みがないとき、⑤その他婚姻を継続し難い重大な事由があるとき、と相当限定的に規定しています。

明治民法では、離婚原因は一〇項目ありますが、明らかな男女差別があります。とくに、不貞行為についてです。妻については「姦通を為したるとき」ですが、夫については「姦淫罪に因りて刑に処せられたとき」となっていました。姦通とは、妻が夫以外の男性と性関係を結んだときで、当時は刑法にも姦通罪がありました。つまり妻の不貞は犯罪にもなりかつ、離婚原因になったのです。一方で夫はどうかというと、夫も他人の妻と性関係を結べば姦通罪になりますが、独身の女性と性関係を結ぶことは姦通罪にならないばかりか、離婚原因にもなりません。また国家に公然と認められた売春（公娼制度）があり、妾をもったり、複数の女性と性関係をもつのは男の「甲斐性」でした。そのうえ、他人の妻と姦通したときも、姦通罪として裁判にかけられ「刑に処せられたとき」でなければ離婚原因にはならなかったのです。これは明らかな男女差別です。戦後刑法改正により姦通罪そのものが廃止されただけでなく、離婚原因としても「配偶者に不貞な行為があったとき」というふうに、夫と妻いずれも不貞行為があれば離婚原因があるという規定に変わりました。

また、明治民法では「配偶者の直系尊属より虐待又は重大な侮辱を受けたるとき」も「配偶者が自己の直系尊属に対して虐待をなし又は重大なる侮辱を加えたるとき」も離婚原因とされていました。配偶者の親との関係が相当重視されていたことの表れでしょう。配偶者自身の虐待や侮辱でなく、直系尊属からの虐待や侮辱も離婚原因となっていたのも、いかにも「家」制度のもとでの夫婦関係であることを示していると思います。これらは戦後削除されました。

なお、明治民法上は「配偶者より同居に堪えざる虐待又は重大なる侮辱を受けたるとき」も離婚原因になりました。現行民法でも配偶者の暴力、言葉による暴力は「その他婚姻を継続し難い重大な事由」にあたるのですが、明治民法には「同居に堪えざる」とあることから、相当はげしい暴力、侮辱でないと離婚が認められなかったのです。その点でも妻に過酷な婚姻制度でした。

一九九〇年代に私が担当した離婚事件で、夫は法廷で妻に対する暴力を認めつつ、妻がガンにかかった弟の見舞いに行くのに夫の承諾をとらなかったことをとらえて、「妻が自分（夫）のいいつけを守らなかった」と開き直ったことを思い出します。夫と妻の関係が、夫が「命令」妻は「服従」する関係であることを平然と言い切る夫にあ然としたものですが、明治民法下の夫婦の関係は、法的にも日常的にもまさにそうした上下関係であったといえます。

⑥　相続での男女差別

まず第一に、明治民法には亡くなった人（被相続人）の配偶者としての相続権はありませんでした。親の財産を子として女性が相続するということはありましたが、亡夫の財産を妻という立場で相続することはできなかったのです。また「家」の財産は、家督相続した者が相続することになっていました。相続は「家」を守るためのものでしたから、家督を相続した者、原則は長男が一人で相続するものでした。妻は他家から入ってきた者ですから、相続からは排除されるのが当然と考えられていました。

したがって、同じ子でも、長男以外の男子は家督相続はもちろん「家」の財産の相続でも長男のみの単独相続がふつうで、同じ兄弟でも差別がありました。そして女子は他家に嫁いでなくても相続できませんでした。

戦後の民法で、配偶者（これは妻とはかぎりません。夫の場合もあります）が三分の一（その後二分の一に再改正される）の遺産を相続し、残りを子どもたちが性別にかかわらず均分相続するという改正がされたことも画期的なことでした。

しかし私が弁護士になった一九七〇年代でもまだまだ長男一人が相続し、女性たちは何も相続しないという「遺産分割協議書」が作成されてしまっていて、しかもこの協議書が、未成年の女子の親権者である母が、法定代理人として勝手に署名していたケースが少なからずありました。この協議書の無効を争うには訴訟をしなければならず、泣く泣くあきらめるという女性も相当数いたのです。また、結婚して姓（氏）が変わった女性はそれこそ「他家の者」として相続権がないというまちがった「常識」がまかり通っていました。

⑦　母は原則として親権者になれない

明治民法では「子は其家に在る父の親権に服す」とされ、「父が知れざるとき、死亡したるとき、家を去りたるとき又は親権を行うこと能わざるときは家に在る母之を行う」となっていました。つまり原則としては父の単独親権でした。

例外的に母が親権者になる場合は、重大な財産行為を母が代わってするときは、親族会議の同意が必要とされていました。父の場合はこうした制限はありませんでした。

そして親権者は次のような権限をもっていました。(i)子の居所を指定する権利、(ii)子の兵役出願への許可、(iii)子を懲戒する権利と懲戒場に入れる権利、(iv)子が職業を営むことを許可する権利、(v)子の財産管理権等です。

戦後の民法改正で母も父と同じく親権者であること、つまり共同親権が認められました。ようやく男女（父母）同権になったのです。

ところで、戦前は親権者は家を同じくする父親ですので、離婚の際も、母親は悲惨でした。童謡詩人として有名な金子みすずは、一九二六年二三歳のとき結婚しますが二八年頃から夫に童謡の投稿を禁じられただけでなく、夫婦生活のなかで夫から性病をうつされます。そこで実家に帰り三〇年に離婚しますが、子どもの親権者は元夫で引き取れませんでした。絶望したみすずは服毒自殺。享年二六歳でした。こうした悲劇が多々ありました。

離婚に際し、親権だけでなく、監護権も元夫に奪われ、子と引き離される母も多かったのです。

3 「家」制度がもつイデオロギー

(1) 絶対的天皇制と対のもの

川島武宜さんは「家族と法との関係は、日本の絶対的な政治体制の中枢的な問題である」と言っています[2]。

戦前は明治憲法のもとで天皇が主権者であり、しかも「神聖にして侵すべからず」の存在でした。つまり、天皇は「神」なのです。絶対的天皇制と言われる体制です。国民（臣民）の人権も法律でいくらでも制限でき、事実上、自由も権利もないなかで軍国主義に突き進んでいった時代でした。

そして、明治政府にとっては、軍国主義侵略戦争を押し進めるために、家族に対する道徳上そして法律上の統制は重要な意味を持っていました。

つまり「儒教的な家族道徳にもとづく家父長制」を国家として公認し強化して法制化したのが「家」制度でした。我妻栄さんもその著書[3]のなかでこう述べています。「夫も妻も親も子も兄弟も姉妹すべて家長である『戸主』の権力に服従することが唯一の『人倫』だとされ固定された家族共同体の永続のために自己を犠牲にすることが至上の道徳とされた」と。家父長制が道徳的教えとして正当化されて全国民、とくに小学校で教え込まれていました。絶対主義権力（天皇制）に従順な「臣民」をつくることを狙ったのです。

川島さんは「人は幼い時から、不断に家族集団の行動様式や人間関係によって条件づけられています。家族集団の行動様式は強い情緒的反応を伴って深く個人のパーソナリティの中に内面化します。だから家族集団を『支配』と『服従』の関係にして法的に統制して、それが人々の行動様式に定着し、体系化されてゆくことを権力は狙っている」と前掲書で書いています。

一八九〇（明治二三）年に天皇の名で出された教育勅語は一八八二年の「軍人勅諭」とともに軍国主義を支えました。教育勅語による道徳教育（修身科）では家族道徳として親（とくに戸主）に対する恭順と絶対的服従が教えられました。たとえば、「孝（行）」とは親から何もしてもらっていなくても生んでもらっただけで親や兄に対する「恩」に対しての「恩返し」として応えねばならず、それが人の道（人倫）であるというように教えられたのです。そこには権力に従う側の「自由」が完全に否定されています。

それは、家族員が個人として尊重され、独立の人格として承認され、互いに愛情によって支えられているという現憲法の精神とは真逆の思想でした。

（2）「家」制度を支える意識

川島さんの整理によると「家」は次のような意識に支えられています。

① 血統連続に対する強い尊重―父系血統　女性の蔑視

② 多産の尊重　子を産まない妻の蔑視―子なきは去る　産めよ殖《ふ》やせよ

③ 祖先の尊重

④ 伝統の尊重

⑤ 個人に対する「家」の優位

⑥ 家の外部においても個人をその属する家（家族）によって位置づけること―家柄、毛並みの尊重

このような家族秩序のなかに生きる人びとは、この家族秩序の固有な考え方、差別構造、行動様式に拘束されます。

川島氏は「家族制度イデオロギーは、これを利用して（国民を）国家権力の道具にまで高めた考案な

のである」とまで言っています。

（3）家族国家のイデオロギー

戦前の日本の国家は「家族国家」と呼ばれていました。

関口すみ子さんはその著書[4]のなかで次のように述べています。

「『家族国家』とはたんに研究上の用語ではなく『大日本帝国』が正式に名乗った名称であることを忘れてはなりません。一九三七（昭和一二）年に文部省が編さんして出している『国体の本義』の中では『我が国は皇室を宗家として奉り天皇を古今に亙る中心と仰ぐ君民一体の一大家族国家である』と宣言しているのです」。

そして、『国体の本義』では、「我が国が家族国家であるというのは家が集まって国を形成するというのではなく、国即家であることを意味し、而して個々の家は国を本として存立するのである」と書かれています。「忠」「孝」も「忠あっての孝であり」「忠が大本」なのです。関口さんは「君に忠であることが親に孝になる」という思想が「君に忠であってこそ親に孝である（それ以外にはない）と突きつめられていく」「この『一大家族国家』が、それに『我が国の伝統』というラベルを貼りながら、同時に『道義国家』として大東亜共栄圏の指導者として、邁進しなければならない（臣民の道）とされる」と言っています。

文部省が編さん作業に着手したものに「家の本義」がありますが、その編さんに関する要項によればその趣旨は次の言葉で始まります。

「我が国は一大家族国家にして、家はかかる家族国家の一枝なり。即ち家の生活は畢竟肇国の精神の顕現に他ならず、且つ、天皇帰一の生活実践の基盤にして報本反始の道場なり」と。

そして「その家の中には、ひたすら献身する『母』が待っている。彼女は、死んだ夫や息子を迎え入れ、育てた子どもを戦場へと送りだす（中略）それは『天皇陛下万歳』と叫んで死ぬ場合だけでなく、親密な親子関係を持ち、『お母さん』と叫びつつ死ぬ場合もまた、国にやすやすと吸収されていくシステムである」。

関口さんはこう結びます。

『『家』制度はジェンダー不平等な制度というだけではなく、日本の軍国主義、侵略主義を支えた精神的支柱でもあった」と。

こうした「家」制度のもとで子はたえず、おどおどした態度で親の意を迎えるようにしなければならず、親に対して対等な態度で接することは「不敬」であるとされていました。

また、「女は夫を以て天とす　返す返すも夫に逆らって天の罰を受けるべからず」という江戸時代の「女大学」の道徳規範に支えられたうえでの、夫と妻の関係でした。

親子、夫婦の関係も「支配」「服従」の関係であり、親や夫に「口答え」することや「理屈をいう」ことは親や夫の尊厳を侵す大罪であるとみられました。

妻や子は夫や親という権力の客体であって主体ではないので、夫や親に服従するのは当然であるとされていました。

さらに夫や親という「権威」は超自然的、超人間的な力によって強化されるので服従する人びとは自ら「すすんで」「権威」に服従することになります。だから人びとが自主的に判断し、決定することは許されなかったのです。これが「わきまえる」ことなのです。

こうした「支配」「服従」の夫婦・親子関係のうえにすでに述べたように家長としての「戸主」の支配が厳然と存在したのですから、民主主義とは相容れない制度であったことは明白です。

4　現憲法の制定と民法改正——「家」制度の廃止

一九四六（昭和二一）年に現憲法（日本国憲法）の草案が発表されました。それに伴い、民法の親族・相続編の改正手続が開始されました。

（1）憲法の規定と抵抗勢力とのせめぎあい

憲法二四条は第一項として「婚姻は両性の合意のみに基づいて成立し、夫婦が同等の権利を有することを基本として、相互の協力により、維持されなければならない」第二項として「配偶者の選択、財産権、相続、住居の選定、離婚並びに婚姻及び家族に関するその他の事項に関しては、法律は個人の尊厳と両性の平等に立脚して、制定されなければならない」と規定しています。

この条文（審議時は二二条）をめぐって次のようなやりとりがありました。

そもそも、現憲法は大日本国憲法の改正という手続でつくられたもので、審議したのも帝国議会です。一九四五（昭和二一）年七月一七日の衆議院憲法委員会では「将来の家庭において、個人の権威と両性の平等に立脚するならば戸主は存在しえないのではないか。家族制度は改善されるのか」という井伊誠一議員の質問に対して木村法相は次のように答弁しています。「新憲法は個人の権威と両性の本質的平等を基本としており、この線にそって家族制度をすすめて行きたい。戸主権も将来この文字が使われるか改正されるかは知らぬが、家の中心はなくしてはならぬと思う。日本の家の制度は家系の尊重と祖先の崇拝に基礎を置いていた。このいい意味における家族制度を個人の権威と両性の平等といかに組み合わせるかに苦心があり法制調査会で審議中である」[5]。

さらに憲法改正案は、次週から開かれた小委員会で遂条審議されました。その小委員会での審議の中でも次のようなやりとりがありました。憲法改正委員会の芦田委員長が「(憲法により)在来の家の思想に基く、家督相続若しくは戸主権が吹き飛んでしまうようでは行き過ぎではないか」と質問すると、金森国務大臣は次のような趣旨の答弁をしています。「憲法自身は家督相続を否定しない」「家其《そ》のものの考え方は勿論尊重していきます」と。

このように、当時の政府関係者は、憲法二四条によって「家」制度を当然に廃止するとは考えていなかったのです。

確かに憲法の条文上は「家」制度の廃止が書かれていないので、この辺のことをあいまいにしながら戦後の民法改正は始まったのです。まさに「家」制度擁護論者と廃止論者のせめぎあいがあったのです。

我妻栄さんは「道徳的な家族制度と法律的な家族制度」[6]において讃美する者の意見を「親夫婦、子夫婦が一緒に暮し、幼い子を愛撫し老いたる親を養い更に兄弟相睦《した》しみ合い相扶《たす》け合って暮らす(中略)これがわが国の家族制度の賜物」と紹介します。一方これを呪詛《じゅそ》する者の意見を「『家』のために青雲の志を抑えられる子、心にもない結婚を強いられる娘などは家族制度の犠牲者である」また「家庭において父親が横暴なこと、妻が夫に対して奴隷の如く傅《かしず》くこと、これも家族制度の姿である」と紹介しています。

そして「民主主義とは、何人も他人の人格を無視してこれを支配強制するような権力を有することなく、各人が互に相手の人格の尊厳を認め合い、平等の立場に立って相協力し相扶助して共同生活を営む理想である」「だから家庭生活の民主化とは、親子、夫婦、兄弟姉妹、各自が互に人格を尊重し互に平等の立場認め、相敬愛し相協力し親族共同体の美を発揮することである。家族の人格を無視する家長権の下に、そしてまた妻に奴隷的地位を強いる夫権の下に構成される親族共同体は、たといその外形がいかに望ましいもののようであってもそれは遂に人類の現想の姿たることを得ない」と述べています。

(2) 個人の尊厳と「家」制度

現憲法は一一条で「国民は、すべての基本的人権の享有を妨げられない。この憲法が国民に保障する基本的人権は、侵すことのできない永久の権利として、現在及び将来の国民に与えられる」としています。また一三条では「すべて国民は、個人として尊重される。生命、自由及び幸福追求に対する国民の権利については、公共の福祉に反しない限り、立法その他の国政のうえで、最大の尊重を必要とする」とされ、さらに一四条一項では「すべて国民は、法の下に平等であって、人種、信条、性別、社会的身分又は門地により、政治的、経済的又は社会的関係において、差別されない」とあります。

すべての国民が個人として尊重され、性別その他で差別されることなく、自由や幸福追求権が保障されるとする憲法の理念からすれば「家」制度が廃止されるのは当然すぎるくらい当然のことでした。「家」制度は夫婦や親子の関係までも「家」という立場から制約し、ゆがめていたからです。個人よりも「家」が尊重され「家」のために個人が犠牲にされていたからです。

すなわち第一に夫婦間の平等の確立、第二に子の人格の尊厳の確認、夫の妻である者をしゅうと・姑の「嫁」として自由を拘束する「戸主」はなくす、第三に子ども間の不平等をなくすという点からの民法（家族法）の抜本的改正が必要でした。

しかし長年の間に日常生活に染み込み慣習化した人びとの実際の生活とその意識とはそう一朝一夕に改まるものではありません。それが「家」意識の名残として今日に至るまで私たちの生活をしばり、ジェンダー平等を妨げ、そしてまた親による子の虐待がなくならない原因・背景としてあるのではないでしょうか。

また、明治憲法とそのもとでの支配体制を維持しつづけようとする勢力は、「家」制度を廃止するための民法改正にもあくまでも消極的でした。

（3）不十分な点が残った民法改正

民法改正のための法律案要綱の審議は内閣内に設置された臨時法制調査会と司法省内の司法法制審議会で一九四六年八月から始まりました。一九四七年六月に最終案がとりまとめられ、最終的には「家」制度の廃止を含む民法の改正が実現します。しかし、せめぎあいのなかでの改正ですから、不十分なものが残ってしまいました。たとえば選択的夫婦別姓を認めず夫婦同氏を強制する規定が残ってしまいました。また婚外子の相続分の差別や親の子の支配権といえる親権の規定がそのまま維持される等々です。いずれにしても当時の「国民感情」に配慮した不徹底な面が多く残りました。これらについて、本書ではジェンダー視点から改めて検討し今後の課題を明らかにしたいと思います。

1 薬師寺志光『日本親族法論 上巻』(南郊社、一九三九年)
2 川島武宜『イデオロギーとしての「家族制度」』(岩波書店、一九五七年)
3 我妻栄『家の制度――その倫理と法理』(酣灯社、一九四八年)
4 関口すみ子『国民道徳とジェンダー』(東京大学出版会、二〇〇七年)
5 昭和二一(一九四六)年七月一八日付朝日新聞「衆院憲法委員会」記事
6 『実業の日本』四九巻一二号(実業之日本社、一九四六年)

◆コラム1　樋口一葉の小説から

樋口一葉は、明治時代を代表する女性の小説家です。五千円札でもおなじみですね。一万円札は福澤諭吉、千円札は野口英世ですから、三人のうち一人は女性にしようという意図があったといわれています。しかし明治期に活躍した人物のうち三分の一が女性と考えるのは全くのまちがいです。新札が発行されたのは二〇〇四年のとき、あたかも政府をあげて男女共同参画社会推進をうたっていた時期です。明治時代でも貧しい階級の女性が活躍できたと思われがちですが、彼女の場合は特殊事情がありました。

小官史の二女として生まれますが、長兄も二兄もそして父も亡くなり、彼女は一七歳で一家を背負う「戸主」になります。母と妹を扶養する責任が重くのしかかるなかで、常にお金のやりくりに振り回された日々。女性であっても経済的に自立できる途（職業）を探したのでしょう。荻野吟子《おぎのぎんこ》が初めて公認の女性医師となったのが一八八四年ですし、教師や看護師などの職業をもつ、いわゆる〝職業婦人〟が進出するのは大正から昭和にかけてですから、明治二〇年代の頃自分とその家族を養うだけの収入が得られる女性の職業などあるわけがありません。一葉もほんの何か月か雑貨屋を営みますがすぐに廃業しています。

一葉は小学高等科四級しか修了していませんが、上中流階級の子女に和歌や古典を教える中島歌子主宰の〝萩《はぎ》の舎《や》〟に入門し、歌のほか古典や書道を学びます。そして文学に接することで小説家を志し、東京朝日新聞の小説記者半井桃水《なからいとうすい》に入門します。小説家を志したとき日記に記したのが「わがこころざしは国家の大本（おおもと）にあり」です。一八九二（明治二五）年、二〇歳のときにデビュー作『闇桜』を発表しますがなかなか売れません。その後『大つごもり』『にごりえ』『たけくらべ』などを発表し、文壇でも注目されるようになりますが、二四歳の時に肺結核で亡くなりました。今でこそ著名ですが生存中は極貧生活がつづきました。

一葉はたまたま文才があり、かつ文学の世界では歴史的にも紫式部をはじめ、女性の作家が活躍したこともあり、女性が独立して自立した生活費を稼げる小説家の道があったのですが、女性の生き方としては稀有な例といえるでしょう。

ふつうの女性は十代で結婚して夫の「家」に入り、子を産み、「戸主」と「夫」に従い、老いては子に従う、男尊女卑の考えにしばられていた「三従苦」の一生でした。一葉は「家」制度のもとでの女性の貧困と差別を自らの生活のなかで体験していたので、その作品のなかで、「家」制度下の女性の苦しみ悲しみを表現しています。

『十三夜』は一八九五（明治二八）年一二月『文芸倶楽部』に掲載された明治期の結婚の悲劇を描いた一葉の代表作です。

旧暦十三夜の暁、お関は実家を訪問して両親に夫とのことを話します。夫はお関を身分が卑しいとつねにさげすみ、一昨日より家に帰らず五〜六日も家を空けるのは常でした。出際に着物の揃え方が悪いと言ってどんなに詫びても聞き入れず着物を脱いでたたきつけて自分で洋服に着替えたうえ、「あゝ、私くらい不しあわせな人間はあるまい、御前のような妻を持ったのは！」と言い捨てて行きました。お関は離婚の意を決して実家に帰ってきたのでした。

しかし、父親は、離婚すれば、子は夫の「家」のもので、離婚後の親権者は夫です。一度縁を切れては二度と顔を見に行くこともできない、同じ不運を泣くのなら夫の妻として泣け、とさとすのでした。お関は離婚を思いとどまりました。

帰途、偶然にも人力車の車夫が幼なじみでお関のことを片思いしていた男性でした。彼は彼女の結婚で自暴自棄になり、今の境遇に至ったのですが、二人は思いを秘めたまま別れるという悲話で、明治時代の結婚の実態と女性の悲劇を活写しているといえます。

◆コラム2　弁護士法の改正裏話「妻ナルモ妨ゲズ」

戦前、女性は裁判官・検察官にはなれませんでした。しかし弁護士については、一九三三（昭和八）年五月一日公布、一九三六（同一一）年四月一〇日に改正された弁護士法によって、女性に門戸が開かれました。では、改正前の弁護士法を見てみましょう。

弁護士法第二条

弁護士タラント欲スル者ハ左ノ条件ヲ具フルコトヲ要ス

第一　日本臣民ニシテ民法上ノ能力ヲ有スル成年以上ノ男子タルコト

ここには、しっかり「男子タルコト」とありました。

その後、大正デモクラシーの高揚のもとで、女性参政権を求める女性たちの運動にも後押しされて、右の規定を改正しようとする動きのなかで、一九二二（大正一一）年一〇月一六日に弁護士法改正調査委員会が設置されました。この委員会が答申した弁護士法改正綱領は次のようなものでした。

改正綱領第三条

弁護士タルニハ左の条件ヲ具フルヲ要ス

一、日本臣民ニシテ民法上ノ能力ヲ有スル者ナルコト但シ妻ナルモ妨ナシ

同十二条

弁護士ハ其ノ入会スル弁護士会ヲ経由シテ司法大臣ニ登録ノ請求ヲ為スベシ
妻ガ前項ノ請求ヲ為スニハ夫ノ許可ヲ受クルコトヲ要ス

（以上、「日本女性法律家協会七〇周年のあゆみ」司法協会、二〇二〇年六月発行より）

私は今年（二〇二二年）に弁護士歴五三年になりますが、この改正綱領なるものを初めて見ました。そして、本当にびっくりしました。妻が弁護士として活動するには〝夫の許可〟が必要だったのです。何ということでしょうか。しかし、先にも述べたように、戦前の民法では妻は法的には〝無能力者〟なので、法律行為をするにも夫の許可や同意が必要であったのですから、これは当時の法律としては当然といえば当然のことだったのかもしれません。しかし、あまりにも露骨すぎると思ったのでしょうか。さすがに改正弁護士法ではその部分は削られました。改正弁護士法第二条は次のようになっています。

第二条

左ノ条件ヲ具フル者ハ弁護士タル資格ヲ有ス

一、帝国臣民ニシテ成年者タルコト

大先輩である故渡辺道子弁護士は、女性法律家協会の会報に「今読めば吹き出したくなるような奇妙な規定から、このすっきりしたものになるまで、どのような議論が戦わされたのか。記録が戦災で焼けてしまったために知るすべもないのは残念なことである」と感想を述べられています。

◆コラム3　女性の権利向上を訴えただけで実刑判決！

二〇二〇年一二月二八日、サウジアラビアの裁判所が女性の権利向上を訴えて拘束された活動家ルジャイン・ハズルールさんに実刑判決を言い渡したとの報道がありました。ヒューマン・ライツ・ウォッチのアダム・クーグさんはこれに対し「彼女の人権活動のみにもとづく裁判は茶番だ」と非難しました。女性の人権、権利向上を訴えるだけで、犯罪になるなんて、今では考えられず、世界的なニュースになることがらです。

しかし、戦前の日本では、①女性の参政権は認められず、②女性が政治的な集会に参加したり、③政党に加入すること自体が治安警察法違反の犯罪でした（ただし、②については新婦人協会が中心となった運動で、一九二二年法改正が実現し参加が認められるようになりました。しかしながら、③については戦後まで認められませんでした）。

さらに、治安維持法で国体（天皇制の国家体制）を変えることを目的とする団体に加入したり、その目的遂行に協力する（目的遂行罪）だけで、死刑を含む重罪に処せられた時代があったことを忘れてはなりません。

第2章

「家族」と「戸籍」と「氏」

1 「家」は廃止されたが「氏」は残った

戦後、民法上の「家」制度は廃止されました。しかし、民法改正は、「家」制度を当然のものと考え、日本の伝統あるいは美徳としていた「国民感情」のもとでそれに配慮した不徹底なものでした。

とりわけ「戸籍」と「氏」が残ったことがいろんな問題を残しました。

明治民法には、「氏」という用語が使われているのは次の一か所だけでした。「戸主とは一家の長をいい、家族とは戸主の配偶者及びその家にある親族・姻族をいう」としたうえで「戸主及び家族はその家の氏を称する」(第七四三章)。

ただ、旧戸籍法には①戸籍は戸主を本として一戸ごとに編製する②戸主の戸籍にあるものはその家族とし、家族は戸主の氏を称す③子は父の戸籍に入る、父の知れない子は母の戸籍に入る④妻は婚姻により夫の戸籍に入るなどの規定がありました。「氏」は明らかに「家」の呼称で、戸籍は「家」の呼称である「氏」ごとにつくられていました。「家」と「戸籍」と「氏」は一体のものとして固く結びついていたのです。一九四六年七月から始まった民法の改正のための司法法制審議会の審議のなかで「氏」がどう議論されたかみてみましょう。

最初の要綱試案には「民法上の『家』を廃止する」とあったのが要綱案では「家」の廃止を明記せず「民法の戸主及び家族に関する規定を削除し、親族共同生活を現実に即して規律する」に改められます。

また、「妻は夫の姓を称すること、但し当事者の意見に依り夫が妻の姓(氏ではない!——著者注)を称するのを妨げざるものとす」となっていたのが「夫婦は共に夫の氏を称する。但し入夫婚姻にあたる場合には当事者の意見により妻の氏を称するのを妨げない」に変わりました。

起草委員会の案が一九四七年三月に発表されますが、これには民間諸団体やGHQ（連合国軍最高司令官総司令部）からも批判が出ます。たとえば、民法改正案研究会は「氏の実質的効果を減らすのではなく増している」「氏というような『家』の観念のつきまとった文字を捨てて『姓』と改めることが望ましい」と意見を述べています。

またGHQの係官オプラーは「これでは家＝氏ではないか。『虎を前の門から追い出したら後の門から狼が入ってきた』という諺を知らないか。家という虎を前の門から追い出したら氏という狼が後の門から入ってきた」と指摘したといいます。

これら内外の批判をあびた後、一九四七年六月二四日に国会に上程された案は、夫婦の氏について「夫又は妻の氏を称す」となり夫婦いずれの氏でも自由に選択できることになりました。しかし、夫婦同氏強制の原則は堅持されたのです。

当時審議会委員であった著名な民法学者の我妻栄さんは、「(氏に関する) これらの規定の本体は、夫婦親子という最小の親族共同生活体が同一の呼称をもちたいという国民感情への順応に過ぎない。そして、この現実の共同生活が累代に亘って存続するときに、その呼称も永続するという事実を承認しているに過ぎない。それがたまたま、家名を残したいという親の希望を遂げる手段に利用され得るだけである」と述べています。[1]

ここには「氏」を残すことは「国民感情」への順応にすぎないが、「家族の共同生活」の実態が変わる場合には「氏」が変わることもあると示唆されているのです。

こうした経緯をみると「氏」の制度こそ「家」制度を廃止するかわりに、「現実に即して親族共同生活を規律する」という名目のもとで現実的な「家」制度を維持・継承するという新しい役割を与えられて登場してきたといえるでしょう。

我妻栄さんも「『家』は廃止されたけれども氏は存続して、そこに夫婦と親子を超越した観念的な団体を作ることになる。そして、そこに伝統的な『家』の思想を存続させる温床をつくることになりかねないであろう」とも述べています。[2] また「新法も氏を個人個人が自由に決定しうるものとしているのではない。一定の場合には、当然に一定の氏を称すべきものとしているだけでなく、氏を変更することを認めるにしても、その場合を限定している。したがって、新法のもとでも、同一の氏、ないし共通の氏を称する者の範囲がおのずから限定され、勝手なことは許されない。そこで、共通の氏を称しうる者、ないし共通の氏を称しうる者が、何らかの共同体（中略）氏共同体とでもいうべき観念的な団体（中略）を構成するものかどうか、という問題を提供する」「『家』は廃止されたけれども、氏は存続して、そこに夫婦と親子を超越した観念的な団体を作ることになる。そこに、伝統的な『家』の思想の存続させる温床をつくることになりかねないであろう」と警告しています（同書一〇二〜一〇三頁）。

つまり、「氏は改正された民法上でも決して「個人の呼称」ではなく「家族の呼称」、我妻さん流にいえば「氏共同体」の呼称になっているといえます。しかし一方で、戸籍実務上は「家の呼称」では説明しきれない不都合も生じています。その後の法改正で、離婚・離縁の際の「婚姻姓続称」制度も実現しています。

本章では、そうした「戸籍」と「氏」の現実との乖離等も含めて問題点を洗い出したいと考えます。

2　戸籍とは何か

(1) 戸籍とは?

戸籍は、法務省の「戸籍」ウェブサイトによると「人の出生から死亡に至るまでの親族関係を登録公証するもので日本国民について編製され、日本国籍をも公証する唯一の制度」とされています。

前章で述べたように、夫婦、親子などの親族の法律関係は、実体法の民法で定められています。民法にもとづく抽象的な法律関係は戸籍のうえに具体的に表現されます。それぞれの夫婦、親子の関係を登録して、それを公証(公に証明する)ものです。さらに日本国籍についても公証する唯一の制度とされていますので、日本国民は必ずどこかの戸籍に登録され「戸籍がない」人はいないはずです。

しかし、現実には現在も、ごく少数ですが何らかの事情で出生届が出されず「無戸籍」で生活している人がいます。その人たちを「無戸籍者」「無戸籍児」と呼びます。

無戸籍者はいないというわが国の法律の建前は、明治民法下でははっきりしていました。戸籍は「家」制度と一体のもので、人びとは必ずいずれかの「家」に属し、「家」は戸籍で表示されていましたので、戸籍のない者はいない建前だったのです。

（2）戸籍と国籍

一八七三（明治六）年の太政官布告「外国人民ト婚姻差障条規」では、外国人の妻となった日本人女性は、国籍を失うとありました。男性本位の「夫婦国籍同一主義」でした。これが一八九九（明治三二）年に施行された国籍法では、父系血系主義、すなわち出生の時に父が日本国民であるときにかぎり国籍を取得できるに変わりました。ちなみにこの規定は戦後も改正されず一九八四年までつづいていました。

ところで日本は一九一〇年に韓国を「併合」しますが、朝鮮には国籍法は適用されていません。「併合」によって朝鮮人は「日本臣民」にされますが、国籍上の「日本人」ではなかったのです。

しかし、生まれた時に出生届を出すと戸籍に記載されます。日本国内に本籍がある人は「内地戸籍」に記載され、「日本臣民」でも朝鮮に本籍がある人は「朝鮮戸籍」に、台湾の場合は「台湾戸籍」に記載されます。朝鮮人は「朝鮮戸籍」の「外地人」という扱いです。つまり、戸籍制度により国籍が発生するわけで、日本国が個人に対し支配を及ぼす根拠が戸籍なのです。だから戦前は朝鮮人・台湾人は日本国籍で徴兵も徴用もされました。

しかし戦後一九五一年に対日講和条約の発効に伴い、日本は独立しますが、同年四月一九日に民事局長通達でサンフランシスコ平和条約発効と同時に「朝鮮人及び台湾人は日本国籍を喪失した者とみなす」とされ日本人ではなくなりました。同時に朝鮮人、台湾人と結婚した日本人女性は外国人の妻として国籍を喪失させられました。

私は一九八〇年頃、戦前に朝鮮人と結婚をした日本人女性が日本国籍を取得するにはどうしたらよいかと相談に来られ、いろいろ調べた結果「帰化」しかないことを伝え、私自身も相談者も愕然としたという経験があります。

また、現在の民法のもとでも無戸籍者はいます。なぜ、そのような人たちがいるのかについては後述しますが、原則的には日本国民は必ずどこかの戸籍に入る仕組みになっています。最初に戸籍がないことによってどんな不利益、不便があるかをみておきましょう。

(3) 戸籍がないということ

戸籍がないと住民票がつくれませんが、最近では無戸籍児の場合、戸籍をつくるために、裁判所の手続(親子関係をはっきりさせる)を申し立てているなどの証明を前提に、とりあえず住民票を仮につくってくれるようになりました。

私は一九八〇年頃、無戸籍の少年の事件を扱ったことがありました。その当時は、まだ仮の住民票をつくってくれる運用はありませんでした。ただこの少年の場合は、養護施設(当時の呼称)に入っていたので、施設長が親権代行しており養護施設内に住民票がありました。そのため小学校、中学校そして高校にまで進学できました。

しかし、もし仮にこの少年が施設外にいたのであれば、住民票もなく、小学校の「就学通知」も来なかったでしょう。それから健康保険証もないので病院にかかるとすれば全額自費負担。乳幼児の定期の健康診断も受けられず、予防注射も受けられません。成人になっても選挙権もない。銀行口座をつくることもできません。つまり社会的には「存在しない」ものとされてしまうのです。

昔はさらに就職する場合、身分を証明するものとして戸籍謄本ないし戸籍抄本の提出を求められました。近年は住民票の提出ですみますが、住民票がないと日雇いのような就労なら可能でしょうが、正規社員などの就職は困難になります。またパスポートもつくれないので、海外旅行にも行けない。そして結婚・出産にも支障を来たすことになります。

このように今でも「戸籍がない」ことは、現実に生まれ、生きている人が法律的には「存在しないもの」として扱われるわけで、その人はまるで幽霊みたいなものになってしまうのです。

このように、戦後の現憲法下ですら「戸籍がない（無戸籍である）こと」は、空恐ろしいことなのです。

だから人びとは戸籍にこだわります。そして「戸籍上〇〇」「戸籍が汚れる」などなど、戸籍に執着するのもある意味当然だと思います。戸籍にこだわる国民感情については、後で詳しく述べますが、戦前の「家」制度のもとでの戸籍と、戦後の現憲法下、現民法下のそれとでは法制度的にも質的な違いがありますので、まずはそれについてみていきましょう。

(4) 今でもある「無戸籍者（児）」のケース

かつては戦争、災害によって戸籍台帳が喪失して無戸籍になるケースがありました。現在でもあるのは、民法七七二条によるケースです。

同条一項には「妻が婚姻中に懐胎した子は、夫の子と推定する」との規定があり、同条二項には「婚姻の成立から二百日を経過した後又は婚姻の解消若しくは取消しの日から三百日以内に生まれた子は、婚姻中に懐胎したものと推定する」とあります。

第一項はいつ婚姻したかが基準で、戸籍上の夫のいる妻が婚姻中に妊娠した子は夫の子と推定されます。このためその子は実は妻が浮気をして、別の男性との間の子であっても、夫の子として推定され夫の嫡出子として出生届を出さざるをえません。

第二項の前段は、いつ生まれたかが基準になっていて、婚姻成立から二〇〇日経過した後に生まれた子は夫の子と推定されます。これはいわゆる「でき（ちゃった）婚」のように、子どもの妊娠がわかってから婚姻届を出すような場合で、当事者間には子の父親は夫という了解があるのが一般的でしょうから、出生届を出すと、その子の父は夫と推定されることにあまり問題はないでしょう。

しかし、第二項の後段は問題です。離婚してから三〇〇日以内に出生した子は夫の子と推定されてしまうからです。「推定」となっていても戸籍実務上は「みなされる」といっても過言ではなく、出生届を出すと、離婚後であっても、元夫が父とされて、元夫の戸籍に記載されてしまうからです。そして、その子が嫡出子でないと訴える「嫡出否認の訴え」は実は夫にしか認められていません（七七四条、七七五条）。

離婚の場合は、一般的には正式な離婚届を出す前に相当な期間の別居があり、別居でなくても夫婦の性関係がない場合がふつうです。だから元夫婦の間でも生まれた子は夫婦間の子どもではないことがわかっている場合が多くあります。にもかかわらず離婚届を出してから三〇〇日をすぎていないと、元夫の子と推定されて戸籍に載ってしまうのです。当事者としても納得できないケースも多いと思います。

しかも、妊娠期間は平均すると二六五日といわれ三〇〇日との間に差があり、医学的根拠がありません。そのため法務省は二〇〇七年民事局長通達を出して、離婚後に妊娠した場合にはそれを証明する「医師の証明書」を添付すれば、元夫の戸籍への記載なしに現在の夫を父とする戸籍上の記載を認めるようになりました。

しかし、離婚後に妊娠したことが明白な場合は少なく、多くの場合別居中離婚手続中の妊娠が多いことを考えると、この通達ではカバーできません。そのため出生届を出さず、戸籍のないままの無戸籍者（児）が出てしまうことが避けられません。

いずれにしても、嫡出否認の訴えは夫にしか認められていませんので無戸籍のままで元夫に対し「親子関係不存在確認」の訴えを提起して（調停を起こし、合意に代わる審判を出してもらってもよい）、生まれた子と元夫との間に親子関係はないという審判ないし判決をもらってから、改めて市役所に行き、戸籍の訂正をしてもらうということになります。

現在では先に述べたように、それらの法的手続をとっていることの証明があれば、とりあえず「仮の住民票」をつくることができますので、早めにそうした法的手続をとることをすすめています。

しかし、今日ではＤＮＡ鑑定なども簡易で正確な結果が出ますので、上記の三〇〇日以内の推定規定および嫡出否認権を夫にしか認めていない民法の規定（実は旧法をそのまま引き継いでいる）は見直す必要があるでしょう。この点は二〇二二年一二月に成立した民法改正で見直されました。そして離婚後三〇〇日以内でも、母親が他の男性と再婚した後に生まれた子は「現夫の子」と扱うようにすると法改正されました。施行は二〇二四年夏です。ただ他の男性と「再婚した場合」に限られますので問題は残ります。

3　改めて「家」制度下の「戸籍」と「氏」を考える

(1)「家」と「氏」そして戸籍は一体のもの

第一に、「家」は「氏」を基準にしていました。前にも述べたように、明治民法には「戸主及び家族はその家の氏を称する」(二四三条後段)という規定がありました。「家」に入る、「家」を去るという言い方をよくしていました。この場合の「家」は実は氏を同じくする「戸主」の戸籍に「入る」「出る」つまり「入籍」する「離籍」「復籍」などを意味します。

そして「戸籍は市町村の区域内に本籍を定めたる者につき、戸主を本として一戸毎に之を編製す」とありましたので戸主を筆頭に同一の本籍で同一の「氏」の者が入っている戸籍こそが「家」だったのです。戸籍が「家」制度と一体となって家族の範囲を示し、あるべき家族像を観念づける役割を担いました。

戸籍には「戸主、前戸主及び家族の氏名」を、そして「戸主の本籍」「戸主との続柄」が記載されます。子の出生、婚姻、離婚、縁組、認知、分家などの身分の変動は、すべて「家」の出入りとして、戸籍の記載がいちいち変更され表示されることになります。

① 子の出生と戸籍の記載

子が出生すると、一四日以内に出生届を出さなければならず、それには父母の氏名、本籍を書かなければいけないのは今と変わりませんが、婚姻内で生まれた嫡出子の出生届は父がすることになっていて、出生届には「子の入るべき家の戸主の氏名及び本籍と「戸主との続柄」を記載することになっていました。これがつまり民法にある「子は父の家に入る」（旧七三三条、戸籍法六九条）ことでした。ここで注意したいのが「父の家」というのは、必ずしも「父」が「戸主」の「家」（戸籍）ではないことです。戸主は父の父、すなわち「祖父」であったり、父が二男三男などの場合は「長兄」（兄）ということも当然あります。

そして、ここにいう「子」は父が「知れている」、つまり父がわかっている子という意味です。婚姻外に生まれた子（非嫡出子）でも父が自分の子だと認知すれば父の「家」（戸籍）に入るのです。その場合は「庶子」と呼ばれます。しかし父が認知してない子は「父の知れざる子」であり、法律的には「私生子」と言われますが、私生子は父の「家」（戸籍）には入れず、母の「家」（戸籍）に入ることになっていました。

つまり、「私生子」は正統な「父の子」ではないので、戸籍には入れません。この違いは戸籍をみれば一目瞭然です。

今でも、婚姻外で生まれた子について「私生児」という言い方をすることがありますが、民法上は認知されても認知されなくても「非嫡出子」で、「私生児」という法律用語はありません。私生児はもちろん非嫡出子も差別的な用語なので近年では「婚外子」といいます。

さらに庶子、私生子いずれの場合も「家族の庶子及び私生子は戸主の同意あるに非れば其家に入ることを得ず」（旧七三五条）となっていたので、父や母が入っている戸籍には戸主の同意がないと入籍できませんでした。庶子が戸主の同意が得られず父の家に入ることができないときは、その子は母の「家」（戸籍）に入ります。が、その時も母の家の戸籍の戸主の同意が必要でした。そして、私生子が母の家（戸籍）にも入ることができないときは、その子は「一家を創立す」となっていて、その子だけ単独の家（戸籍）をつくることになりました。いわゆる棄子《すてご》（捨子）の扱いです。

なお、庶子は戸主の同意があれば父の家（戸籍）に入ることは前述のとおりですが、庶子と父の妻との間には妻の意思に関係なく「嫡母庶子」という親子と同一の法的関係が発生します。そして、家督相続人の順位においては、庶子の男子は嫡出の女子よりも先とされていたことは前述のとおりです。これは父系優先の女児と男児の差別でもありますが「家」を継がせる男児を得るための「妾」の公認、夫の不貞の公認という意味でも男尊女卑の考えが明確です。

このように、戸籍はその子の出生にまつわるプライバシーをさらけ出し、出自によって差別される仕組みになっていました。婚姻した夫婦の間で生まれた子は「嫡出子」、婚姻外の男女関係で生まれた子でも父に認知してもらえれば「庶子」、認知してもらえなければ「私生子」とされ差別されるだけでなく、戸主の同意がなく父母の「家」（戸籍）に入れないと「家族」のいない、社会的にも歓迎されない、「棄子」ですから、私生子よりももっと下におかれます。そしてこれら出自にまつわるプライバシーは、戸籍をみれば一目瞭然でした。つまり戸籍は、「身分帳」みたいなものでした。

戸主からみれば私生子を戸籍に載せることは男児が他にいない場合は「家」を継がせるため必要です

が、他に男児がいたりすれば「戸籍が汚れる」ということで、入籍に同意しないこともしばしばだったでしょう。「戸籍を汚さない」ために婚外子をつくった娘や息子を「勘当」し戸籍から除籍する、またはその子の出自を偽って、たとえば娘や息子の婚姻外の子を親たちの間の子として出生届を出すことなども、少なからずあったと思われるのです。

② 婚外子の戸籍

私が弁護士になりたての一九七〇年頃、ある相続事件の相談がありました。相談者の女性は父親と一緒に訪れました。父親の父親、つまり祖父が死亡して相続が発生したのですが、相談者に相続権があるかどうかの相談でした。相談者は父親の実の子なのに、戸籍上は祖父の子として届けられているとのことでした。「えーっ、そんなことあるの？」と私は信じられない思いでした。よくよく聞いてみると、相談者は昭和五年の生まれで、父と母が愛し合って生まれた子ですが、父母の婚姻は当時「戸主」であった祖父の反対にあい、同意を得られずに駆け落ちして婚姻外に生まれた子でした。そのため相談者は祖父と祖母の間の子として出生届を出したということでした。

どうしてこんなことが起こるかということ、未婚の者が婚姻外に子を産んだことが戸籍上明らかになると、「家の恥」「戸籍が汚れる」という理由から、祖父母の嫡出子として出生届を出したのです。当時は病院での出産は少なく、多くの場合自宅出産なので、偽造の出生証明も簡単にできたようです。しかし、現実には夫婦でその娘（相談者）を育ててきたのです。勿論、親戚の者その他周辺の者も、そのことは十分承知しています。

この相談者は祖父の相続人になるかどうかという相談だったのですが、戸籍上の記載だけなら祖父の子ですから相続人です。しかし事実は祖父の孫で、祖父は相談者の父親も含めて他にも実子が数人いるわけですから、孫は相続人ではありません。私は「真実に反する戸籍は無効であるから相続人とはなりえない」と回答しました。

この相談を通じて私は戦前の「家」制度の「戸籍」の恥部を垣間見た思いがしました。「家」制度のもとでは出生届の改ざん、戸籍の不実記載もあっただろうと推測されます。同時にこういうことが生じる背景には、どんなに話し合っても正式に婚姻できなかったり、子どもをつくることもできなかったりする、つまり婚姻についても子をつくることについても個人の自己決定権が認められない、結婚の自由も家族をつくる自由もなかった非人間的な「家」制度と「戸籍」制度があったことを思い知らされました。そして私自身は現憲法、現民法下で婚姻し出産できたことの幸せをかみしめたものでした。

③ 婚姻と戸籍の記載

婚姻は婚姻届を役所に提出しますが、戸主の「同意書」の添付そして一定年齢以下の場合は父母の「同意書」の添付が義務づけられていました。そして正式に受理されれば「戸主」が筆頭者の「家」の戸籍に記載されます。もちろん氏は、戸主すなわち「家」の氏です。成人しても男性は、満三〇歳未満、女性は二五歳未満の場合は父母の同意が必要なことは、前述したとおりです。この年齢なら成年に達し多くの者はれっきとした社会人になっているにもかかわらずです。当時の平均的な結婚年齢からすれば、この規定により婚姻にはほとんどの場合、父母の同意が必要となったでしょう。そして仮に「父母の同意が不要な年齢になっても、父母に反対されたら婚姻はできない」という事態になるのは目にみえていました。結婚する女性に対する「世間」の目は厳しく、「家同士の結婚」「親の決めた結婚」という考えが「家」制度が廃止された戦後も長きにわたって、女性たちをしばりつづけたことを私たちは忘れてはならないと思います。

結婚相手を決める場としての「お見合い」がありました。結婚当事者に出会いを提供する意味での「お見合い」を全く否定するつもりはありません。しかし「お見合い」が親や親戚同士、周囲の者の設定でのものであり、「家柄」「学歴」「収入」「容姿」等々外形的なつりあいを重視するものだとしたら、いわば「家」の「嫁」としての「品定め」の場ともいえたのではないかと思えます。これも「家」制度がもたらすものといえるのではないでしょうか。いずれにせよ夫婦の氏は「家」の氏で、離婚すれば妻は、もとの「家」（実家）の戸籍に戻り旧姓（氏）に戻りました。

④　養子縁組と戸籍と氏――「家」のための養子制度

もともと旧法は、親子関係も「家」を継続するためのものと考えていたので、自然な愛情にもとづくものではなくさまざまな制約が加えられていました。

長男子（ときには長女子）一人が単独で戸主の地位を継ぎ（家督相続）、家の財産や家業も相続しますが、他の子は相続継承もできません。同じ親の子であるきょうだい間に著しい不平等・不公平がありました。子は「家」を継ぐためのものであり継ぐ者のみが尊重されたのです。

養子制度も同じく、「子のための制度」ではなく「家のための制度」でした。第一に、法定の推定家督相続人である男子がある者は、男子を養子にすることができませんでした。つまり、家の跡継ぎになる男の子（推定家督相続人）がいれば「家」にとってはそれで足りるので、他家の子をさらに養子にする必要もない、だから法律上も養子縁組ができないと明記しているのです（旧八三九条）。その一方で、遺言養子というものを認めています（旧八四八条）。養子になる者の意思に関係なく遺言者の一方的意思表示で養子にすることができたのです。

子どもがいない戸主が、死ぬ直前に○○を養子にするとの遺言ができたわけで、なんとも不思議なものですが、「家」を絶やさないための知恵とでもいうべきでしょうか。また養子が戸主となった後は離縁はできないとしていました（旧八七四条）。

さらに、婿養子が離婚しても、養子の子は養家にとどまるかぎり養親の家を継ぐもの（旧八七三条）とされていました。血縁上の親子ではないけれども自然な愛情にもとづいて親子関係を築くことを認める今日の養子縁組とは全く別の論理（家の継承）に貫かれていたといえるでしょう。だから、遺言で自分が死んだ後に「家」を継ぐ人を指定する養子縁組の意思表示もできたのです。

我妻栄さんは「まことに、妾制度と養子制度とは『家』の制度をささえた二大支柱だというのも、あながち誇大な言葉ではなかった」と言っています。[3]

そして、「家」制度のもとでは、養子は養親の「家」に入るわけで、「家」の戸籍に入り養親の氏となるのは当然でした。

（2）「家」制度下の「氏」の法的性格──「家」の呼称

明治民法下では親族としての共同生活は、前章でみたように、一面では戸主権によって規律（規範化）されつつ、他面では父権、親権によって規律（規範化）されていました。

そして、「家」には必ず一個の氏があります。その「家」に属する者は、生来のものと、婚姻、離縁組といった親族関係の変動によるものとにかかわらず、すべて戸主または家族として、その「家の氏」を称すべきものとされていました。（旧七四六条、戸主及び家族は其家の氏を称す）。「家」には戸主でもなく家族でもない者があることを認めませんでした。だから同一の「家」に属しながら、別の氏を称することは許されません。

氏は各個人の呼称の面はあっても、それよりもその個人が属する「家」の戸主または家族となることで、当然定まる「家」の呼称であったことは前述の具体例からも明らかです。親子とか夫婦というような親族関係によって定めるものでもなく、また各自の意思によって、自由にこれを定めるものでもなかったのです。ただ、その属する「家」を変更することによって、氏の変更が当然の結果とされたにすぎませんでした。

さらに旧法は、何度も述べているように、いずれの「家」にも属さない人を認めません。もし入るべき「家」がないときには、法律の規定で、当然一家を創立することにしていました（前述の父の家にも母の家にも入れない子の場合）。だから、氏をもたない人を認めず、かつ人は一の「家」に専属することにし、一人が同時に二個以上の「家」に属することを認めません（一人一家主義）。したがって、同時に二個以上の氏があることも許さなかったのです（一人一氏主義）。「氏」はあくまでも「家の呼称」であったのです。

「戸籍に入る」「戸籍を抜く」いずれも戸主の同意がなければできなかったことはくりかえし述べていますが、戸主が家族を支配し、その強大な権限をふるうのは、まさにこの戸籍への出入りついての権限でした。その意味で、戸籍に「入る」「出される」ことは個々の家族員にとっては戸主の家族に対する生殺与奪の権限と受け止められていたのです。ここに「支配」と「服従」の関係が成り立ちます。また、人びとが「戸籍」にこだわる理由もそこにありました。

4 戦後改正民法（現行民法）下の戸籍

（1）夫婦と未婚の子の戸籍

戦後の憲法改正、民法改正で法律上の「家」制度はなくなりました。

では、戸籍そして氏はどうなったのでしょうか。

現行戸籍法によると「戸籍は、市町村の区域内に本籍を定める一の夫婦及びこれと氏を同じくする子ごとにこれを編製する」（六条）と定められました。あくまでも「同氏」ごとにです。

そして「戸籍は、その筆頭に記載した者の氏名及び本籍でこれを表示する」（九条）とされました。

婚姻の届出があったときは、夫婦について新戸籍を編製する（一六条一項本文）が原則です。父母の氏を称する子は父母の戸籍に入ります（一八条一項）。

戦前の戸主とその家族という大家族制度はなくなったものの、夫婦とその間に出生した子（それも氏を同じくする子）ごとに編製されるという家族単位はゆるがなかったのです。

三世代戸籍（祖父母、父母、子等）は禁止されましたが、あくまでも家族単位は変わらず、個人単位にはなりませんでした。

さらに「筆頭に記載した者」とは、「夫婦が夫の氏を称するときは夫、妻の氏を称するときは妻」と、夫でも妻でもどちらでもよいことになっていますが、その者の本籍地に戸籍がおかれ、戸籍上の記載順序もその者が筆頭で、その後に筆頭者ではない配偶者が記載されます。「筆頭に記載した者」が「戸籍筆頭者」と呼ばれるわけですが、戸籍上に「戸籍筆頭者」として書かれるわけではなく、また後述するように「筆頭者」は戸主とちがって絶大な権限を有するわけでもありません。単なる戸籍を検索するときに必要なインデックスにすぎないのです。にもかかわらず、社会的には「筆頭者」がまるで「戸主」（家長）であるかのように映ります。そして圧倒的多数（九六％）の夫婦が夫の氏を名乗り、夫が筆頭者である現実のなかで相変わらず夫が「戸主」（家長）であるとの意識が温存されたといえるのではないでしょうか。

（2）なぜ「家族単位」の戸籍が残ったのか

ところで、戦後の戸籍はどうして家族単位になったのでしょうか。

下夷美幸さんは、その著書[4]のなかで、戦後の民法改正が議論された際、戸籍についても「個人単位」すなわち「個人カード方式」の意見があったことを紹介しています。民法改正案研究会は「民法改正案に対する意見書」を発表（一九四七年五月）していますが、そのなかでは「個人単位でしかも一人一用紙主義の身分登録制度が望ましい。戸籍のもつイデオロギー性を強く意識し、一般民衆の市民的自重を促すこと」（が必要である）と強調しています。また同研究会のメンバーでもある川島武宜さんも個人カード方式の不採用は「夫婦と未婚の子」という妥協点と指摘しています。

我妻栄さんも「日本では（戸籍が）何か非常に精神的な意味をもつ。戸籍がけがれるとか、籍をぬいて勘当するという思想が強い。同じ戸籍に記載されることに『何か非常に精神的な意味をもつ』点を理解しつつ（中略）、本来なら個人カードがいいだろう。だが金がかかる。戸籍のイデオロギー面に対する認識が強かった」とふりかえっています。[5]

ただ当時の戸籍事情は深刻でした。戦災による滅失戸籍も多数あり、また、戦争による死亡者約三一〇万人に伴う死者の届出や報告漏れも多く、他方で生存しながら死者扱いにされた事例もあったといいます。しかし結局戦後改革でも夫婦の氏については「家族単位」の戸籍が堅持されて「夫または妻の氏」いずれかを選択できるけれども夫婦同氏は強制されるものになってしまいました。この夫婦同氏の原則と戸籍こそが、選択的にせよ「夫婦別姓」を拒む最大のネックになって今日までつづいているのです。

（3）離婚に際しての親権と親子の氏

戦後改革のなかで、両性の平等の見地から戸籍と氏との関係で一定の改革はみられました。

①　親権者と子は同氏である必要はない

旧法では「子は其家にある父の親権に服す」となっていたので、離婚により母が家を去る場合にも、子は原則的には父の家に残り父の親権に服しました。ですから子はもちろん親権者である父と同一の氏でした。

民法改正にあたって、父母が婚姻中は親子も同一の氏ですが、当時の民法の規定は、離婚する場合は「婚姻によって氏を改めた夫又は妻は、離婚によって婚姻前の氏に復する」（現民法七六七条一項）となっていたので、親権者は子と同じ氏でなければならないかが議論になりました。

しかし「子と氏を同じくする父母の一方のみが親権を有する」とか「認知した父と子との間では『氏を同じくするとき』のみ親権が認められる」とするなどの案は消えて氏は親権とは切り離されました。

②　離婚すると親子の氏はどうなるか――「子の氏の変更の申立」の意味

前述した離婚の際、「婚姻によって氏を改めた夫又は妻は、婚姻前の氏に復する」という民法の規定は、後述するように一九七六（昭和五一）年に改正され七六七条に二項が加わりましたが、それ以前は、婚姻によって氏を改めた妻は自動的に婚姻前の氏すなわち旧姓に戻りました。その際、新しい本籍地を定めて、新戸籍をつくってもいいし、親の戸籍に戻るということもできました。しかしいずれにしても元夫の戸籍からは離籍になります。それは、子の親権者になったとしても変わりません。

この母子は、戸籍がちがうし氏もちがうのです。でも親子であり、母は子の親権者なのです。ここに親権は「家」からそして「戸籍」から解放されました。でも最近では少なくなりましたがある時期までは、自分が親権者になったからには、当然子も自分と同じ戸籍に入り、同じ氏になると思い込んでいる人も多く、自分の戸籍を取り寄せて、子が入っていないのを見て驚く人も少なくありませんでした。

③　親子で氏がちがう場合、同じにするにはどうするか？

母が親権者となり、実際に同居して子を養育監護している場合に、戸籍がちがい氏がちがうことで不便を感じることがよくありますね。その場合、どうしたらよいのでしょうか。民法七九一条では「子が父または母と氏を異にする場合には、子は、家庭裁判所の許可を得て、戸籍法の定めるところにより届け出ることによって、その父又は母の氏を称することができる」とされています。

ですから、母は「子の氏の変更の申立」を家庭裁判所にして、子の氏を母の氏に変更することを許可してもらえば、その許可書（審判書）を役所に届出ることによって、子を母である自分の戸籍に入れることができるのです。

（4）死別した夫の親との姻族関係と氏

夫と死別した妻と亡夫の親との関係はどうでしょうか。まず氏についてですが、夫亡き後、妻は旧氏に戻すことはできます。その場合は、両親の戸籍に戻るか、自分だけの単独戸籍をつくるかは自由です。つまり、姻族関係終了と氏を旧氏に戻すことは連動しません。

ただ、氏とは関係なく「同居の親族は、互いに扶《たす》け合わなければならない」との規定（民法七三〇条）が現在でもありますから、夫が死亡した場合、生存している妻が「姻族関係終了の意思表示」（民法七二八条二項）をしないかぎり、妻は亡夫の親など三親等内の姻族という関係は切れず、かつ同居していれば扶助（扶養）義務があります。この点はまだ改正されていません。まさに夫死亡後も「家」にしばられるのです。これも「家」制度の名残りですね。だから、扶養義務をなくすにはわざわざ姻族関係終了の意思表示をして姻族関係を断つことが必要なのです。そのため姻族関係を終了することを「死後離婚」とも言っています。逆にいうとこんな規定が未だに残っていること自体問題ですね。

（5）「家名」としての氏こそは「家」制度の名残り

以上のような経過をみてくると、戦後直後の日本人の意識は民法改正の起草者も含めて「氏」を個人の呼称とはとらえておらず、「家名」すなわち「家」の呼称でとらえていたことがわかります。そこに民法改正の限界もあったといえそうです。

そして人びとの意識としても、当時はまだまだ結婚した夫婦が同居する親は夫の親であることが多く、この事実は親からみれば、息子の結婚は嫁を「もらう」のであり、娘の結婚は娘を「やる」のだという意識を持ちつづけることにつながったのです。改正民法の「夫婦は婚姻の際に定めるところに従い、夫又は妻の氏を称する」（民法七五〇条）という規定は夫の氏を選択しても妻の氏を選択しても全く自由なはずなのに、結果的には娘が結婚する場合には、娘が夫の氏を称することになるのが圧倒的多数（九割以上）となり今日まで変わっていません。

新夫婦は親の戸籍を抜けて新しい戸籍をつくるのですから（戸籍法一六条）娘の親にとっても、息子の親にとっても別戸籍となる事実は同じはずなのに娘の親にしてみれば自分の氏を称していた者を一人割いて他の氏を称させることになります。他方、息子の親にとっては自分と同じ氏の者が一人増えることになるわけです。そして娘しかいない親は妻の氏を称することに同意する夫を探して結婚させて同居し、「婿をもらった」と考える「世間常識」は戦後も長いこと変わらなかったのです。

実際私の場合、戦後も戦後、一九七〇（昭和四五）年の結婚でしたが、前述したように私が三人姉妹の長女であったため、夫の氏に変えたことを聞きつけた親戚の者が「なぜ小俣（私の旧姓）の姓を変えたのだ」と親に言ってきたということを後日聞きました。

夫の親が私と夫との結婚に強固に反対した理由の一つにも夫の氏を私の氏に変えるなら「婿」にとられることになるという思いがあったようです。

このように夫婦の「氏」として同氏を強制する民法の規定は人びとには「妻は原則として夫の家に入り、入夫と婿養子だけは妻の家に入る」という旧法の規定（旧七八八条）と同様に受け止められ、そのまま「世間の常識」として親にも、当事者である夫と妻の意識にも残ってしまったといえるのではないでしょうか。

まさに「氏」こそは、今日につながる「家」意識の残存に大きな影響を与え、問題を積み残しているといえます。だからこそ後述するように「選択的夫婦別姓」の実現は「家」意識の名残を取り除くためにもきわめて重要なのです。

ただ、「氏」は現実の戸籍実務としてはさまざまな点で「現実との乖離」や矛盾を生じています。以下それについて具体的にみていきましょう。

5　戸籍と氏の乖離の現実

(1)離婚の際の夫婦の氏と子の氏

前述したように戦後民法改正時(新法)には離婚の際は婚姻時に氏を変更した者は旧氏に必ず戻るという規定が残っていました(民七六七条一項)。これでは旧法の夫の「家」に入り、氏を変えた妻が離婚したときは、実家の戸籍に復する(旧氏に復する)のと変わりなかったのです。もっとも旧法では必ず「実家」の戸籍に復しましたが、新法では妻だけの新戸籍にすることが可能になりました。しかしいずれにしても氏は旧氏に戻りました。

これでは夫の氏に変える妻が九割を超える実情のなかで氏を変えた妻にとって離婚というプライバシーが世間に公になることや、婚姻後婚姻姓で働きつづけてきた職業女性にとって旧氏に戻ることは仕事上不利益が伴うとの声があがり、一九七六年に法改正(七六七条に二項が追加)がされました。その結果、今日では離婚時に「婚姻姓続称の届出」をすれば婚姻姓(婚姻中の氏)の新戸籍がつくられる、あるいは離婚後三か月以内に婚姻姓に復したいと届出ればいったん旧姓で新しくつくられた戸籍の氏が婚姻姓に変更されることになりました。

この法改正により同氏であっても戸籍は別という場合が生じることになりました。戸籍は氏によって編製され、家族は同一氏を名乗る、逆に言うと同一氏の者は同一戸籍同一家族という原則はここで崩れています。

（2）「同氏」であっても子の氏の変更をする場合

「父母の氏を称する子は父母の戸籍に入る」（戸籍法一八条一項）ことになっています。では父母が離婚した場合はどうなるのでしょうか。

前述したように父母が離婚すると父母の戸籍は別々になります。婚姻の際に氏を変えた者について新戸籍がつくられますが、子は氏を変えなかった父または母の戸籍に残ります。これは前述したように、子の親権者が誰であるかとは関係ありません。多くの場合、親権者になった母は父の戸籍から除籍されますが、子の親権者であることは母の戸籍の事項欄に記載されます。しかし子は父の戸籍に残ります。

いずれにしても親権者でありながら新戸籍がつくられた父または母で子と戸籍が違い氏も違うため、生活上支障が生じることがありますので家庭裁判所の許可を得れば自分の戸籍に入れることができます、その手続は「子の氏の変更」という手続になることは前述したとおりです。

具体的にいうと母が旧姓の小川に復さずに婚姻姓の山田のままであるときでも子は元夫の山田姓の戸籍に入ったままです。そのため子を母の戸籍に入れるには「子の氏を父の山田から母の山田に変更することを求める」申立てをしなければならないのです。同じ山田なのになぜなのでしょうか。同じ「山田」でも父の「山田」と母の「山田」では戸籍がちがうから「氏」は同じではないという理屈なのです。何とも奇妙な理屈です。逆に言うとここでは「氏」はすでに家族の呼称ではなく父または母個人の呼称になっていることが明らかです。

（3）養子縁組によっても氏が変わらない場合

民法八一〇条本文によると「養子は養親の氏を称する」とされています。これは養子縁組により養子は養親の戸籍に入ることになっているからで、明治民法下の仕組みと同様です。山田一夫さんが小川正男さんの養子になる場合は、一夫さんは小川の戸籍に入り小川一夫になります。

ところがこの条文にはただし書があります。「但し婚姻によって氏を改めた者については、婚姻の際に定めた氏を称すべき間はこの限りではない」のです。また「配偶者のある者が縁組をするには、その配偶者の同意を得なければならない」（民法七九六条本文）との規定がありますが、これは戦前とはちがって現民法では配偶者の同意を得れば夫婦の一方だけが養子縁組をすることができることになったからです。具体的に言うと、山田一夫さんは婚姻をしていて、その際妻の山田の氏に改めていたとします。つまり本来田中一夫であった一夫さんが婚姻により山田一夫になっており、その一夫さん一人が小川正男さんの養子になる場合は、山田一夫さんのままでよいということです。一夫さんは妻が筆頭者の山田の戸籍に残り、小川正男さんと養子縁組をした事実は一夫さんの戸籍の事項欄に記載されるだけです。一夫さんは養親の小川正男さんの戸籍にも入らないし、小川の氏にもならないのです。ここでも氏と戸籍は一致しません。

この点、「家」制度のもとでは養子縁組は「家」を移る（移籍する）ことで必ず氏の変更を伴っていたのと異なります。

この例でいうと戦前は養子縁組は「家」を存続させるものであり「家」単位ですから「配偶者ある者

は配偶者と共にするに非ざれば縁組を為すことを得ず」（旧法八四一条）とされていたので、そもそも山田一夫さんは配偶者すなわち妻と一緒でなければ養子縁組できなかったのです。そして、妻も一緒に小川さんの養子になりますので、夫婦ともに小川正男さんの戸籍に入るということになっていました。ここでは「氏」と「戸籍」とが完全に一致していたのです。

戦後は、養子縁組も個人単位に変わったこと、さらに「夫婦は同氏」の原則が優先して、養子縁組をしても「戸籍」も「氏」も変わらないという現象が起きているのです。

しかし、配偶者のある者が夫婦そろって養子になることももちろんあり得ます。右の例でいうと山田一夫さんとその妻も小川正男さんの養子になる場合はどうなるのでしょうか。

この場合は、山田一夫さん夫婦はともに小川の氏になります。もちろん、夫婦の戸籍の事項欄には養子縁組の事実は記載されます。しかし、戸籍法は親子三代が同一戸籍に入ることを禁じているので、養親の小川さんの戸籍とは別です。山田夫婦に子がいるときは、子だけは山田の氏のまま山田の戸籍に残ります。未成年の子の場合も同じです。ここでは夫婦とその間の未成年の子とが同氏の同一戸籍であるという原則が崩れています。

また、小川正男さんの養子の小川花子さんが婚姻するときは、夫の氏である山田になる場合には、花子さんは山田花子となりますが、花子さんの戸籍事項欄には当然小川正男さんとの養子縁組をしていることは記載されます。しかし、花子さんの「氏」と「戸籍」は養父のそれとは別のものになります。

このように「養子は養親の氏を称する」つまり「養子は家名を継ぐ者」という原則は、今日の戸籍では貫かれていないことになります。

（4）再婚の場合の子の戸籍と氏

前述したように夫婦が離婚したときは、婚姻の際に氏を変えた者（たとえば妻）が婚姻中の氏（婚姻姓）を続称することができます（民法七六七条二項）。にもかかわらず、子は氏の変更をしないかぎり氏を変えなかった元夫の氏の戸籍に残るので「子の氏の変更申立」をして、妻の氏に変更し、妻の戸籍に入ることができて初めて母子同氏になることは前に述べたとおりです。ではその母が再婚したとき「氏」そして「戸籍」はどうなるのでしょうか。

具体的に言います。山田春子さんが離婚の際、婚姻姓の山田を続称して新しくつくった戸籍に、わざわざ「子の氏の変更の申立」をして子の努さんも春子さんの戸籍に入りました。その後、春子さんが林さんと再婚しますが、このとき春子さんは林の氏に変え林さんが筆頭者の戸籍に入るとします。その際、努さんは林さんと養子縁組をしないかぎり、林の氏にはならず林さんの戸籍にも入らず山田春子さんが筆頭者の戸籍に山田氏のまま残ります。春子さんは筆頭者としてあるだけで、花子さん自身は林の戸籍に移っているのにもかかわらずです。これは、努さんが未成年であっても同じです。つまり子の努さんの父母は春子さんと離婚した元夫であり、林さんは父ではないからです。

このように母が再婚した場合、その連れ子である子どもは現実には母およびその再婚相手と生活をともにしているわけですが「氏」も「戸籍」も異なるのです。

そのため母が再婚する際は、子も母の再婚相手と養子縁組をして、母の再婚相手（すなわち母）の氏にすることもよくあります。しかしこれについては次のような不都合も生じます。たとえば、子が幼いうちならともかく中学生、高校生になっている場合は、母の再婚相手とうまくいかないまま、形だけ「養親子」関係になっても、かえって反抗期の火に油を注ぐようなことになりかねません。また再婚相手と子が養子縁組をすれば、養親と養子という親子関係が生じ、養親は親権者になりかつ養子を扶養する義務がありますので、もし母が元夫から子の養育費の支払いを受けている場合、養親の収入の多寡によって、元夫からの養育費は減額されたりゼロになったりすることもあります。実際私が扱った件では、元夫の養育費が裁判所の審判でゼロとなったこともあります。養親と養子の関係も険悪だったので、養子縁組を解消（離縁）したうえで、改めて元夫に養育費の請求をしました。この場合、子の戸籍はどうなるかというと子が戸籍筆頭者の単独の戸籍になり、氏も縁組前のそれに戻ります。

以上見てきたように、氏＝戸籍＝家族という図式は現実には相当崩れてきていて、氏は家族の呼称とはいえなくなっています。氏はあくまでも個人の呼称にすぎないのです。

この点、夫婦別性についての最高裁判決（二〇一五年一二月一六日）の多数意見の「氏は家族の呼称としての意義があり、一つに定めることも合理性がある」という判決理由は、実態にあっておらず、かつ「家族の呼称」という点で「家」制度をほうふつさせるものがあり、とうてい受け入れられません。

（5）「世帯単位」のルーツと戸籍

①　戦前の「寄留簿」

「世帯」とか「世帯主」という言葉は住民登録の制度と結びついています。

住民登録の制度は、住民の居住状況を正確に把握するために政治行政上の要請から生まれました。七世紀から戸籍制度のあった日本で最古の「住民台帳」は、奈良の正倉院にあり、氏名・年齢続柄のほか入れ墨の位置まで記されていたといいます。

わが国の戸籍制度は前述したように明治以降中央集権国家としての日本の近代化の必要性から、徴税や徴兵の基礎になる国民の実態を把握するために、そして国民統治の手段としての「家」制度に伴って生まれたものです。

しかし、資本主義発展に伴う近代化が進むなかで、大正時代以降は農家の二男三男など家督を継ぐ必要のない若者は、本籍地を離れ都会に出て、労働者になっていきます。都市での家族は戸籍にあるような大家族とは異なり核家族化していき、大家族の戸籍は家族の居住実態を反映しないものになっていきました。

そうしたなかで、戸籍とは別に一八八六（明治一九）年に内務省令で本籍地を離れた住民の寄留の手続を認めていたものが一九一四（大正三）年に寄留法として制定され、住民の現実の居住関係の変動を寄留簿で明らかにする仕組みがつくられました。寄留法によると「九〇日以上本籍外に於て一定の場所に住所又は居住を有する者は、市町村に届出るか職権で寄留簿に記載される」ことになりました。寄留に関する届出を怠った者は過料（五円以下の）に処せられることにもなっていましたが、届出は低調で住民の実態把握にはとても使えませんでした。寄留簿は世帯を同じくする者については世帯ごとに区別して編製されます。「寄留者の氏名及び職業」「世帯主の氏名及び世帯主と寄留者との続柄」「寄留者の本籍、華士族の称号、出生の年月日」「寄留者が家族（戸籍上の家族―筆者注）となるときは戸主の氏名及び戸主と寄留者との続柄」などが記載されることになっていました（寄留手続令三条、五条）。

しかし、寄留の届出は規定どおりには励行されず寄留簿は、現実の居住状態を明らかにするものとはいえなかったようです。

② 世帯台帳の始まり

一方、第二次世界大戦中の一九四〇（昭和一五）年頃から寄留簿とは別に世帯台帳がつくられるようになりました。これは戦時中、米の配給制度が始まったからです。一九四一年春、町会が全戸調査でつくった世帯台帳をもとに家庭用米穀通帳が配られ米の配給が始まりました。翌年には塩、みそ、しょうゆも配給制になり台帳の価値は増していきます。配給制度は戦後も一時期までつづきます。

世帯台帳は町会から市町村に引き継がれ配給だけでなく選挙や就学、徴税などに幅広く利用されていきます。東京都のように条例によって都民世帯台帳をつくるところも出てきますが、市町村のほとんどはこの台帳を法令の根拠なしに作成していました。そのため法令に根拠をもって「国民の全部をその住所で世帯ごとに突きとめる」ことになり住民登録制度に切り替えることになりました。

しかしこれに対しては、「住民登録は徴兵制の前触れだ」と反対運動が起きましたが、結局、一九五一（昭和二六）年に住民登録法が制定されるに至りました。

この法律は、翌一九五二（昭和二七）年七月一日に施行されます。あらかじめ各家庭に登録用紙を配り、全国三六万人の調査員が一日〜五日間で回収したといいます。

住民登録法によると「住民は……世帯を単位として作製するものとする」となっていました。寄留制度をそのまま引き継ぎ、「世帯単位」で一枚の住民票を作製したのです。また、寄留制度と同じく住民票には世帯主であればその旨、世帯主でなければ「世帯主との続柄」を記載することとされました。

その後、選挙人名簿、国民健康保険、国民年金等の被保険者資格、米穀配給（のちに廃止）など別々に届けられていたものを統一して正確を期すということで、一九六七（昭和四二）年住民基本台帳法が制定されました。これが今日の住民登録の根拠法で、年金や税金などのデータとつながり地方行政の要となっていることも事実です。

しかし歴史的経過をみると戸籍制度を補完する寄留簿に遡り、「現実の居住状態」を把握するという目的のもとで戦後も息ながらえ、「世帯毎の編製（世帯単位）」「世帯主」の記載、「世帯主との続柄」の記載は寄留簿の時代から変わっていません。

そして戦後「家」制度は廃止され「戸主」はなくなったけれど、住民登録上の世帯、その長としての「世帯主」は生き残ったといえます。

③　今でも世帯主の圧倒的多数は男性——その弊害

直近の国勢調査（二〇一五年）からみると、世帯主の男女比は男性が七五％女性が二五％です。二人以上の世帯でみると男性世帯が八七％、女性世帯主は一三％です。配偶者のいる世帯にかぎると世帯主は男性が九七％を占め、女性はわずか三％です。「戸籍筆頭者」以上に男性が世帯主である割合が多いのです。こうした実態をみるとき国民のなかに「世帯主」は「一家の柱」「家計を支える者」「世帯の代表者」＝男性という意識を温存させているといえるのではないでしょうか。

「世帯主」はまさに「家」制度の「戸主」の名残りといえ、憲法の「個人の尊重」「個人の尊厳」と相反するものであることを指摘しておきます。

「はじめに」でも述べたように、新型コロナウイルスによる感染症拡大に対する支援策として実施された「一律一人あたり一〇万円」の特別定額給付金の「受給権者」を「世帯主」と定め家族分を「世帯主」がまとめて受け取る制度設計にしたため、多くの矛盾、弊害が続出しました。

たとえば夫からのＤＶ被害を逃れて別居している妻で住民票を移転せずにいる人が多数いますが、その場合どうなるのかですが、総務省は二〇二〇年四月二二日、ＤＶを理由として避難している被害者は世帯主でなくても申請できる特例の仕組みをつくりました。しかし世帯主の方が家を出て被害者が家にいるケースについてどうなるかというと「（自治体）が避難している事例と同視すべき事情等があると判断した場合には適宜柔軟に対応」するように求めています。

しかし、これは自治体にはなかなか徹底せず、市議や県議の方々と交渉してもらってようやく申請可能となった例もありました。

こうした例をみると、本来給付対象者は個人なのですから受給権者を世帯主でなく個人にすべきであったと言えます。

ジャーナリストで和光大学名誉教授の竹信三恵子さんは「受給権者を世帯主としたのは『戸主』に家族を代表させる戦前の『家制度』を引きずった思想」と批判しています（二〇二〇年六月三〇日　赤旗日刊紙）。しかし、ひるがえってみると今回の特別給付金だけでなく、社会保障や税金の仕組みのなかにも世帯単位で考える制度が根強く存在し、現実に子育てをしている別居中の妻が児童手当や児童扶養手当がもらえない、会社の子どもの扶養手当も「世帯主」でないともらえないといった不都合があります（制度上の問題は4章で述べます）。

（6）外国人との婚姻と戸籍（夫婦同氏の例外）

改めて、夫婦の氏についての法律をみてみましょう。

民法では「夫婦は婚姻の際に定めるところに従い、夫又は妻の氏を称する」（七五〇条）となっていますし、戸籍法では「戸籍は一の夫婦及びこれと氏を同じくする子ごとに編製する」（六条本文）と定められています。つまり夫婦は同氏で一つの戸籍が原則です。そして、戸籍法七四条一号では、夫婦が称する氏を婚姻届出の必要的記載事項としています。だから日本人同士の婚姻では別氏の婚姻届は受理されず夫婦別氏は認められていません。

ところで、日本人が外国人と婚姻した場合はどうなるのでしょうか。

前述した戸籍法六条にはただし書があって、「ただし、日本人ではない者（以下「外国人」という）と婚姻した者又は配偶者がない者については、新たに戸籍を編製するときはその者及びこれと氏を同じくする子ごとにこれを編製する」となっています。さらに戸籍法一六条三項では、「日本人と外国人との婚姻の届出があったときは、その日本人について新戸籍を編製する」とありますので、婚姻届を出した日本人は自分の生来の氏で戸籍ができるのです。婚姻の事実は事項欄に記載されますが、婚姻した外国人はその配偶者である日本人の戸籍には入らないのです。つまり、この場合は別氏のままの婚姻が認められているのです。

夫婦の間の子は日本人の夫または妻の戸籍に入り、親子同氏になるという点は六条ただし書にあるとおりですが、夫婦は別氏のままで届出ても婚姻届は有効なのです。

ただ、奇妙なことに「外国人と婚姻した者がその氏を外国人である配偶者の称している氏に変更しようとするときは、婚姻の日から六箇月以内に限って家庭裁判所の許可を得ないでその旨を届出ることができる」（一〇七条二項）という規定があるのです。

この規定によれば外国人と婚姻した日本人は外国人が称している氏に変更したい場合は「外国人との婚姻による氏の変更届」という書面を役所に提出するだけで家庭裁判所の許可なく配偶者である外国人の氏に変更することができるのです。もちろんこの場合も日本人の配偶者の戸籍には外国人の配偶者は入りませんが、氏だけは外国人の氏に変更することができるのです。

私が受任した事件では、まさにこの「外国人との婚姻による氏の変更届」が問題になりました。

依頼者は日本人の父とフィリピン人の母との間に生まれた女性で日本国籍を持っています。ただ、生まれてから十数年間はフィリピンに住んでいて、その後日本に定住することはなかったのです。二年前から日本に定住していますが、日本語が堪能ではありません。その女性が今年（二〇二二年）一月にフィリピン人の男性と結婚しました。そして女性は二月に居住地の市役所に婚姻証書を提出しました。その時、係の職員から「外国人との婚姻による氏の変更届」を渡されました。女性は日本語の読解力、理解力が乏しいため、外国人と婚姻する場合は必ずその「氏の変更届」を出さなければいけないものと誤解して、それを提出してしまいました。そのため、女性の氏は従来の日本人名の氏から夫の氏（フィリピン名）に変更されてしまいました。

変更されてしまった氏を従来の日本人名の氏（旧姓）に戻せないかという依頼でした。

彼女は「市役所の係の者がもっとわかりやすく親切に説明してくれたらよかったのに」と市役所の対応を非難していました。

係の者は説明不足に加えて「夫婦の氏は同氏」という固定概念が染みついていたのでしょうか。外国人でも夫の氏に変えたいのならこの用紙を出せば簡単ですよと考えたうえで親切心でその用紙を渡してしまったのでしょうか。

いずれにしても女性は、この「氏の変更届」を提出してしまったので、氏は夫のフィリピン名になってしまったのでした。そのため改めて旧姓（氏）に戻すために家庭裁判所に「氏の変更の許可の申立」をしなければならないことになってしまったのです。

このように戸籍法上の原則は外国人との婚姻の場合は、外国人が日本人の配偶者の戸籍に入るわけではなく、氏についても別氏のままでも構わないことになっているのに、なぜ前述した一六七条二項があり、「外国人との婚姻による氏の変更届出書」なる用紙がわざわざ市役所に常備されているのかということに疑問を持たざるをえませんでした。そこには日本では「夫婦は同氏」という原則が強固なものとして存在しそれによって戸籍が成り立っていること、そして「妻は夫の氏に変えるもの」という「世間常識」があり、その「世間常識」に役所の係の者もしばられていることを痛感しました。

ここにも「家」制度の名残りが厳然としてあるのです。

ただ、ここで強調したいのは夫婦同氏の強制は外国人との婚姻の場合は貫かれていないこと、そして選択的な夫婦別姓の立法上の手がかりがここにあることです。

（7）夫婦別姓と戸籍

①　夫婦別姓を阻むもの

夫婦同氏（姓）の強制の規定が戦後民法改正でも残った経緯については前述しました（より詳しくは拙著『たかが姓されど姓』かもがわ出版、二〇一〇年参照のこと）。ところが未だに選択的夫婦別姓は実現していません。

「戦後約半世紀の歳月の間に我が国の社会経済情勢、国民の生活は著しく変化し、それに伴って社会の基本単位としての家族の状況も質的に変化を遂げてきている。（中略）婚姻や離婚に対する考え方においても、従前の『家』的な拘束から脱却した新しい意識が芽生えてきている。このため、現行の婚姻・離婚法制がこうした新しい社会の状況に対応することができるものであるかどうかという観点から見直しが必要となってきた」。

これは、法務省民事局参事官室が一九九四（平成六）年七月に公表した「婚姻制度等に関する民法改正要綱試案」の説明の一部です。法制審議会（法務大臣の諮問機関）の審議が始まったのは一九九一（平成三）年一月ですから、約三〇年も前から法務省としてはこう考えていたことがわかります。

そして一九九六年には法制審議会から、選択的夫婦別姓制度を採用すること等を内容とする民法の家族関係法の改正要綱が答申されました。ふつうなら二〜三年後には法改正が実現するはずでした。しかし未だに実現していません。答申のときからもすでに二六年が経っています。なぜなのでしょうか。当時の政府・与党（自民党・公明党）が改正案を国会に上程することをサボり続け、そして野党の共同提案が出ても否決し続けてきたからです。

民主党が政権の座についた二〇一〇年二月には千葉景子法務大臣（当時）が、民法改正案の概要を固め国会に上程し、成立を目指す考えを示したことなどが報道されました。私たちは「今度こそ民法改正は近い！」と喜び、大いに期待しましたが、閣内でも亀井静香金融相（当時）の強硬な反対論があり、慎重論も多く、法案上程に至りませんでした。

一九八五年に、日本政府が国連の女性差別撤廃条約を批准して三七年。批准した条約は国内でも法律より上位にあり、条約に違反する法律は改正されなければなりません。そして、条約の実行・具体化を推進する国連の女性差別撤廃委員会は、日本政府にたいして是正の勧告を出しているにもかかわらず、法改正がされません。

夫婦別姓に反対する人たちは、夫婦別姓は「家族を崩壊させる」といいます。しかし、家族の崩壊は姓が同一であってもあり得るし、理由にもなりません。また、反対論は、姓は家族として同一であるのは、日本の伝統だといいます。しかし、同姓は、明治民法で規定されたからであって、それ以前は、源頼朝と北条政子の例をもち出すまでもなく、別姓の例は数多くあります。

夫婦同姓に固執するのは、廃止されたはずの「家」制度を肯定しているとしか思えません。それはまた、家（家族）の名の下に、改姓した者の痛みや不利益に鈍感な、個人の自由や人権に鈍感な姿勢でもあります。

戦前とはちがって今日では、女性の社会進出が進み、ライフスタイルの変化に伴って、家族観、結婚観もきわめて多様化しています。こうした多様化に則して法制度は変えるべきなのです。そして、私たちが求めるのは、あくまでも希望する者の「選択制」であって、同姓にしたい人まで別姓を強制するものではありません。少数者であっても、自分のアイデンティティである氏名を維持したいと願う人がいれば、その人の人格権を保障すべきなのです。

子の姓についても、夫婦どちらかの姓に統一する必要もないと考えます。両親、きょうだいが別の姓であっても仲良く同じ家に住むことが「ふつう」になれば、家族員一人ひとりが個人として尊重される第一歩になるのではないでしょうか。家族の絆は「同姓で保障」されるのではなく、互いの人格を認めあい、その上で愛情と連帯感で支え合う相互の「思いやり」でこそ維持されるべきなのです。それこそが、憲法二四条の精神なのです。

その意味で、夫婦別姓は、後述するように家族単位で考えられている税の配偶者控除や、社会保険の世帯単位原則の見直しにもつながるものです。

歴史的、文化的、社会的につくられてきたジェンダーを見直すチャンスでもあります。だからこそ、改憲をめざす保守派は根強い抵抗を示すのです。

②　最高裁の判断の不当性

二〇一五（平成二七）年五月二九日に出された最高裁判決は、一五人中一〇人の多数意見で「合憲」でした。この判決は「家族は社会の自然かつ基礎的な集団単位」と言っています。つまり個人より家族を優先する自民党の改憲草案（二〇一二年）と同じような表現があります。また「氏は家族の呼称」と言ったり、「嫡出子を示すためにも両親と同氏は意義がある」などと言っています。

でも一方で「家族のあり方は社会が決める」つまり国会で民主主義的プロセスを経て決めるのはかまわないと述べています。また憲法二四条二項がうたっている「個人の尊厳」と「両性の本質的平等」は立法府すなわち国会に対する要請・指針であるとも述べています。だから国会でしっかり議論して法律（民法）を改正すればすむことだと言って裁判所自らが憲法判断をすることを避け民法改正を国会に委ねたのです。

その後選択的夫婦別姓を求める訴訟はいくつも提訴され、下級審レベルでは敗訴がつづきました。そして二〇二一年六月、最高裁は改めて夫婦別姓を認めない民法や戸籍法は合憲との決定をしました。

しかし、現実には家族は多様化しています。だから氏は「家族の呼称である」ことと現実は矛盾してきているのです。その点でこの最高裁決定（多数意見）に対して「違憲」とした反対意見に注目したいと思います。宮崎裕子・宇賀克也裁判官の反対意見はこう述べています。

「私たちは、氏には家族の呼称という側面があることまで否定するものではないが、既に述べたように、それを憲法上の要請と位置付ける根拠はなく、平成二七年大法廷判決が夫婦同氏制に合理性があるとして挙げている『氏は、家族の呼称としての意義がある』という説明に氏名に関する人格権を否定する合理的根拠があるとは考えにくい。加えて、それ以外に同判決で夫婦同氏制の合理性の説明として挙げられている内容（氏は夫婦であることを対外的に公示し識別する機能を有すること、嫡出子であることを示すこと、家族の一員であることを実感すること、子がいずれの親とも氏を同じくすることによる利益を享受しやすくすること）は、いずれも民法が想定している夫婦や親子の姿の一部を捉えているとはいえても、上記で述べた家族形態の多様化という現実と、家族の形が多様であることを想定し容認する民法の寛容な基本姿勢に照らすと、夫婦同氏制の合理的根拠とはいい難い」。

二〇一七年の世論調査では、選択的夫婦別姓に賛成する人は過半数を超え、反対をはるかに上回っています。（賛成四二・五％、反対二九・三％）とりわけ二〇～三〇代の若い世代は七八％が賛成です（二〇二〇年一一月早稲田大学棚村研究室、選択的夫婦別姓・全国陳情アクション）。さらに一〇〇以上の地方自治体で選択的夫婦別姓を認める法改正を求める意見書があげられています。

また、自民党の国会議員有志は二〇〇一年一一月に党三役に対し「選択的夫婦別姓導入について党内で早急かつ徹底した議論をすすめ、速やかに国会に上程すべし」という趣旨の意見書を出しています。菅前首相も上川前法相もともに賛同している事実が二〇二〇年までの国会質問で明らかになりました。菅前首相もこれに対し「政治家としてそうしたことを申し上げてきたことには責任があると思います」との答弁をしています。

また、岸田現首相もこの意見書の呼びかけ人の一人です。

そして「旧姓使用」も拡大してきていました。この点で前記の反対意見は「前判決後、旧姓使用が拡大して国の機関での公的文書作成でも認められるようになったが、このことは夫婦同氏制の下での氏（戸籍名）が使用されなくても問題ないことが社会的に認知されてきたことでもある」と述べています。

二〇一五年の前判決の最大の問題点は「家族は社会の自然かつ基礎的な集団単位」といっていることや、「氏は家族の呼称であり、夫婦同氏は意義がある」といっている点です。今回の反対意見はこの点をみごとに批判してくれました。

憲法は「すべて国民は、個人として尊重される」（一三条冒頭）と明記し、「法律は、個人の尊厳と両性の本質的平等に立脚して、制定されなければならない」（二四条二項）とうたっているのですから、あくまでも、人権の主体は個人なのです。

そして後に詳しく述べるように、自民党の改憲草案では二四条に次のような一項を新設することを提案しています。「家族は社会の自然かつ基礎的な単位として尊重される」と。

これは、個人ではなく、家族尊重規定をおくことで、現行憲法の個人主義（個人の尊重・尊厳）を否定するもので、改憲を目指す日本会議などの思想と合致するものです。それと同じフレーズが最高裁の前判決にこともなげに使われていたことに、私は最大の疑問をもったのでした。

と同時に、憲法が否定したはずの「家」制度のもとでは、前述したように「家族」が中心であり、民法にもしっかり「家族」の定義があるのに対し、現憲法には「家族」の定義がないのです。それなのに、前判決では「氏は家族の呼称である」とし、かつ夫婦同氏は社会に定着しているなど、嫡出子を示すためにも両親と同氏は意義があると言い切っているのです。

今回の反対意見も指摘しているとおり、また前述したように、現在の戸籍では、両親と同氏でない子は多数いるし、家族の形態はそれこそさまざまであり、「家族は同氏」は全く通用しないのです。

最高裁は、個人の利益より、家族という集団の利益を優先する考えであり「家」制度の名残りを引きずっているといえるのではないでしょうか。

ところで、二〇二一年一二月から二〇二二年一月にかけての世論調査の結果は、なんと別姓制度の導入賛成が二八・九％と、前回の調査の四二・五％から急落して過去最低となりました。なぜなのでしょうか？　朝日新聞が情報公開請求した上での報道（二〇二二年八月二二日〜二五日）によると、質問作成過程で質問内容の大幅な変更を提案する法務省側に対し、内閣府（男女共同参画局）側がくりかえし修正・削除を求めたが「保守派との関係でもたない」などと拒否されていたことが明らかになりました。

従来は、①現状維持でよい、②別姓制度の導入、③「通称使用」の法制度の導入の三つを並べてどれに賛成かを聞いていたのですが、今回は、まず「現状維持」と「別姓制度」のどちらが良いかを質問。どちらに回答しても次に「通称使用」に関する法律が必要かについての賛否を問い、さらに「別姓制度」と「通称使用」の導入にいずれも賛成の場合には、両制度が成り立つかどうかなどを尋ねる内容でした。内閣府幹部は質問が複雑に入り組んでおり、別姓制度に賛成の回答者も最終的に通称使用に傾く可能性がある質問構成だと感じたといいます。そして現実に別姓賛成が過去最低になり、一方で旧姓の通称使用の法制化に賛成するものは一八ポイント近く増え過去最多となったのです。

まさに別姓制度ではなく「旧姓の通称使用の拡大」で足るという別姓制度慎重派が巻きかえしを強めかねません。それにしても、世論調査は、質問の仕方如何でこんなにも回答が変わるのだということを思い知らされますし、質問の仕方について、法務省が自民党議員らへの配慮をしたとすると論外です。

また、国民の多数が夫婦別姓に賛成しているとはいえ、そのなかには「家名」としての氏を娘にも引き継がせたいという「家」制度的な意識の人たちがいるとしたら、ここでも改めて「家」制度とはどんなものであり、そのなかでは女性にかぎらず、戸主と家族員との差別がまかり通り、個人は「家」の犠牲になっていたという戦前社会の厳然たる事実をふりかえる必要があると思うのです。

そのために、本書は、戦前の「家」制度を支えた明治民法の検討から始めたのです。

③ 選択的夫婦別姓の戸籍（立法論）を考えてみよう

夫婦別姓を認める場合どのような戸籍になるのかです。

私は先にも述べましたが、外国人との婚姻の場合、日本人配偶者の単独戸籍をつくり、事項欄に外国人の配偶者の国籍氏名と婚姻の事実を記載するという戸籍実務が参考になると考えます。つまり別姓を希望する夫と妻それぞれの氏の別々の戸籍をつくり、それぞれの戸籍の事項欄に配偶者と婚姻の事実を記載する方式でよいのではないかと考えます。そのためには、戸籍法六条には「ただし、一の夫婦であっても別氏を選択する場合は夫婦それぞれ」を加えるのです。

そして子が出生した時は、夫婦で協議して夫の氏にするか妻の氏にするかを決めて出生届を出す。子は出生時に決まった父または母のいずれかの戸籍に入るとすればよいのではないでしょうか。第一子は妻の氏の戸籍に、第二子は夫の氏の戸籍に入るということもあるでしょうし、全員妻の氏の戸籍ということもあるでしょう。つまり、婚姻時にあらかじめ父母のいずれかの氏に統一して届け出ておく必要などないし、子の氏を統一する必要もないのです。

ちなみに二〇一〇年二月に法制審議会総会で決定された（未だに法律案の国会上程がなされていないが）「民法の一部を改正する法律案要綱」では子の称する氏も夫婦いずれかの氏にするかあらかじめ「婚姻の際に（中略）定めなければならないものとする」となっています。この点については夫婦別姓を支持する人たちのなかでも批判があるところです。しかし前述のように考えればこの問題はクリアできます。

以上をまとめると、戸籍法六条本文は「戸籍は一の夫婦及びこれと氏を同じくする子ごとに編製する。

ただし、一の夫婦であっても別氏を選択する場合は、夫婦それぞれとこれと氏を同じくする子ごとに編製する」といった条文にしたらよいのではないでしょうか。

現在の戸籍は別氏の者は認めない〝家族籍〟ですが、別姓夫婦についてこうした戸籍を認めることはかぎりなく〝個人籍〟に近づくので保守勢力には大きな抵抗が予想されます。

しかし国民的議論のなかでわが国の戸籍を見直していくことが大事なのではないでしょうか。

その際、韓国の民法改正が参考になります。韓国では二〇〇五年三月二日に戸主制（日本統治下にあった時、日本の家制度にならった戸籍制度があった）を廃止することを柱とした民法改正案が国会で可決されました。これにより男性優先の戸主を中心に編製されてきた「家」単位の身分登録システムが大きく変わりました。あわせて「同本同姓」（一族の先祖の出身地とされる「本貫」が同じで姓も同じ）同士の結婚禁止も廃止したといいます。さらに結婚時に夫婦が同意すれば母親の氏を継ぐことができるようになりました。

さらに二〇〇八年には新しい個人単位の身分登録制度が発足しています。

1　我妻栄『改正民法余話』（学風書院、一九四九年）
2　我妻栄『民法研究Ⅶ２』（有斐閣、一九七七年初版）一〇三頁
3　我妻栄「家と氏と戸籍」『民法研究　第七の二』（有斐閣、一九六九年）九八頁
4　下夷美幸『日本の家族と戸籍』（東京大学出版会、二〇一九年）
5　法律雑誌「ジュリスト」（一九五三年三月一二日号）座談会「占領政策は行き過ぎだったか」中の我妻栄の発言。下夷前掲注4書五三頁で引用。

第3章

性的自己決定権とジェンダー

1　自由な恋愛と結婚

（1）「家」制度下の恋愛結婚

今ではあたりまえになっている〝恋愛結婚〟ですが、実は戦前ではあたりまえではなかったのです。

近代のヨーロッパ社会では、キリスト教の影響もあって、結婚相手の選択方法として当事者相互の〝恋愛〟を唯一正当なものとして認めます。同時に性関係は結婚した者同士の間でだけ行われるべきものとして、婚姻外の性関係を厳しく禁止してきました（神がモーゼに与えたという「十戒」には「姦淫」しないことがあります）。このように〝性と恋愛と結婚〟を三位一体で考えることは恋愛結婚イデオロギーと呼ばれています。これは、個人の自由意志の尊重をうたった近代市民社会の倫理と連動していました。

日本では、明治中期に『女学雑誌』などを通じて、西欧の恋愛結婚が紹介され、都市の知識層の間で恋愛結婚を肯定的にとらえる動きもありました。しかし、「家」制度の壁に阻まれて一般に浸透するには至りませんでした。というのも「家」制度のもとでは前述（第1章）のように結婚（婚姻）は、男女の個人的な結びつきではなく、一方が他方の「家」に入ることすなわち「家」と「家」の結びつきだからです。結婚には個人の恋愛感情より何よりも先に「家柄」が考えられ、「家風」にあうことが要件とされています。そして、前述したように法的にも親ないし戸主の同意がなければ婚姻できないからです。親や戸主に反対される恋愛や駆け落ちは「家」の恥として厳しく非難されました。恋愛を貫くこと、そしてそれが正式な結婚（婚姻）に結びつくことは稀有であり大変なことだったのです。映画「天国に結ぶ恋」で有名ですが、一九三二（昭和七）年五月に、慶応義塾大学生の調所《ずしょ》五郎と静岡の素封家《そほうか》の娘、湯山八重子が、神奈川県大磯で心中した事件。事件後、仮埋葬されていた八重子の遺体が盗まれました。それ自体センセーショナルに報道されましたが、検視の結果、八重子は「床しくも明らかに処女であった」と報道されたことから、純愛物語として流布されました。この事件に対する反響の大きさは、女性は結婚するまで処女であるべきという「処女性」崇拝、つまり「純潔イデオロギー」が世間に浸透していたことを物語ります。また、八重子に縁談が進んでいたことが心中の原因ともされ「家」制度の犠牲者としても人びとの共感をよんだのでしょう。

ところで、二〇二〇年前半のＮＨＫの朝ドラは「エール」でした。私が観るようになったのは途中からだったのでいまいちよくわからない部分と疑問がありました。主人公の祐一は音と恋愛し、いわば駆け落ちして東京で同棲を始めますが、「家」制度のもと戦前の男尊女卑が強い時代にあんなふうに〝恋愛結婚〟で結ばれること自体そう簡単なものではなかったのではないでしょうか。しかも祐一は福島で老舗の呉服屋を継ぐ立場にある「家」の長男であり跡取り（推定家督相続人）です。その男性が、音と結婚するにはかぎりなく多くの障がいがあったはずです。その辺ももう少していねいに描いてほしかったなという感想をもちました。

また恋愛結婚イデオロギーは、異性愛を前提にしていること、さらに男と女とで、女性には夫以外の性関係を認めない一方、男性には妻以外の女性との性関係を認めるという性のダブルスタンダードを内包している点で、一九六〇年代以降フェミニズム登場以来批判の対象とされてきたこともつけ加えておきます。

（2）現代の結婚と夫婦関係

①　恋愛結婚の普及

戦後新憲法の制定、「家」制度の廃止と民主主義思想の普及によって、恋愛結婚正統化の基盤がようやく成立したといえるでしょう。その後大家族が崩壊し核家族の増加に伴って恋愛結婚も広がっていきます。またマイホーム主義と重なり合って、西欧的な〝性と恋愛と結婚〟の三位一体のイデオロギー（恋愛イデオロギー）が定着していきます。

そして、夫婦の出会いのきっかけについても劇的な変化がみられます。戦前には、見合い結婚が七割を占めていましたが戦後は一貫して減少をつづけ、一九六〇年代末に恋愛結婚と比率が逆転します。

そして、恋愛結婚の割合はどんどん増えつづけ、第一五回出生動向調査（二〇一五年実施）によると、恋愛結婚は八七・七％で見合いは五・五％にすぎません（なお、この調査の「見合い結婚」とは「見合いで」と「結婚相談所で」と回答したものも含まれています）。

しかし、たとえ、恋愛結婚で結ばれた夫婦が真に対等・平等かというとそうではありませんね。とりわけ、性関係での夫婦・男女の関係をみた場合、まだまだ不平等であり、それがＤＶや性暴力につながっているのではないでしょうか。

そこで、本章で改めて戦前の「家」制度のもとで女性はどんな地位にあったのかを女性の性的自由の側面からみてみたいと思いますが、その前に、今日の男女関係と結婚・子の出生についての国民意識などを統計資料からみていきましょう。

② 結婚と子の出生についての意識と実態　第一五回出生動向調査より

国立社会保障・人口問題研究所は二〇一五（平成二七）年六月、第一五回出生動向基本調査（結婚と出産に関する全国調査）を実施しました。この調査は、結婚そして夫婦の出生力に関する実状と背景を定時的に調査・計量しています。戦前の一九四〇（昭和一五）年に第一回調査、ついで戦後の一九五二（昭和二七）年に第二回調査が行われ、それ以降、五年ごとに「出生力調査」の名称で実施されてきました。第一〇回（一九九二年）以降、名称を「出生動向基本調査」に変更していますが、第八回調査（一九八二年）からは、夫婦を対象とする夫婦調査に加えて、独身者調査を同時に実施しています。

第一五回出生動向基本調査の結果の概要をもとに、「今どきの、結婚・家族・子育て」についての意識、さらにジェンダー平等にとっての課題を探っていきたいと思います。

（ⅰ）結婚という選択

いずれは結婚しようと考えている未婚者の割合は、依然として高水準です。一八～三四歳の男性では八五・七％、同女性では八九・三％です。しかし一方で、「一生結婚するつもりはない」と答える未婚者は微増ながらつづいています。今回（第一五回）調査では、男性では一二・〇％、女性では八・〇％となっています。結婚ぬきには人生は考えられないという男女も確実に減ってきているのです。

その点では一九九七年以降二〇〇二年までは「理想の結婚相手が見つかるまでは結婚しなくてもかまわない」と考える割合が過半数を超えていました。ただ、二〇〇五年以降は「理想の相手」が見つからなくても、「ある程度の年齢までには結婚するつもり」という男女の割合が過半数を超えています（今回男性五五・二％、女性五九・三％）ので、依然として「結婚」は人生にとって不可欠の課題であることはまちがいありません。

注目したいのは、一年以内に結婚する意思のある未婚者のうち、男性では自営・家族従業者・正規職員で高いものの、パート・アルバイト・無職・家事などで低い傾向があることです。前者の場合、五〇％を超える人が結婚する意思をもっていますが、後者の場合は三〇％台しかその意思をもっていないことです。

この点、女性の場合は、学生はともかくパートであれ、無職・家事であれ六〇％を超える人が結婚する意思をもっています。やはり、男性にとっては「安定した就職・経済力」が求められていて、当事者の間でも、それが大きなネックとなっているのではないでしょうか。

さらにいえば、結婚の障害については、男女とも「結婚資金」をあげています。一方で「親の承諾」「親との同居や扶養」を結婚の障害を考える人は減っています。

また、独身でいる理由のうち「自由さや気楽さを失いたくない」が男女とも割合的には多くあります。とくに女性では、今回は「仕事（学業）にうちこみたい」が増加し、一八～二四歳では四五・九％ともっとも多い理由になっています。一方、二五～三四歳の年齢層では「適当な相手にまだめぐり会わない」などが理由になっています。

「生涯結婚するつもりはない」と回答した男性の約四割、女性の半数が、過去には「いずれ結婚するつもり」と考えた経験があるということですが、恋愛の失敗などから結婚をあきらめているのでしょうか。

(ii) 異性との交際

「交際している異性はいない」と回答した未婚者の割合は男性六九・八%(前回六一・四%)、女性五九・一%(前回四九・五%)といずれも前回から上昇しました。また、交際相手がいないが交際を望んでいない未婚者は、男性では三〇・二%、女性では二五・九%を占めています。

異性との性交渉の経験がない未婚者割合は、男女ともに一九九〇年代前半までは減少傾向にありました。しかしこの傾向も男性では一九九〇年代以降、女性では二〇〇〇年代初頭から歯止めがかかり、その後は上昇に転じています。今回調査では三〇代前半の男性を除き、男女ともにすべての年齢層で性経験がないと回答する未婚者の割合が前回よりも上昇しました。

また、性経験のある一八~三四歳の未婚男女に、一番最近の性経験における避妊実行の有無をたずねたところ、男性の八九・一%、女性の八七・四%が避妊をしたと回答しており、未婚の男女関係での避妊の実行率が高いことがわかります。

そして未婚者の同棲経験割合は第一三回調査(二〇〇五年)まで上昇傾向でしたが、その後第一四回調査(二〇一〇年)で一度減少に転じたものの、今回は三〇代前半の経験割合は男性一〇・四%(前回八・九%)、女性一一・九%(同九・三%)と一割強で、結婚の前に同棲経験をする割合も高くなっているのは自然な傾向といえるのではないでしょうか。

(iii) 希望の結婚像

未婚者が結婚したいと思う年齢は一八~三四歳の未婚男性では三〇・四歳で、女性では二八・七歳で前回とほぼ変わりません。戦後ある時期までは、とくに女性の結婚適齢期は二四歳といわれていた時期と比べるとずいぶん変わったなと思います。これも前述した一八歳～二四歳の女性の場合「仕事（学業）にうちこみたい」が四五・九％を占めることをあわせ考えると、この年代の女性は「結婚よりも仕事（学業）」という価値観に変わってきていることに時代の変化を感じます。

未婚者の結婚相手との年齢差についての希望をみると、近年、男女とも年齢の近い相手を希望する割合が増加傾向にあります。とくに男性では「同い年志向」が増加しており、今回調査では四一・八％（前回三五・八％）となりました。

次に未婚女性が理想とするライフコースとしては一九九〇年代に入ると専業主婦コースが減少しました。そしてその後は仕事と家庭の両立コースが緩やかに増加します。そして、実際になりそうだと考えるライフコースでも、専業主婦コースが減少している状況が現在までつづいています。今回専業主婦コースはわずか七・五％となりました。また、これに代わって両立コースおよび非婚就業コースの増加がつづいており、非婚就業コースは二一・〇％と今回初めて二割を上回りました（なお、ここにいう非婚というのは婚姻届を出さない事実婚を指します）。

また、「男性がパートナーに望むライフコース」も専業主婦コースが減少し、両立コースが増加する傾向がつづいています。専業主婦を望む男性が一割（一〇・一％）に減少する一方で、両立コースを望む人は二〇〇〇年前後に逆転し、今回は三三・九％となりました。この点でも「妻は家庭に」は少数派になりました。

そして男女とも結婚相手の条件としてもっとも考慮・重視するのは「人柄」で、今回では男性の七六・六％、女性の八八・三％が「人柄」を重視しています。次に重視するのが「家事・育児の能力」「自分の仕事への理解」です。男女でもっとも差があるのは「経済力」です。男性は、相手の経済力を重視する割合は五％未満で、今回でも四・七％にすぎません。しかし女性では四〇％近い人が重視していて、今回でも三九・八％です。これは相手の就業を重視するも同様な傾向で、男女で歴然とした差があるところです。この点ではまだまだ女性の経済的立場の弱さと結婚に生活の安定を託す実態は変わってないことがわかりますね。

一方で、女性は相手の容姿を重視するは一五・九％にすぎませんが、男性は二四・一％が重視しています。まだまだ男性は女性の容姿にこだわるのでしょうか。

（iv）夫婦の結婚過程

過去五年間に結婚した初婚どうしの夫婦について、夫婦が初めて出会ったときの平均年齢は夫二六・三歳、妻二四・八歳でともに上昇しました。また、出会ってから結婚するまでの平均交際期間は四・三年となっており、一九八七年に比べると一・八年長くなりました。夫婦が二五歳までに出会う割合は、夫四六・三％、妻五三・八％まで低下してきていて、全体として出会いが遅くなっています。これらの変化の結果でしょうが、平均初婚年齢は依然上昇をつづけていて、晩婚化が進行しています。

出会いのきっかけについては、劇的な変化がみられます。前述したように戦前には見合い結婚が七割を占めていたのが、戦後一貫して減少をつづけ、一九六〇年代末に恋愛結婚と比率が逆転したのです。そして、恋愛結婚の割合はどんどん増えつづけ、今回は八七・七％で見合いは五・五％にすぎません。

夫婦の最終的な平均出生子ども数を完結出生児数といいますが、婚姻持続期間（結婚からの経過期間）一五〜一九年の夫婦の平均出生子ども数を指します。

その完結出生児数は、戦後大きく低下します。第一回調査の一九四〇年では四・二七人ですが、第二回調査（一九五二年）では三・五〇人に、そして第四回調査（一九六二年）では二・八三人と、三人を割り込みます。その後第六回調査（一九七二年）で二・二〇人となり後は第一二回調査（二〇〇二年）の二・二三人と三〇年間にわたって、二人台をキープしつづけました。

しかも第一四回調査（二〇一〇年）では、一・九六人と初めて二人を下回りました。今回調査でも一・九四人と二人を下回っています。

第七回調査（一九七七年）以降、半数を超える夫婦が二人の子どもを生んでおり、この点は今回も変わりありませんが、子どもを三人以上持つ夫婦の割合が、前回調査から低下していて、かつ子ども一人（ひとりっこ）の夫婦が増加した結果といえるでしょう。

明らかな少子化です。

（v）妊娠・出産をめぐる状況

夫婦の四〇・四％が避妊実行中であり、これに以前実行した経験のある二八・四％を加えると、妻の約七割が避妊を経験したことになります。

避妊実行中の夫婦の避妊方法別割合をみるとコンドームが七七・四％と圧倒的に高く、次いで特定中絶法（膣外射精）となっています。ピル（経口避妊薬）の利用は二・三％で前回（第一三回・二〇〇五年一・九％）に比べ増加しています。夫婦間でも避妊の実行が普通になりつつあることがわかります。

一方で不妊を心配したことのある夫婦は三五・〇％と前回三一・一％より増加し三組に一組を超え、

子どものいない夫婦では五五・二％にのぼります。実際に不妊の検査や治療を受けたことがある（または現在受けている）夫婦は全体で一八・二％（前回一六・四％）子どものいない夫婦では二八・二％（同二八・六％）でした。

さらに、流死産を経験したことのある夫婦の割合は全体で一五・三％で、そのなかで流死産を二回以上経験している夫婦は全体の三・〇％となっています。

（vi）妻の就業と子育て

子どもを生んだことのある妻の出産後のライフステージ別に就業状態をみると、子どもの追加予定がある夫婦の場合二九・五％の妻が正規の職員として、一九・九％がパートや派遣として働いており、自営業者を含めると五二・九％が就業しています。また子どもの追加予定がなく末子が〇～二歳の夫婦の場合は、妻が就業しているのは四七・六％にのぼります。第七回調査（一九七七年）から約四〇年間の推移をみると、いずれのライフステージにおいても妻の就業率は上昇傾向です。

結婚前後の妻の就業状態は結婚退職が明らかに減少していて、結婚前後で就業を継続した妻の割合は七割を超えました（今回七二・七％）。その点では結婚が就業継続のネックになることはなくなっていることがわかります。

また、第一子出産前後の妻の就業状態の変化をみると、妊娠前の妻の就業率は七割超で、出産退職する妻も減少しています（今回三三・九％）。そして第一子出産後の就業継続者の場合も二〇〇五～〇九年の二九・〇％から二〇一〇～一四年の三八・三％へと一〇ポイント近く上昇しています。しかし、依然として、第一子出産後にやめる妻は約六割はいるのです。このことは、女性の就業継続にとって第一子出産が大きなネックになっていることを示しています。一方で第二子、第三子出産前後の就業継続率は、八割前後で、第一子出産のネックを乗り越えた妻の多くは第二子、第三子出産後も就業継続できることを示しています。

また、一五歳未満の子どものいる夫婦について、現在無職の妻に、就業意欲の有無をたずねたところ、八六・〇%が何らかの時点で就業を希望していました。末子の年齢別で見ると、〇～二歳の子どもをもつ妻の一二・四%、三～五歳の子どもをもつ妻の一七・八%が「すぐにでも働きたい」と答えています。

ただ、現在無職で就業を希望している妻に希望する就業上の地位をたずねたところ、「パート、派遣」が全体の八一・五%を占めました。妻としては子をもっても仕事をしたいのですが、働き方としては、子育てと両立できる働き方を望んでいるのでしょう。仕事をしたい最大の理由については五二・一%が、経済的理由（「自分の収入を得たい」「子どもの教育費のため」「生活費のため」「貯蓄のため」「老後のため」）をあげています。

次に第一子が三歳になるまでに利用した子育て支援制度、施設についてですが、利用率は八〇・三%となっています。とくに、出産後も継続して正規雇用の場合の利用率は九八・一%となっています。産前・産後休業制度九〇・七%、育児休業制度八三・六%と高い利用率です。ただ、育児時間制度、短時間勤務制度は企業規模が大きいか官公庁勤務者で利用率が高くなっていますが、中小企業等ではまだ制度が普及していないことがわかります。具体的にみると三歳未満を対象とした保育園の利用率は、第一子出生年が一九九〇年代以降で上昇していて、二〇一〇年代初頭は生まれた第一子の利用率は三七・七%でした。育児休業制度を利用した妻も増加しており、二〇一〇年以降三〇・〇%の妻が利用していますが、夫の利用者は一％にもなっていません。まだ子育ては妻の責任という考えが根強いことがわかります。

最初の子どもが三歳になるまでに夫妻の母親（子の祖母）から子育ての手助けを受けた割合は、第一子出生年が一九八〇〜九〇年代にかけては上昇傾向にありました。しかし、二〇〇〇年代以降は、五割程度で二〇一〇年以降は五二・九％となっています。この水準は第一子一歳時に妻が就業している場合には五八・二％と高めです。その内訳をみると、妻方の母親から子育ての手助けを受けた夫婦の割合が上昇しています。一方で、夫方の母親から手助けを受けた夫婦の割合は低下する傾向にあります。

結婚持続期間が一〇〜一九年の場合、母親（子の祖母）からの子育ての手助けを受けた夫婦の割合は再就職型・専業主婦型では四八・二％ですが、就業継続型では八七・一％となっており、就業継続には祖母からの子育て支援は欠かせない実情です。また制度・施設のみの利用（祖母からの手助けを受けない）も、再就職型・専業主婦型では一四・四％なのに、就業継続型では二八・八％となっています。このように、就職継続型では制度・施設の利用は重要ですがそれに加え子の祖母からの子育ての手助けが欠かせない役割を果たしていることがわかります。これらのことから、祖母らからの手助けと制度・施設がなければ、就業継続は難しい、つまり夫婦のみの協力で子育てしながら就業を継続するのは非常に困難な日本の実情がはっきりしてきます。

そして、三歳以上の子どもがいる結婚持続期間一〇年未満の夫婦について、妻の就業経歴のタイプ別に平均予定子ども数をみると、同じ再就職型と専業主婦型であっても、母親からの手助けや制度利用といった子育て支援がないと、平均予定子ども数が低くなることが明らかです。わが国の子育て支援策の貧弱さが露呈されているといえるでしょう。

ところで、二〇二一年に育児休業法が改正されました。

改正法は・通常の育休とは別に出生後八週間以内に四週間まで育休を取得できる「男性版産休」の新設（二〇二二年一〇月めど）、性別にかかわらず、自身や配偶者の妊娠・出産を届け出た労働者に対して育休を取るかどうか意向を確認するよう企業に義務づける「育休義務化（二〇二二年四月から）」などを内容としています。

また、有期雇用労働者は、一年以上働いていないと取得できなかったのが二二年四月から取得可能になりました。

男性の育休取得が広がらない背景には、「男は仕事、女は家庭」という性別役割分業にもとづく男性の長時間労働など企業側の問題が大きく横たわっています。

厚労省の調査では、男性が育休を取得しなかった理由として「会社で制度が整備されていなかった」「職場が取得しづらい雰囲気だった」が上位にのぼっています。また、上司に利用を阻害されるなどハラスメントを理由に四二・七％の男性が育休取得をあきらめています。

今回の法改正で、企業側が育休制度を積極的に知らせ、労働者の意向を確認する義務が生じるので取得しやすい環境につながるといいですね。

また、男性の育休取得を阻む状況は、家事や育児をすべて一人で担う「ワンオペ育児」を生み、母親の疲弊をまねいています。産後うつを発症する女性は一〇人に一人といわれています。コロナ禍の収入減や孤立で産後うつのリスクも倍増しているとの調査もあります。夫が妻の出産後、通常の育休とは別に四週間まで取得できる〝産休〟で育児参加することによってこうした妻の産後の負担・ストレスを少しでも軽減することにつながることを期待しています。

家事、育児に全くかかわらない〝ゼロコミット男子〟を脱却するいい機会となることが期待されます。

(vii) 子どもについての考え方

結婚意思のある未婚者が希望する子どもの数の平均値は、男性はこのところ二人で推移してましたが、今回調査で初めて二人を割り込み一・九一人となりました。女性も今回は二・〇二人と前回（二・一二人）から〇・一人低下しました。

結婚意思のある未婚者が希望する子どもの性別については、かつては男女とも男の子をより多く望む傾向でした。しかし、第一一回調査（一九九七年）以降、女性では女の子を望む割合が半数を超えています。男性では、第一二回調査（二〇〇二年）以降は、まだ男の子を希望する割合が多いものの女の子を希望する人は増えつつあります。そして今回は、男の子の希望五一・三％に対し、女の子の希望は四八・七％と拮抗してきています。

夫婦の現実的な子どもの数の平均値は、前回調査よりも〇・一人低下してこれまでよりももっとも低い二・三二になりました。そして夫婦が実際にもつつもりの子ども数（予定子ども数）の平均値も前回調査に引きつづき低下して二・〇一人と過去最低になりました。

夫婦が理想とする子ども数の男女児の内訳は、女児選好の傾向が定着し、第一一回調査（一九九七年）以降、理想とする男女割合では、女児の割合の方がわずかに多く（理想とする男児割合四七・〇％女児割合五三・〇％）です。このように女児を望むのはどうしてでしょうか。ジェンダー差別があるものの、男性の過労死寸前の働き方や、家族を養うという責任の重さなどを夫婦ともに感じているからなのでしょうか。

子どもをもつ理由は、未婚者・夫婦ともに「生活が楽しく豊かになるから」が圧倒的に多いのですが、二番目に多かったのは、未婚男性では「結婚して子どもを持つことは自然」です。一方未婚女性では「好きな人の子どもを持ちたい」であり、男女で回答の差がみられます。

次に、夫婦の予定子ども数が理想子ども数を下回る理由でもっとも多いのは、依然として「子育てや教育にお金がかかりすぎる」（総数五六・三％）です。教育費の負担をはじめわが国の子育て支援等がいかに貧弱であるかの裏返しともいえるでしょう。とくに妻の年齢三五歳未満の若い層では八割前後の高い割合になっています。また、三〇歳代の妻では「自分の仕事に差し支える」「これ以上育児の心理的・肉体的負担に耐えられない」が他の年齢層に比べて多いのです。これは現実の子育ての負担が家庭・夫婦にずっしりとのしかかってきていることを示しているのでしょう。

さらに理想の子ども数が一人であってもそれを実現できない理由として「欲しいけれどもできない」が七四・〇％と不妊に悩む夫婦も多いことがうかがえます。また理想の子ども数を三人以上としている夫婦では、理想どおりの子ども数を持てない理由として、「お金がかかりすぎる」をあげる夫婦の割合が六九・八％ともっとも多いのです。

子どもに受けさせたい教育の程度については、対象となる子どもの性別にかかわらず「大学」がもっとも多く、総じて未婚女性は未婚男性より子どもに高い教育を望む傾向がみられます。とくに二五〜二九歳では「男の子」に「大学以上（大学院・大学）」の教育を望む割合が八三・一％ですが、「女の子」

には七一・七%です。未婚男性の場合は、「大学以上」は男の子七二・六%に対し、女の子六三・六%との差が大きいのですが、まだまだ女の子にはそう高学歴を望まないのはなぜなのでしょうか。

(viii) 生活経験と交際・結婚・出生

夫婦が知り合ったきっかけは、「友人・兄弟姉妹を通じて」「職場や仕事で」がそれぞれ三〇・九%、二八・一%と約三割を占めており、次いで「学校で」が一一・七%となっていてこれら上位三つが約七割を占めています。

結婚、家族、男女関係などについての未婚者の考え方として今回の調査でも、男性女性ともに八割に支持されている意見は、「愛情があるなら結婚前の性交渉をもってもかまわない」です。この点では時代の変化を強く感じます。「女/男らしさは必要」「結婚しても家族とは別の自分の目標をもつべき」も八割の男女が支持しています。また七割の男女が支持しているのは「同棲なら結婚」「母親は家に」の二項目です。

一見すると相矛盾するのは「女/男らしさは必要」が男女ともに八割を超えているのに、「結婚後は夫は外で働き、妻は家庭を守るべきだ」を支持するのは男女ともに約三割だという点です。いわゆる性別役割分担には否定的である。けれども「女/男らしさは必要」というのです。「女/男らしさ」が具体的には何であるかは不明ですが、「女/男らしさ」のなかには「男は仕事、女は家庭」といった性別役割分担は含まれていないと考えているのでしょうか。これを裏づけるものとして「男性も家族と過ごす時間が必要」という項目を男性の七〇・〇%、女性の六三・九%が支持していることです。その点ではひところいわれたいわゆる「マイホーム主義」が定着したということでしょうか。

しかし、「少なくとも子どもが小さいうちは、母親は仕事を持たず家にいるのが好ましい」が男性の六九・八％、女性の七三・〇％に支持されています。「子どもが小さいうち」すなわち「三歳くらいまで」は母親は子育てに専念すべきという意味であれば「三歳児神話」から抜け切れてないとも指摘できるでしょう。

結婚した夫婦の場合でも同じような傾向です。八割以上の妻が「女／男らしさは必要」を支持し（八五・三％）、「母親は家に」が（六三・七％）、「男は仕事よりも家族」が（六〇・一％）いずれも六割台を占めているにもかかわらず「夫は仕事、妻は家」の支持は二割台（二七・三％）なのです。

2　女性への暴力の根っこにあるもの——「家」制度の残滓《ざんし》

ここで改めて女性への暴力の根っこにある「家」制度の残滓について考えてみましょう（この章で旧〇〇条あるいは旧法と記すのは明治民法のことです）。

（1）「家」制度下の男女の性関係（支配と従属）

①　戸主と家族

前述したように「家」制度のもとで妻は夫の配偶者であると同時に家族の一員です。家族としては第一に戸主権に服従する義務があります。居所を選ぶにしても、婚姻・縁組をするにしても、分家したり家を廃絶したり、廃絶した家の再興をするについてもことごとく戸主の意思に従わなければなりません。

そして戸主は原則男性であることも前述のとおりです。

もっとも一方で戸主には家族を養う義務がありました（旧七四七条）。逆にいえば家族は戸主に対して扶養を請求する権利があったのです。

つまり自分で働いてあるいは自分の資産で生活できない家族は戸主に対して「扶養の請求」ができたわけです。

旧法の戸主の扶養義務は、第一に配偶者に対し、第二に直系卑属（子、孫たち）に対し、第三に直系尊属（祖父母、親）に対して負うのですが、これらの者がいないか、あっても資力がないときは、戸主が扶養を引き受けなければならないのです。戸主の家族に対する支配権はこの扶養義務と表裏一体の関係でした。つまり継続的に支配・従属の関係があったうえでの戸主の絶大な権限でした。

しかし、現実には戸主（家を継いだ父や兄）は扶養義務を果たさなくても権限をふりかざすことも多く、とりわけ女性に対しては支配欲をもちつづけました。

②　夫と妻の関係

(i)　夫には妻を扶養する義務がある

明治民法では「夫婦は互に扶養をなす義務を負う」（旧七九〇条）という一般的な規定のほかに「夫は婚姻により生ずる一切の費用を負担する」（旧七九八条本文）という規定がありました。「婚姻により生ずる費用」とは「婚姻費用」といわれるもので平たくいえば「生活費」です。現在の民法でも「夫婦はその資産、収入その他一切の事情を考慮して、婚姻から生ずる費用を分担する」（七六〇条）との規定があります。しかし現規定はあくまでも「夫婦は」であって夫にも妻にも双方に婚姻費用分担義務があるのです。ただ現実に無収入の妻や収入の少ない妻に対しては、収入のある夫が婚姻費用を払う結果になるわけですが、法律上はあくまでも「夫婦」の義務なのです。

それに比べて旧法のそれは、明確に「夫は」と夫だけの義務として規定しています。ここに「妻は夫に養われるもの」「夫は妻を養うもの」だから妻は家事、育児を担うという性別役割分担思想が表れています。今日でも多くの妻は夫に養われているすなわち継続的に従属している実態があるのですが、それを法律上も明記しているところに旧法の本質が示されているのです。ですから夫と妻の関係も事実上の継続的な支配と従属の関係だけでなく、法律上も支配と従属の関係であったのです。

(ii) 妻の同居義務

次に旧法七八九条一項には「妻は夫と同居する義務を負う」とありました。

現行法にも「夫婦は同居し協力し扶助しなければならない」(七五二条)という規定がありますので、一見すると旧法と同趣旨にみえます。しかし、正確に比較してみると次のことがわかります。

旧規定は、同居義務は妻だけの義務になっています。現規定は「夫婦は」と夫にも同居を義務づけているのとは大ちがいです。

だから戦前は、夫が妾さんらと同居して妻のもとに帰らなくても同居義務違反にならなかったのです。さらに旧七八九条の二項には「夫は妻をして同居をなさしむることを要す」とあります。夫は妻が同居に耐えかねて家を出て行き別居したとき、強引に家に連れ戻すことが可能、というより連れ戻す義務があったといえます。つまり、DV夫から逃れて所在を隠している妻を、夫が強制的に所在を突き止め家に連れ戻すことが、法律的には正当とされていたのです。

(iii) 妻は夫との性交渉を拒めない

「家」制度のもとでは、婚姻は「家」の跡継ぎをつくるためのものです。妻には夫の子を産み育てる義務があります。まさに女性は「子どもを産む道具」だったのです。そのために、夫は妻に性交渉を求める権利があり、夫との性交渉に応じるのが「妻の務め（義務）」です。妻は夫からの性交渉の求めを拒否することはできなかったのです。どんなに体調が悪く、気持ちがのらなくても妻は夫に養ってもらっていることからも拒否できませんでした。夫婦の性交渉は、とりわけ妻にとって〝義務〟であって、互いに愛し合い求め合うものではなかったといえるでしょう。時には暴力的になることがあっても許されました。だから後述するように、夫婦間では暴行、脅迫を用いて性交渉しても強姦罪にはならないというのが通説でした。性交渉は妻の同意なしでも問題にならなかったのです。

今でも深夜に帰ってきた夫が妻に性交渉を求めたとき、妻が「今日は疲れているのでやめてちょうだい」と言った場合、多くの夫が言う決めゼリフは「誰に食わせてもらってると思ってるのか！」です。つまり夫は妻を養っており、妻は夫の従属物だから好きなように扱っていいとする社会通念が今でもあるのです。さすがに今日ではこのセリフは、両性の平等に反し妻の性的自己決定権を踏みにじるもので、妻が離婚を決意するきっかけになります。夫のこういった言動を聞くと家庭での妻の立場は「家」制度下の従属的地位を脱却し切れてないことを痛感します。

そして戦前はこれまで述べたように夫は妻以外の妾を囲ったり、金銭で女性を買うこともできたのです。だから男女の性関係は対等ではなく、支配従属の関係であったといえるでしょう。それが男の甲斐性や男らしさとして評価される社会でした。つまり妻には生殖のための性しか許されず、一方男性は快楽のための性も許されていたわけです。夫という立場（権限）から妻に性交渉を強要するのも金で買った性を楽しむのも許される性におけるジェンダー不平等（ダブルスタンダード）がありました。それはまた、金で買われる快楽の対象としての女性への蔑視でもあり女性たちの分断でもありました。女性への暴力の根っこにはこのような男性の意識とそれを男らしいと許す社会（世間）と法律があったからといえるのです。

（.ⅳ）夫の不貞は離婚理由にならない

明治民法では、前述したように妻の不貞は離婚原因とされます。一方夫の不貞はよその妻と性的関係をもって姦通罪に処せられたときのみ離婚原因となりましたが、未婚の女性との不貞は離婚理由にはなりませんでした。

当時の読売新聞の悩み事相談に寄せられた夫の不貞を嘆く妻の投稿に対して、回答者は「夫の過失を無条件で許すことが煩悶をとり除く道です」などと説くことが多かったといいます（二〇一三年六月一五日付読売新聞「女性と暮らし」第一六回から）。

根底には、前述したように、家督の男系相続をはじめさまざまな、女性を男性に従属させる家父長的な「家」制度にもとづく男尊女卑があったことは言うまでもありません。ただ昭和の時代になると、大審院（今の最高裁）の次のような判例があります。

一九二七（昭和二）年五月一七日の判決ですが、三人の子どもと妻を捨てて他の女性に走った夫に慰謝料と養育費を請求した大分県の主婦の訴えに対して、大審院は「妻が夫に対して貞操義務があるように、夫にも貞操義務がある」との新判断を示したのです。

ただこの判決は、夫の不貞に対して妻からの慰謝料と養育費の請求は認めたものの、夫の貞操義務とはいってもあくまでも婚姻を継続することが前提になっています。不貞を離婚原因として認めたわけではありません。また妻としても離婚を求めたのではなく、慰謝料と養育費の支払いを求めたのですから、当時としても旧法上は妥当な判決だったといえるでしょう。

戦前は妾公認であったことも前述しましたが、夫のなかには妻妾同衾《さいしょうどうきん》というひどいケースや妾を自分の屋敷内に住まわせたり妾のための別宅を公然ともつのも許されるだけでなくそれをもって「男の甲斐性」などと賞賛される実情でもありました。生活力のない妻はまさに〝飼い殺し〟のような状態で、どんなに夫が複数の女性と性関係をもち妾をもっても夫と離婚することは難しかったのです。

(2)「家」制度下の妻の性的自由をしばる刑事罰

① 姦通罪

「家」制度のもとでは、婚姻は「家」を継承するためのものです。そして妻は「家」の跡継ぎである夫の子である「男子」を産む道具にすぎなかったことは何度も述べました。だから妻が夫以外の男性と恋愛関係になって性関係を結ぶことはきつく禁じられていました。このような関係から生まれる子は夫の子といえない場合があるからです。これを法的に規律したのが刑法にあった「姦通罪」です。

姦通罪のルーツを探ってみましょう。

一八八〇(明治一三)年の旧刑法第三五三条は姦淫罪の一つとして妻の姦通を次のように規定してい

ます。

「有夫の姦通したる者は六月以上二年以下の重禁錮に処す。其相姦する者亦《また》同じ。此条の罪は本夫の告訴を待って其罪を論ず」。

これは一九〇七（明治四〇）年公布の刑法（一八三条）に引き継がれました。なおそれまで「有夫ノ婦」には妻以外の「妾」も含むとされていました（事実上の一夫多妻制）が刑法制定時点で「妾」は除かれました。この罪は、妻とその相手の男性（相姦者）だけを罰するもので、夫と未婚の女性との間の性交渉は罪に問わないそれ自体男女不平等な規程でした。

滝川幸辰は、のちに滝川事件の発端になった『刑法読本』で「妻は経済的に夫に従属して居るので所有物と同視された」とその本質を喝破しています。またこの罪は「夫の告訴」がなければ罪に問えないとなっています。まさに夫のみが被害者として告訴権がありました。男性から強姦されて本来は被害者である妻には告訴権はありませんでした。妻は夫の所有物であり貞操義務は妻にのみあったからです。夫の所有物を侵した者を告訴するかどうかは、夫の一存で決まったのです。

また夫婦関係が冷えきっていて、夫婦の性交渉もないなかで、夫婦以外の男女が本当に愛しあって性関係を結ぶこと自体が罪になったわけです。夫の告訴による親告罪ということを利用して波多野秋子の夫が有島武郎を「一万円（を払う）か告訴か」と脅迫したそのことが、有島と秋子の心中の原因になったともいわれています。

北原白秋も姦通罪で投獄されたことがあるというのも有名な話です。

そして何よりも、妻が独身の男性と性関係を結べば罰せられるのに、夫は独身の女性と性関係があっても、何ら罰せられなかったことは何度も述べたとおりです。ここに性関係における明らかな男女のダブルスタンダードがあり、ジェンダー不平等があります。

さらに戦前の社会は、女性には「二夫にまみえず」との封建的厳しい倫理のもとで婚姻外の性交渉を禁じながら、男性は公娼制度で自由に女性の性を買うことを認めていたことも後述のとおりです。

一九四七（昭和二二）年の日本国憲法の施行に際し、妻と同様に夫の姦通も罰すべしとする両罰論と夫婦ともに刑罰の対象にはしない不罰論がたたかわされました。結局不罰論によって姦通罪は廃止されました。

②　強姦罪

一九〇七（明治四〇）年の刑法に規定されたものは「暴行又は脅迫を用いて一三歳以上の女子を姦淫した者は、強姦の罪とし、三年以上の有期懲役に処する、一三歳未満の女子を姦淫した者も、同様とする」でした。がこの罪も親告罪でした。被害を受けた女性の告訴がないと裁判を起こせませんでした。さすがにこの罪は夫の告訴は必要ありませんでしたが、しかし、女性にとって告訴するのはきわめて困難でした。

実際には、大正から明治前期に女性たちは新聞雑誌の身の上相談や告白手記で性被害を語り始めます。強盗犯人によって妊娠した娘、犯されたが死ぬこともできず悩む女性からの投書が見られます。しかし、処女重視（結婚前の女性は処女であるべき、そうでない女性はキズモノというような）の社会通念からむしろ被害者である女性が「ふしだら」と非難の的になる社会のなかで女性たちは苦しんでいました。

一方で男性には、金で女性を買うことを公的に許す性のダブルスタンダードがありました。こうした男性のセクシャリティが戦場での性暴力（たとえば日本軍「慰安婦」）を生む土壌にもなったともいえるでしょう。

戦前の時代は、強姦をはじめ性犯罪の保護法益は、女性の性的自由や自己決定権という人権の侵害ではなく、家父長制という社会の秩序と道徳への侵害としてしかとらえられていなかったといえます。強姦罪は、姦通罪やわいせつ罪と同様、社会的風紀を乱す罪として分類されていました。つまり、女性の人権保障よりも男性中心の性秩序を守るものでした。構成要件にある「暴行又は脅迫を用いて」についても「些細な暴行・脅迫の前にたやすく屈する貞操の如きは保護に値しない」と解釈されて「些細な暴行・脅迫」であれば強姦罪は成立しないとされていました。つまり被害者である女性の性的自由や性的自己決定権が侵害されたと考えるのではなく、暴行・脅迫に対し必死で抵抗する義務を科されている女性が「たやすく屈した」として、そんな女性は保護に値しないという〝貞操観念〟がベースにあったのです。

こんな犯罪規定が、実は戦後も戦後の二〇一七年六月一六日に改正されるまで刑法上存続したことは、日本のジェンダー平等の後進性を象徴しています。

③　堕胎罪

堕胎とは、自然の分娩に先立って人為的に胎児を母体外に排出することをいいます。一八八〇（明治一三）年公布の旧刑法で規定され、一九〇七年の刑法にも引き継がれました。キリスト教と家父長制の価値観から堕胎を禁じる欧米制度にまねて近代社会の体制を整え富国強兵政策を進めるために堕胎罪が必要とされたのです。本人堕胎、同意堕胎、医師や産婆（助産師）による業務上堕胎、不同意堕胎、致死があります。戦後の一九四八（昭和二三）年に優生保護法の成立により、実質的には死文化されたと言われますが、現刑法にも厳然として犯罪規定として存在しています。

胎児を保護するのか、産む女性の権利を保護するのかで、戦前にも論争がありました。とくに一九一五（大正四）年に『青踏』誌上で、堕胎を「胎児は母体の一部だから、自分の腕を切っても罪にならないように堕胎も罪ではない」と主張した原田皐月《さつき》。これに対して伊藤野枝は「胎児は受精の瞬間から生命だ」と堕胎を否定しました。この論争が有名です。これに対し、自らも出産を控えていた平塚らいうは、母体保護、生活苦、強姦などの原因やあるいは女性が個人の内面的生活のために子を持たない人生を選択するなどの理由から堕胎をすることを肯定しました。

そして、一九二〇～一九三〇年代初めにかけて、産児調節運動と連動して合法的堕胎の範囲を拡大する堕胎罪改正期成同盟の運動が行われています。この運動の関係者のなかには山川菊栄や石本静枝（のちの加藤シヅエ）、奥むめお ら女性活動家たちがいました。彼女たちは避妊知識の普及は女性の身体的自己決定のために必要と主張したのです。

しかし、その後、日本は軍国主義のもとで戦争に突入していきます。「産めよふやせよ」というかけ声のもとで、中絶が許されない時代を迎えます。それは性や出産の国家管理であり、人権一般が抑圧されていたことと表裏一体でした。そして一九四六年にはナチスの断種法に匹敵する「国民優生法」という「不良な子孫を残さない」「健全な子孫」の出産を奨励する法律がつくられました。同法が戦後の

「優生保護法」に引き継がれます。

戦前は軍国主義下、そして「家」制度のもとで女性の産む産まないの自由を含めて性的自己決定権はなかったといえます。

また堕胎罪については、国連の女性差別撤廃委員会から日本政府に対して廃止するよう再三勧告が出されていますが、政府は未だに廃止せず、現刑法にしっかり「犯罪」として残っているのは本当に恥ずかしいことです。

3　性の売買の歴史と公娼制度

女性には貞操を要求し、性的自由を抑圧しながら、男性は「金」で女性の性を買えた戦前の性のダブルスタンダードの典型が公娼制度です。歴史を遡ってみてみましょう。

(1) 自営業者だった「遊女」

中世の遊女集団は、遊女自身が集団の構成員となって、それぞれが独立した自営業者・経営者であったといいます。また集団内部では女系的な再生産つまり遊女の経営は母から娘へと世襲されていました。しかし一五世紀後半以降、遊女集団のあり方が変化します。一つは、遊女屋の経営者が男性に替わっていくこと。もう一つは、集団外部の女性が遊女になる例が増えていくことでした。遊女は自営業者・経営者ではなくなり、被使役者になっていく一方で、女性が誘拐や人身売買によって遊女とされるようにもなってきたのです。

　もともと遊女は詩吟や朗詠といった歌謡のプロで「歌女《うため》」とも称されましたが、戦国の騒乱を経て、統一政権が誕生し城下町の形成が進むなかで、男性の遊女屋経営者が遊女たちを抱えて売春させる遊郭（遊女町）が生まれました。

　そして江戸幕府は江戸では新吉原町、その他各地で公認の遊郭設置を認め、また宿場や港町などに飯《いい》盛女《もりおんな》（飯売女《めしうりおんな》）、洗濯女などを置くことを黙認しました。こうして各地に売春の場が生まれ「売春社会」といわれるような状況が出現したのです。女性の性は売買される「商品」になったのです。そして、遊女屋は遊女を担保として寺社や豪農などから金銭を受ける金融システムも形成されていきました。

　横山百合子さんは「遊郭公認という政策は近世社会を構成する寺社や豪農らが、合法的な存在である遊女屋が遊女を担保して貸付ける江戸〜信州〜京都にまたがる広域金融ネットワークを作り出し、遊女の性の収奪による収益に有力寺院・公家・豪農までが癒着するという構造を生み出したのである」といっています。

　そして遊郭の利用者は、江戸商人やその店員（手代《てだい》）であり、手代たちの遊興は店が指定した茶屋にかぎって容認する代わりに、茶屋を介して手代たちを把握・統制する仕組みであったと考えられると述べています。[1]

（2）芸娼妓解放令と抜け穴

①　遊女屋は貸座敷として存続

一八七二（明治五）年一〇月二日、明治政府は太政管布告第二九五号で、娼妓・芸妓など年季奉公人の解放を命じます。いわゆる芸娼妓解放令です。これは新吉原町のような性売買の独占市場的な町の解体とともに、一九世紀半ばの奴隷制・人身売買否定の人権擁護を求める国際的世論への対応という二つの要素を持っていました。

解放令では、遊女の身体を金銭で買って調達するあり方は否定されたものの、売春は娼妓自身の自由意思にもとづいて行うものとされ遊女屋は娼妓に営業場所を貸すだけのものすなわち貸座敷業者となったのです。

しかし、現実には娼妓たちの多くは、前借金と呼び名を変えた負債によって実質的には身売りを強要された女性たちでした。

また自分の意思で性を売るという建前は遊女に対する共感や同情を弱め、自ら売春する淫らな女性という蔑視のまなざしを生み出していきました。

芸娼妓解放令にもかかわらず、明治以降も公娼制度は再編・持続し発展します。貸座敷の統制は各府県警察行政のもとに置かれます。一八八一（明治一四）年末には「遊里」数は、全国で五八六か所に達し、そのうち明治維新後に新しく許可された地域が二四三か所にのぼります。業者・娼妓の数も同年時点での業者数は九五九九、娼妓数は三万一〇五人であったのが、一九二九年～三〇年代半ばまでに業者数は一万前後、娼妓数は四万数千〜五万人前後を推移します。
そして新規に許された地域は明治以降の産業発展、交通の要衝地や軍隊の駐屯地、植民地都市などのケースが多いといえます。[2]

② 軍隊と遊郭

注目すべきは軍隊の駐屯地です。軍隊に遊郭は不可欠との発想が根強く、師団設置の決定とともに「軍隊衛生上」（性病を防ぐ）必要であるとの理由で遊郭誘致運動が起きて新設されている遊郭もあります。

日本軍による性的「慰安」施設とそこに所属する女性の管理は、古くは日露戦争（一九〇四〜〇五年）で戦場になった満州（中国東北地方）で実施されています。軍医らが性病検査を行っていました。シベリア出兵（一九一八〜二二年）でも日本軍は許可して接客女性に性病検査を義務づけていました。[3]

朝鮮については、日本が植民地化した韓国併合（一九一〇年）後の一九一六年に「貸座敷娼妓取締規則」が施行され、朝鮮全域で公娼制度が実施されました。それまで朝鮮には公娼制度はなかったのですが、まさに日本が「輸出」したようなものです。そしてまた、その取締規則では、内地以上に娼妓年齢の下限が若く娼妓の自由が制限されていました。

日本軍が「慰安所」という名称を使い始めたのは、一九三一年の満州事変を起点とする一五年戦争の時期です。一九三二年の第一次上海事変の際に海軍が慰安所を設置し、陸軍も慰安所をつくります。その頃、満州の各地でも、日本軍による「慰安所」がつくられ、朝鮮人女性が従軍させられました。

一九三七年七月に日中戦争が全面化し、たとえば南京大虐殺の際など日本軍兵士が中国人女性を強姦する事件が多発します。そこで日本軍は強姦防止や性病対策のため、陸軍中央の承認のもとで占領地に慰安所を大量に設置します。中国各地の慰安所に強制連行のような形で多くの朝鮮人「慰安所」が送り込まれます。

一九四一年一二月アジア太平洋戦争が始まると、陸軍省は自ら慰安所の設置に乗り出し、朝鮮では総督府を通さないで、朝鮮軍司令部によって「慰安婦」が集められたのです。日本軍が占領した東南アジアや太平洋島しょ地域にも慰安所がつくられ「慰安婦」が集められました。多くの未成年者を含む朝鮮人女性が「慰安婦」にさせられたのは「なによりも朝鮮が日本の植民地であったからこそ、朝鮮人『慰安婦』の動員が可能だったのです」という藤永壮大阪産業大学教授の言葉は、まさにそのとおりだと思います。

（3）近代公娼制度の展開

① 戦争とともに拡大

以上述べたように、近代日本は男性が女性の性を買うことにきわめて寛容な社会だったといえます。公娼制度が存在したのはその証《あかし》です。

政府や政治家、陸海軍、貸座敷業者たちは強姦防止や性病予防のため、あるいは地域経済発展のため公娼制度を維持しつづけました。彼らは、身体を商品として買われる女性たちの人権がどれだけ踏みにじられているかについてほとんど考えようとしなかったのでしょう。

警視庁と各府県警察は、治安上の必要から貸座敷業者に登楼した者の「遊客名簿」の作成を義務づけました。登楼したのは「ふつう」の男性たちでした。男性たちは、自分の妻や娘たちには良妻賢母の貞操観を強制しながら、あたりまえのように遊廓に通い女性を買っていたのです。

横田冬彦氏（京都大学名誉教授）によれば一九一〇～二〇年代に都市部を中心に「大衆買春社会」が到来したとされています。このころ、国内外の座娼運動を背景に公娼廃止案も帝国議会で審議されますが、選挙区に遊廓があり、遊客数の多い府県選出の議員らが強く反対しました。

一九三〇年代になると遊客で女性を買う習慣は農村男性にも広まり、一九二〇年代に全国で二二〇〇万人前後であった年間遊客数は、日中戦争が全面化した一九三〇年代後半には三〇〇〇万人を突破します。

男性遊客向けに『全国遊廓案内』といったガイドブックも発行されました。植民地、占領地の遊廓も紹介されています。朝鮮の遊客を利用したのは、日本軍兵士や日本人の商人・公務員・男性労働者などで一九二九年の調査では朝鮮における遊客の八割は日本人男性でした。

② 日本軍「慰安婦」

公娼制度は、先の戦争中、日本軍の直接・間接の関与で「慰安所」が設置され中国や朝鮮をはじめ多くの女性たちが強制的に拉致・連行され、監禁状態のもとで連日多数の日本軍兵士により強姦に近い性被害を受けるという日本軍性奴隷制度につながります。

一九九一年八月一四日に韓国の金学順（キム・ハクスン）さんが日本軍「慰安婦」だったと初めて名

乗り出ます。そして、一九九一年一二月、他の被害者とともに謝罪と賠償を求めて東京地裁に訴えを起こし性奴隷にされたおぞましい体験を陳述しました。

この勇気ある告発により一九九三年に、河野洋平官房長官（当時）の談話が発表されます。そこでは、（A）慰安所の設置、管理および慰安婦の移送については、旧日本軍が直接あるいは間接に関与した、（B）慰安所での生活は、強制的な状況下での痛ましいものであった、（C）慰安婦の募集は、軍の要請を受けた業者が主としてこれにあたったが、甘言、強圧による等本人たちの意思に反して集められた事例が多数あること、を認めています。そのうえで「当時の軍の関与の下に、多数の女性の名誉と尊厳を深く傷つけた」として「心からお詫びと反省の気持ち」を表明しました。

これは、政府による調査のうえでの談話です。だから日本軍「慰安婦」問題は否定することは許されないはずです。しかし、植民地支配を美化する立場から問題をなかったものにしようとする勢力の挙動がその後もことあるごとにつづきます。

二〇一五年一二月には日韓両政府が解決に向けた合意に達し、日本政府は旧日本軍の関与を認めて、当時の安倍首相は「心からのお詫びと反省の気持ち」を表明しました。が、その後も安倍氏は「性奴隷といった事実はない」と主張しつづけました。

二〇二一年四月、菅政権は「従軍慰安婦」の用語が、旧日本軍が強制連行したとの「誤解を招き得る」ので「単に『慰安婦』という用語を用いることが適切である」とする答弁書を閣議決定しました。これは日本維新の会の馬場伸幸幹事長（当時）の質問主意書に答えたものです。答弁書は「河野談話」の承継を述べつつも、日本軍の関与と強制性は否定しています。

政府は、この答弁書にもとづいた教科書記述に訂正するように、教科書会社各社に圧力をかけたため、各社が「従軍慰安婦」などの記述の訂正を申請したことがわかりました。

事実上の訂正強要は、学問・研究や出版の自由を踏みにじるものですし、何よりも子どもたちが手にする教科書から「加害の事実」を消す点でも許しがたいものです。

ところで、日本共産党の紙智子参院議員が入手し発表した「長崎地裁及び長崎控訴院における国外移送誘拐被告事件判決概要」が二〇一二年六月三日の「しんぶん赤旗」に載りました。長崎控訴院刑事第一部が一九三六年九月に出した判決で、戦前の大審院（今でいう最高裁）で確定したものの概要です。

一九三〇年一〇月ごろから上海駐屯の帝国海軍軍人を顧客とする営業を行っていた被告が、一九三二年一月第一次上海事件の誘発によって「多数の帝国軍人の駐屯を見るに至ったことをもって、海軍指定慰安所なる名称の下に従来の営業を拡張することを欲し」協力者を集めて、日本の婦女を「女給または女中」に雇うとだまして、上海の慰安所に送ることを謀議し、長崎県内の女性一五人を「食堂の女給で客をとる必要はない」「多額の収入が得られる」などとだまして、上海の「海軍指定慰安所」に送り「醜業」（売春）をさせたとして被告人一〇人が有罪とされた事件です。

河野談話にある「慰安婦の募集については軍の要請を受けた業者が主としてこれに当たったが、その場合も甘言・強圧による等、本人たちの意思に反して集められた」との認定を裏づけるものです。そして、判決後の一九三七年九月陸軍省が「野戦酒得規程」を改定し、「必要ある慰安施設をなすこと得る」と追加して官報に掲載しました。これにより、日本軍「慰安所」設置が法的に公然と認められることになったのです。政府主導で日本軍「慰安所」がつくられたことの動かしがたい証拠といえます。

（4）娼妓たちの苦しみとたたかい、廃娼運動

近代公娼制度のもとで娼妓は「自由意思」で性を売る者とされました。しかし、実際は「自由意思」にはほど遠く「家」や親の都合による身売りでした。身売り代金（前借金）は親が受け取り、娼妓になった娘が年期中に貸座敷で性を売った揚代金から返済するという契約を結ばされました。前借金の返済はきわめて困難でした。揚代金の娼妓の取り分は半分以下、利子や借金返済に充てることができたのはごくわずかでした。そのうえ経費や親への仕送りのため借金は減るどころか増えることも多く、娼妓たちが自分の意思で廃業することは難しかったのです。

第一次世界大戦後、廃娼運動や労働運動に触発された娼妓たちは、自由廃業や待遇改善を求めて声をあげます。新吉原遊廓の娼妓だった森光子はＩＬＯ（国際労働機関）の八時間労働制や細井和喜蔵の『女工哀史』（改造社、一九二五年）などを知り、前借金のシステムに疑問をもち、「家」のために自分が犠牲になる必要はないという確信をもつに至り、自由廃業を届け出ます。

また一九三一（昭和六）年一〇月一五日大阪の松島遊廓金宝来の一三人の娼妓たちが、食事や衛生環境の改善、中間搾取の排除、前借金明細書の公開などを求めてハンガーストライキを始めます。無産婦人同盟が支援し六日後に妥結しますが、楼主が約束を履行しなかったため一一月一三日から再びストライキに入り、娼妓たちは自由廃業を届け出るなどして抵抗しました。同一八日楼主側が娼妓たちの要求をすべて受け入れることで合意が成立します。

戦前の廃娼運動の主な担い手は日本キリスト教婦人矯風会をはじめとするキリスト教徒の人びとでし

た。彼らは、一夫一婦制の堅持を重視する立場から男性の不道徳を促進し、女性の人身売買を国家が公認しているに等しい公娼制度に対し強く反対しました。

遡ると一八八〇年代には自由民権運動と連動しながら、各地の県会に対し公娼制度廃止の要求を出し群馬県では一八九一（明治一四）年に公娼廃止が発令されます。一九〇〇年前後の時期は救世軍などによる自由廃業運動が行われています。一九〇〇年には娼妓の自由廃業の権利や娼妓の許可年齢を一八歳にするなどを明記した全国統一的な娼妓取締規則が制定される成果をあげています。

第一次世界大戦後になると廃娼運動はさらに盛りあがります。一九三五（昭和一〇）年までに一四県が廃娼決議を行っており、一九三四年には、内務省が近い将来の公娼制度廃止を検討していることが報道されたこともありました。しかし、貸座敷業者の反対も根強く公娼制度はついに廃止されることなく敗戦を迎えます。

（5）戦後も引き継がれた公娼制度

①　占領軍用の性的慰安施設（ＲＡＡ）

日本は一九四五年八月一五日に敗戦を迎え、その後連合国の占領下におかれることになります。同月一七日に東久邇宮《ひがしくにのみや》内閣が成立すると同時に、近衛文麿国務大臣は警視総監を呼びつけ「日本の娘を守ってくれ」と発言します。これを受けて同月一八日には、内務省警保局長から全国の知事および警察へ「外国軍駐屯地に性的慰安施設をつくるように」との無電秘密通牒が発せられます。警視総監から警視庁保安課長を通して接客業者（貸座敷業者、東京料理飲食店業組合など七団体）に要請がされます。その目的は、「四〇〇〇万大和撫子の純潔を守るため」として、占領軍用の性的慰安施設をつくることでした。それを受けて業者組合は、特殊慰安施設協会（RAA：Recreation and Amusement Association）を開設します。

占領米兵士から日本の「一般女子」の貞操を守るため「性の防波堤を築く」という名目でした。しかし、真の目的は「慰安」にたずさわる女性を「人柱」にして社会秩序を保ち国体を護持することにありました。銀座のRAA本部の前に貼り紙が出され、新聞にも求人広告が掲載されました。生活苦から多くの女性が応募し、占領軍先遣隊が到着した一九四五年八月二八日には東京大森で営業が開始されます。施設は地方にもつくられました。GHQは、一方で公娼廃止令を出したのに、他方でRAAを黙認しました。ただ占領軍内に性病がまん延したため一九四六年三月には兵士たちの施設への立入禁止令を出し、RAAは事実上閉鎖されました。その後、街頭に放り出された女性たちはいわゆる「パンパン」と呼ばれる街娼に姿を変えます。朝鮮戦争時には基地周辺に集まり、パンパン＝性病感染源とみなした占領軍によって常に「狩り込み」という強制連行・検診の暴力にさらされました。

この経過をみると、日本政府自らが占領軍のために女性の性を売る営業を公認し、そのための施設を率先して設置したことがわかります。何と罪深いことでしょうか。

そして戦前から連綿とつづいた国家公認の公娼制度は、一九四六年には廃止令が出されたにもかかわらず、憲法の施行（一九四七年一一月）後も事実上つづいたのです。

② 売春防止法の制定とその問題点

事実上公娼制度をなくす運動は「売春防止法制定」の運動として取り組まれました。廃娼団体・女性団体・女性議員らが結束し、世論も味方につけて運動した結果、売春防止法はようやく一九五六（昭和三一）年五月に成立します。

しかし、業者団体の強い反対もあってこの法律の全面的施行は一九五八年四月まで引き延ばされますが、長くつづいた公娼制度がようやく廃止されることになりました。

その背景には、前述した米軍駐留による基地売春や生活苦による少女・女性の人身売買のまん延等、独立した民主国家としては恥ずかしい国家としての体面があったこともいわれています。

ただ、制定された売春防止法は、管理売春業者を取り締まることに主眼をおいた男女差別的な法律でした。売春は禁止しながらも、買った男性は罰せられません。他方で売った女性を「立ちんぼ」等の勧誘罪（五条）で罰するのです。つまり女性は性的搾取の被害者でありながら処罰されるのに、買春した加害者である男性は野放しなのです。そして、性を売った女性は、補導処分として補導院に収容でき、更生保護施設に保護収容できる内容になっています。補導処分も保護更生措置もいずれも刑事罰とは別に科せられるものです。ここには、売春「婦」の街娼行為を風紀を乱すものとして取り締まる、つまり治安を維持するための法律という性格が露わになっています。勧誘罪にはおとり捜査が使われ、売春していなくても売春するおそれがあると判断されれば、補導処分を受けることもあります。買った男性は処罰されず、売った女性が罰せられる構造は戦前の男性の不貞には寛容で女性の不貞には厳しい性規範のダブルスタンダードと女性蔑視を引き継いでいることが明らかです。ここにも「家」制度の名残りとジェンダー差別が息づいているのです。

③　売春防止法制定以後もつづく買春大国ニッポン

売春防止法は成立当初からザル法といわれ、法の抜け穴をくぐる性的サービスを売り物にした売春形態が今日までつづいています。

また、売春防止法は、売春の定義を「不特定多数の相手方との性交」としているので、口性交、肛門性交など性交疑似行為は「性交」ではないとされました。さらに一度「客」となると「不特定な相手」ではないと解釈され売春防止法の対象とはされません。そのため「個室付浴場」（いわゆるソープランド）は、個室で「特定の相手」への「性交疑似の性的サービス」を提供し、その間で「性交」に至ったとしても客との間の「自由恋愛」と強弁できたのです。

売防法制定を運動した多くの女性たちは「個室付浴場」取り締まりを求めましたが、一九六六年風俗営業を規制する「風営法」上「浴場施設に個室を設け、個室において男性の客に接触する役務を提供する営業」（ソープランド等）が許可対象業務となって逆に合法化されてしまいました。売防法は制定後一〇年で完全に骨抜きにされたのです。

以降風営法は、一九八五年には「個室を設け、当該個室において男性の客の性的好奇心に応じてその客に接触する役務を提供する営業」（店舗型ファッションヘルス等）に拡大されます。さらには、一九九八年出張マッサージなどの無店舗型営業、デリバリーヘルスも許可され拡大をつづけます。

売防法はあっても、このようにいわゆる風俗店（フーゾク）と呼ばれる性風俗関連特殊営業が存在しつづけています。そしてこれらは、膣内での射精以外は、口や手を使った射精に導くすべての行為が許可され、挿入しなければ陰部も含めた女性への性的好奇心を満足させるすべての性交疑似行為が提供されています。これは二〇一七年刑法改正で強制性交等罪は膣性交にかぎらず口と肛門での性交疑似行為も含まれることになったにもかかわらずにです。児童買春禁止法は、一八歳未満の者への性交も性交疑似行為も禁止していますが、売防法が禁止しているのは性交のみです。そして、今述べたように風営法は一八歳以上の者の性交疑似行為は認めているのです。

その点で、現在刑法の性犯罪規定の改正が審議されていますが、売春の定義を児童買春と同様に性交疑似行為も含めて禁止することは喫緊の課題といえます。

売春あるいは売春疑似行為が「客業」として日本全国どこの繁華街でも存在する巨大産業になっているのが日本の今の現状です。そして貧困にあえぐ若い女性たちがターゲットにされ搾取されつづけられているのです。そこには「暴行・脅迫」がないとしても、互いに求めあい合意にもとづく性交渉とはとうていいえない性関係が〝金銭〟を媒介にして公然と認められている〝売春大国〟日本の現状があるのです。

（6）良妻賢母教育と性のダブルスタンダード

①　戦前の貞操観

戦前の女子教育の特徴は何でしょうか。いわゆる「良妻賢母主義」です。絶対的天皇制国家のもと、臣民としての女子は一人の人間として独立することなく「良い妻」として「賢い母」としての仕事を行うことにあり、選挙権も公民権もない女子には学問はいらないという考えです。

私の母（大正一二年生まれ）は、九人きょうだいの二女ですが、父親が機屋《はたや》を営んでいたせいもあり、女手が必要でもあったのでしょう。「女には学問はいらない」という父親の考えのもとで尋常小学校を出ただけで家業に従事させられ、高等女学校にも行かせてもらえませんでした。そのため薬剤師になりたかった夢も果たせなかったことをつねづね嘆いていました。そして女の子の私は小さい時から「女性も職業をもちなさい」と言われつづけてきました。今になると戦前の時代に生まれなくて良かったと心から思います。

では、良妻賢母教育とはどんな教育なのでしょうか。

一九二〇（明治三五）年五月、高等女学校長会議で、ときの文部大臣菊池大麓《だいろく》が、高等女学校の目的は「良妻賢母」とすると発言したことが始まりであるといわれています。しかし、それ以前の文部行政に遡ることができます。

一八八九年に制定された大日本帝国憲法と、翌一八九〇年の教育勅語の発令のもとで、女性には参政権が認められず政治的権利も制限された一方で、天皇に絶対的に服従する臣民を産む母性が強調され、それに儒教の「賢母制」とを融合したと考えられます。同時に、前述したように徹底した男尊女卑の法制度である「家」制度のもとで、妻の夫への従属的地位が、教育勅語の「夫婦相和シ」にいう「良妻」とされて国民教育制度を通じて浸透したのです。

「男の子のコース」と「女の子のコース」を厳格に分ける男女別の教育体系のもとで、女子教育は外国語・数学の修得が制限され、家事裁縫が課され全教科に占める修身・国語などの時間数が男子に比べて多く、道徳的な教育になっていたことも見逃せません。明らかな学校教育での男女差別です。「良妻賢母」教育とともに女性をしばりつけたものに「貞操観」があります。「貞女二夫にまみえず」という諺があるように、また江戸時代につくられた「女大学」に記されているように、女性には「貞節」(夫以外の男性とは性的な関係は結ばない、嫉妬をしないことなど)を守ることが第一条件でした。「三従《さんじゅう》の道」といって幼い頃は父に従い、結婚してからは夫に従い、老いては子に従うというのが「女の道」と説かれました。道にはずれた者、とくに妻が夫以外の男性と密通すると厳しい処罰が科せられました。この道徳観が「家」制度のもとで明治以降も引き継がれました。

これまでも述べたように、戦前の日本社会は、性のダブルスタンダードが存在し、男性は金で女性を買うことができる一方で、妻には厳しい貞操が要求され結婚前の女性にも「処女」であるすなわち「純潔」が要求され、それが女子教育の基本に据えられていました。もちろん男性が童貞を失うことは問題となりませんでした。

② 戦後もつづいた「純潔教育」、それとの決別からジェンダーフリー教育へのきざし

そして驚くことに、戦後日本においては男女平等をスローガンにしながらも、性教育についてはこうした戦前の儒教道徳のくびきから解放されませんでした。戦後文部省が最初に性の教育に関して出した通達が「純潔教育」でした。そして、民主教育を進める陣営もまた、長いことこの課題については手つかずでした。固定的性別役割分担をジェンダー差別ととらえることもなく、男は男らしく女は女らしくということにも疑問をもたずにきたといえるのではないでしょうか。

「純潔教育」の影響はフェミニズム運動のなかで性の自己決定権が主張される一九六〇年代頃までつづいていきます。

〝性の自己決定〟もまだまだ一部の人びとの間のことであって、二〇〇〇年以降になってようやく一般に言葉にし始めたといえるでしょう。

しかし、わが国でも前述したように急速に性をめぐって変化が起きてきました。結婚しない人生、子どもを持たない選択、事実婚、夫婦別姓を選択する人たち等々です。こうしたなかでようやくジェンダーフリーな生き方が広がり始めたといえます。

4 女のからだは女のもの

(1) 妊娠中絶をめぐって

① 妊娠中絶をめぐる世界の流れ

一九六〇年後半から七〇年代にかけては、日本でも大きな社会的変動の時代でした。戦後憲法で男女平等がうたわれた女性参政権をはじめ、女性差別をなくす法改正がされたにもかかわらず、現実の社会には「家」制度の名残りが色濃く残り、男尊女卑の意思が根強くありました。職場では結婚退職制がまかり通っていて、女性が結婚しても出産後も働きつづけるには、裁判闘争をせざるをえない時代が長らくありました。

そんななかで、単に法的権利にはとどまらない女らしさや固定的な性別役割分担を問い直す、対等な男女の新しい家庭のあり方を模索し、女性にだけ課される性道徳の見直し等、人びとの意識や価値観を変えようとするフェミニズムの流れが出てきます。

フェミニズムは学問の世界にも波及し、既存の学問をフェミニズムの立場から問い直そうとして生まれたのが、女性学とかフェミニストスタディーズと呼ばれる新しい研究分野です。そして、また「ウーマン・リブ」という運動も出てきます。こうしたフェミニズムの流れのなかに「女の健康運動」がありました。

女性のからだをめぐる問題のなかでも、とりわけ重要な争点になったのは、妊娠中絶でした。男性中心社会では、どの国でも女性の性と身体は男性にゆだねられていました。安全で合法的な妊娠中絶が認められるかどうかは、女性の人生を左右します。中絶が禁じられているために、ヤミ中絶（針金ハンガーを膣に挿入するなど）で命を落としたり、自殺に追い込まれるケースは過去も現在も世界各地でみられます。

アメリカでは、一九世紀後半以来ほとんどの州で、妊婦の生命の危機があるときを除いて中絶は犯罪として禁止されていました。合法化されたのは一九七三年一月、連邦最高裁が「妊娠の初期に医師と相談のうえで中絶を選択することは、憲法で保障された女性のプライバシーの権利である」という判決を下したことからです。やっと中絶は「女性の権利」として認められたのでした。しかし、二〇二二年六月二四日、アメリカの連邦最高裁は、四九年ぶりに判例を変更して、人口妊娠中絶を憲法で保障された権利として認めない判決を言い渡しました。今回の訴訟は、胎児が一定の発達を遂げた妊娠一五週以降の中絶を禁じた南部ミシシッピ州の法律をめぐり、州内に一つしかない中絶クリニックが「憲法に反する」と州を訴えていました。

七三年の判決が破棄されたことで、中絶の規制は州に委ねられますが、判決を機に中絶禁止を含む条件厳格化への動きが進むとみられています。現在の最高裁判事の構成は、保守派六人リベラル派三人で、保守派の五人が多数意見として賛同した結果が今回の判決ですが、「憲法は中絶について何ら言及しておらず、いかなる憲法条項によっても暗黙に保護されていない」と指摘しました。リベラル派の三人は反対意見を述べ、判決について「女性の自由と平等な地位を守る五〇年来の憲法上の権利を消し去るもの」「避妊から同性婚に至るまで、他の権利も危険にさらし裁判所の正当性を損なう」と批判しました。

アメリカでは、中絶に反対する保守派（プロ・ライフ派）と、賛成する（プロ・チョイス派）との対立が鋭く、七三年判決にも反対する意見が根強くありました。二〇一六年の大統領選でもトランプ前大統領が、七三年判決を見直すことを公約にしていました。多数意見に加わった五人の判事は、共和党の大統領に指名されたひとで、三人はトランプ氏が選んだ人物でした。今回の判決は、最高裁の政治化を象徴する内容となったともいえます。

もちろん、全米で同判決への批判の声と、中絶を認めよとの運動も広がってきています。

なお、カトリックが強いイタリアで中絶が認められたのは一九七八年です。

このように、キリスト教の強い欧米諸国では、中絶を認めるのは一九七〇年代に入ってからです。それに比べると、日本が中絶・不妊手術を定めた優生保護法を制定したのは戦後の早い時期である一九四八年です。これは、戦後の食糧難、住宅難の時代の人口抑制政策として、許可条件を満たし医師が認定すれば、前述した刑法の堕胎罪には問われないで中絶できるとしたものです。そして翌年には「経済的理由により母体の健康を害するおそれのあるもの」という中絶許可条件が加わり、さらに五二年には指定医の認定のみで中絶が受けられるようになりました。

これにより、急速な出生率の低下がもたらされました。

たしかに、刑法の堕胎罪で中絶をした本人、それを手助けした人が罪に問われ、ヤミ中絶で生命を落とす人もいた時代に比べれば、大きな意味があったとはいえるでしょう。

② 優生保護法の問題点

しかし、この法律は女性の妊娠出産についての自己決定権を認めたものではなく、人口抑制政策の手段としてつくられ優生思想に貫かれているところに重大な問題点がありました。

第一に、法の目的には「不良な子孫の出生を防止する」という文言があり、「公益上必要であると認めるときは」本人および配偶者の同意がなくても医師は都道府県優生審査会に申請すれば、優生手術（強制的な不妊化）ができるとされていたのです。この条項は、後述するように一九九六年には削除されますが、それ以前にこの優生手術をされた人たちがいます。二〇一八年一月に仙台地方裁判所への提訴がきっかけで、各地の裁判所で強制不妊手術の国の責任を追及した裁判闘争がつづけられています。

この他にも、本人や配偶者の同意があれば優生手術を行うことが可能な条項もありました。

つまり、本人もしくは配偶者が遺伝性の精神疾患や身体疾患などを有している場合をはじめ、配偶者が遺伝性でなくても精神病もしくは精神薄弱を有している場合や、ハンセン病にかかっている場合なども含めて優生手術を行うことが許されたのです。明らかな優生思想です。この法律のルーツは前述したとおり一九四〇年に制定された国民優生法に遡ります。国家にとって〝不良な子孫〟を残さないとする優生思想です。そしてこの優生条項は一九九六年母体保護法になると同時に削除されるまで存続しつづけたのです。

優生保護法は、また中絶許可条件から「経済的理由」を削除すれば実質的に中絶が禁止されて、堕胎罪が生きてくる仕組みになっていたわけです。日本でも女性のからだをめぐる問題は、ウーマン・リブの中心的問題になっていました。一九七〇年代前半と八二年にこの経済的理由を削除しようとする法改定の動きがあり、そのつど女性たちの運動で阻止したという経緯もあります。

このような戦後の歴史は、アメリカでのプロ・チョイス（中絶擁護・選択派）とプロ・ライフ（中絶反対・胎児の生命尊重派）との激しい対立に比べると、女性の運動の側も「中絶を女性の権利」を言い切れない、歯切れの悪さをもっていたともいえるでしょう。しかしこのことが「胎児に障害がある場合の中絶を容認する」とする新設条項を思いとどまらせる成果も生んだといえます。

一九八二年に幅広い女性団体（四一団体）で結成された「八二優生保護法改悪阻止連絡会」の設立趣意書にはこうあります。

「明治初年に堕胎禁止令が出されて以来、妊娠・出産は私たちの意思を超えて、国家の管理するところとなりました。天皇制国家の富国強兵策、軍国主義を支えるため明治十三年に設けられた刑法堕胎罪。そして、敗戦後、戦後の混乱を解消するため堕胎罪を存続したまま条件つきで中絶を許可した優生保護法――この二つの法律によって、女性はときには産まされ、ときには堕させられてきたのです。さらに、優生保護法とは第二次世界大戦中、ナチス断種法をまねてつくられた『国民優生法』をもとにしたもので、その目的というのは『劣性な遺伝』を抹殺し、国家にとって都合のよい人間のみを作ろうとするものです」。

また、婦人団体連合会（略称：婦団体）元会長であった櫛田ふきさんの言葉も教訓的です。

「優生保護法改悪の中心になっている人たちは、一方で軍拡と憲法改悪の熱心な推進者である。『生命尊重』といいながら、同時に人間の生命を大量に虐殺する軍備を増強させようと主張する人たちに私たちはかつて『産めよふやせよ』と侵略戦争にかりたてた人たちの姿を思い出す」。

(2) 産む権利と産まない権利

女性たちは、自分のからだを自分の手に取り戻して自由に生きられるようになっているかというと、まだ、そうではありませんね。

近年、急速に広まった#ＭｅＴｏｏ、そしてフラワーデモ等々の運動は、女性たちが自分のからだを自分に取り戻したいという運動だと思うのです。

社会は、女性に子産み、子育てを当然のこととして要求しながら、それに伴うさまざまな負担はすべて女性の責任として押しつけてきました。生身の女性は、女性としてのからだと切り離すことができません。ジェンダー平等がいかに進んでも、男性は妊娠・出産に大いにかかわっていながらも現実に妊娠・出産するのは男性ではなく女性です。

この点を看過せず徹底的にこだわることが必要です。一見、私的な問題にすぎないと思われがちな避妊や中絶、セックス、出産や育児の背後には、社会や政治があります。〝子殺し〟などという個人的な犯罪の裏に、ジェンダー不平等の社会が存在することは、これまで何件か「えい児」殺人事件の弁護をしてきた弁護士としての私の実感です。

中絶をめぐる歴史は、まさに女性の性とからだは、それを通じて国家や資本の論理と女性自身の意思と生き方とがぶつかり合い、その支配権をめぐってはげしく攻防する歴史でもありました。

しかし、女性は長いこと自分の〝性とからだ〟について〝無知〟にさせられてきました。私たちは女性のからだについて知ることが大事です。知識を得ることによって、なぜ男性に対し従属的な地位に貶められてきたのか、自分のからだでありながら、自由にできないで来たのかを理解して自分のからだと自由を取り戻すことが重要です。

そのひとつとしての「中絶の権利」については、前述したとおりです。

しかし、中絶が女性のからだを傷つけ、二度と産むことができないからだにしたり、そのことから女性の心身の健康を害する結果につながることも軽視できません。それに、科学的にも、生命体として見られる妊娠中後期の胎児自身の生きる権利を奪うことも見逃すことはできません。

そしてまた、ピルなどの避妊薬も、女性が飲むことによって男性を避妊の責任から逃れさせるとしたら、どうなのでしょうか。

男性に〝コンドームをはめて〟と要求できない性的関係は対等とはいえないでしょう。もちろん、少女の場合や従属的立場の女性が強制的に性交渉をさせられた場合にピルなどや緊急避妊薬を飲んで自分のからだを守ることは必要です。

しかし強制を伴わない対等・平等な男女関係においては、妊娠を望まない場合は男性に〝コンドームをはめて〟を言える関係でなければならないのではないでしょうか。それらを含めて、子どもの頃からの性教育の重要性を痛感します。

(3) リプロダクティブ・ヘルス・ライツ(リプロ)

① 国内の行動計画において

国際的には、一九九四年、エジプトのカイロで開催された国際人口開発会議の文書に初めて「リプロダクティブ・ヘルス・ライツ」が盛り込まれました(詳しくは後述)。日本では、性と生殖に関する権利と訳されていますが、性と生殖にかぎらず健康に関する権利も含まれます。女性の〝身体の自由〟や〝精神の自由〟などの自由権は意に反した性的行為を強要されないことを含む〝性の自己決定権〟です。そして女性が妊娠や出産をコントロールする権利も含みます。

身体的、精神的、社会的に良好な状態で安全で満足な性生活を営めること、子どもを産むかどうか、産むならいつ何人産むかを決定する自由をもつことは、女性差別撤廃条約でも認められています(女性差別撤廃条約一六条一項)。さらに妊娠、出産、中絶、避妊、生殖器のあり方、生殖器にかかわる疾病、生殖医療などに関して社会的な圧力や強制を受けている女性(少ないが男性も含む)たちは、世界的にも多くこの領域についての研究や統計の整備とともに、保健医療に関する情報・サービスを誰もが手にすることができるような制度の立法化が今後の課題です。

リプロダクティブ・ヘルス・ライツ(以下リプロという)は、前述したカイロ会議で採択された「行動計画」に登場します。従来の人口政策は各国政府が上から国民に押しつける家族計画などでしたが、持続可能な開発のためには個人を中心に位置づけ生活の質を重視する方向へ転換する必要があり、そのもとでのリプロの提唱でした。

翌一九九五年、国連の第四回女性会議（北京会議）で採択された「北京行動綱領」のなかに、リプロは女性の権利であると位置づけられました。これにより各国は二〇〇〇年までに自国の行動計画を策定するよう求められました。

一九九六年日本政府は「男女共同参画二〇〇〇年プラン——男女共同参画社会の形成の促進に関する平成一二年度までの国内行動計画（一九九〇年プラン）」を策定します。

この計画の「女性の人権が推進擁護される社会の形成」という項目のなかに「生涯を通じた女性の健康支援」という柱がたてられ次のような確認がされています。

・女性には妊娠や出産の仕組みがあり男性とは異なる健康上の問題がある。
・カイロ会議で提唱されたリプロが女性の人権の重要な一つである。
・中心的な課題は、いつ何人子どもを産むか産まないかを選ぶ自由、安全で満足のいく性生活、安全な妊娠出産、子どもが健康に生まれ育つことなど思春期や更生期等生涯を通じての性と生殖に関する課題である。

そのうえでリプロの「社会への浸透を図りつつその視点に立って全ての女性の生涯を通じた健康を支援するための総合的な施策の推進を図る」との方向を定め、実行すべき施策を列挙しました。

しかし、前述した二〇〇〇年プランでは「安全な中絶」「患者の人権を尊重した治療のあり方」は削除されてしまい、その後の計画にも出ていません。現在ＷＨＯ（世界保健機関）では、人工妊娠中絶の

「安全で効果的な」方法として吸引法か経口中絶薬を推奨しています。日本では掻爬《そうは》が主流ですが選択肢を増やすべきです。

② 優生保護法改正以後

前述したように一九九六年優生保護法が改正され母体保護法になりました。しかし、不妊手術、妊娠中絶について、原則として本人の同意のほかに配偶者（事実上婚姻関係にある者も含む）の同意が要件となっていますし、女性の自己決定尊重も法律には盛り込まれていませんので改善が必要です。なお、「リプロダクティブ・ヘルス・ライツの観点から女性の健康等にかかわる施策に総合的な検討を加え、適切な措置を講ずること」などの付帯決議が全会一致で可決されています。

一九九九年に男女共同参画社会基本法が成立しました。そして二〇〇一年にはＤＶ法が成立します。二〇〇〇年一二月に基本法を根拠として「男女共同参画基本計画」が閣議決定され、以後五年ごとに策定されていきます。第一次基本計画のなかの具体的施策には「学校における性教育の充実」に加え、社会教育でも「性に関する学習機会の充実」さらに「女性の主体的な避妊のための知識等の普及」などが示されました。

③ リプロをめぐる逆流

二〇〇〇年前後からジェンダー平等に対する「バックラッシュ」（反動）が始まり、二〇〇三年には「過激な性教育」などとして「七生《なない》養護学校」の取組みを自民党都議が都議会で非難すると、その後自民党による「過激な性教育・ジェンダーフリー教育実態調査」(座長・安倍晋三)が行われるなど性教育へのバッシングが全国で繰り広げられました。

二〇〇三年には少子化社会対策基本法が成立しますが、国家が個人の結婚や出産に干渉する口実を与える危険もはらんでいます。

第二次基本計画(二〇〇五年)では、具体的施策からリプロはすべて消去されました。第三次基本計画には「リプロの視点が殊に重要である」という一文は入りましたが「基本的考え方」は「男女の性差に応じた健康を支援するため総合的な取組を支援する」に変わり第四、第五次基本計画でも踏襲されています。

そのうえ第五次基本計画では、「生涯を通じた女性の健康支援」が「生涯を通じた健康支援」というように「女性の」が削られました。

これらの経過をみると、国の政策のなかでリプロは形骸化されていると言わざるをえません。

北京行動綱領では「ほとんどの国では女性のリプロダクティブ・ライツの無視が、教育および経済的、政治的エンパワーメントの機会を含む公私の生活における女性の機会を、著しく制限している」と指摘していることを想起すべきです。リプロの軽視はあらゆる分野でのジェンダー差別につながっているのです。

④ コロナ禍のなかで

コロナ禍のなかで女性の貧困、性暴力の被害などが深刻になっています。

たとえば、里帰り分娩が難しく、それでなくても女性は産後うつにかかりやすいことに輪をかけています。妊産婦へのサポートは必要不可欠です。また、休業やリモートワークによって家にいる時間が増えたことでＤＶも増えています。相手に配慮のない性交の強要もあるなかで安全な妊娠中絶や避妊の課題が出てきています。

その点、第五次基本計画策定に関して若者から多数のパブリックコメントが寄せられ、処方箋がなくても緊急避妊薬を利用できることを検討するという一文が入りました。それに至る経緯は後述します。私たちはリプロの視点で女性の性とからだに関する政策をもっと積極的に求めていく必要があると思います。また、母体保護法には未だに妊娠中絶についての配偶者（または胎児の父）の同意条項が残っています。コロナ禍のなかで二〇二一年三月からＤＶ事案では配偶者らの「同意書」なしで中絶が可能になりましたが、同意条項自体なくすべきです。

⑤　緊急避妊薬について

二〇二一年の通常国会で「安心な妊娠中絶」や緊急避妊薬の市販化など、リプロの保障を求める質問が、多くの議員から出されました。

産む・産まない・いつ何人産むかについては、女性が自己決定する権利です。

日本では、妊娠初期の中絶として主流の方法は、掻爬法です。金属器具で子宮内容物をかき出す方法で、吸引法より子宮穿孔等のリスクが増し、心身の負担も高まるといわれています。ＷＨＯ（世界保健機構）は「時代遅れの方法」とし、安全性の高いピルなど経口中絶薬か、真空吸引法を推奨しています。

中絶薬は七〇か国以上で承認されています。
日本の中絶件数は、年間約一五万件ですが、中絶薬は未だ承認されていません。承認の動きはあるものの、政府は、承認しても保険適用は「胎児の死亡等による流産など治療上必要な場合」と範囲を限定する構えです。

保険の適用外となると、一〇万～二〇万円かかり、なかなか利用できないことになりかねません。
また、緊急避妊薬も、国内で承認されている薬は、一錠六〇〇〇円～二万円と大変高額です。しかも性交後七二時間以内の服用が必要ですし、医師の診察の処方箋がないと入手できません。そのため間に合わない事態が起きています。とくに、コロナ禍のなかで、十代の若い世代、夫婦間でもDVによる望まない妊娠が増えている現状からして、処方箋なしに薬局で入手できる避妊薬の承認が求められます。

前記通常国会での多数の質問の背景には「#緊急避妊薬の薬局での入手の実現を目指す市民アクション」などの署名や運動がありました。
菅首相（当時）は、不妊治療への保険適用を打ち出して「産む」選択は後押ししていますが、安全な中絶への支援にはうしろ向きです。中絶手術法の是正や保険適用、また薬局で手に入る避妊薬の承認、普及などが必要です。

同時に、明治期以来、現在でも残っている刑法の堕胎罪について廃止をしなければ、リプロの保障にはなりません。堕胎罪と戦後すぐに妊娠中絶を認めた優生保護法の関係などについて、リプロの視点からふりかえってみましょう。

（4）女性への暴力撤廃の国際的流れ

①「女性の権利は人権」に至る経過

国連はその発足以来、女性の人権問題に積極的に取り組んできました。一九六七年には女性差別撤廃宣言、一九八〇年には女性差別撤廃条約を採択しました。しかしこれらのなかには〝女性に対する暴力〟に関する記載はありませんでした。

一九九三年の世界人権会議のウィーン宣言の採択や国連人権委員会の〝女性の権利と人権の緊密な統合〟などの要請を受けるなかで、九〇年代に女性の人権を取り上げる動きが強まります。

一九九三年には国連総会で「女性に対する暴力撤廃宣言」が採択され、前述したように、九四年の国際人口開発会議のカイロ文書に初めてリプロが盛り込まれました。そして翌九五年北京で開かれた第四回国連世界女性会議では、とりわけ〝女性の人権〟が前面に出され、行動綱領には〝女性の人権〟〝女性に対する暴力〟〝女性と武力紛争〟などが含まれました。

男性であっても女性であっても何人も自由権、生存権などの基本的人権は侵されないということはあたりまえのことです。それなのにわざわざ〝女性の人権〟というのは、どうしてでしょうか。そこで問題になっているのは、単に人権を侵害された人の性別を意味しているのではありません。従来の男性中心の人権概念では人権侵害とは十分認識されないことがあります。女性の人権としてとらえて初めて重要な人権侵害ととらえられるようになった権利の内容を意味するのです。

単に男性と同じ権利を与えるというだけでは不十分であり、どのようなことを保障するのか、そのための法律や施策をどうするのかということから問い直されるべきなのです。一九九三年の世界人権会議で採択されたウィーン宣言で「女性の権利は人権である」ということばは、このようなことを意味しているのです。そして具体的にいうと女性の人権には性と生殖に関する権利や女性に対する暴力の問題があるのです。性と生殖に関する権利については前述しました。ここでは女性に対する暴力問題をみていきましょう。

「女性に対する暴力」は、女性の人権を守るという点からみると、その施策は従来きわめて不十分でした。

本来暴力という行為は、身体の自由を侵害するので人権侵害であり、近代国家ではこの権利を守るために私人間の暴力行使を刑法で禁じてきました。この点から考えれば〝女性に対する暴力〟も当然否定されるべきものです。しかし、一方で近代社会においては「法は家庭に入らず」と言われ、家族や恋人など男女間の暴力は暴力として認識されないままきました。

その結果、職場におけるセクシャルハラスメント、恋愛関係でのストーカー行為、夫から妻への暴力などの〝女性に対する暴力〟は適切な施策が講じられないまま長く放置されてきたのです。八〇年代アメリカにおいてK・マッキノンやA・ドウォーキンはポルノグラフィについて、反ポルノ条例を起草します。ポルノグラフィは、女性に対する攻撃的行為や侮辱的行為を助長し、雇用や教育などで女性が男性と平等の権利を行使する機会を失わせ、とりわけ女性が公民権を十分に行使したり公的生活に参加することを規制するからです。これに対して言論の自由という観点から批判が多く寄せられ議論がつづいています。

このように女性の人権擁護という問題は近代社会の規範や法体系と抵触するような論点を含まざるをえないのです。逆に言えば〝女性の人権の侵害〟が長らく放置されてきたという背景には近代社会の規範・法体系自体にジェンダーバイアスがあると言えるのではないでしょうか。その点で〝女性の人権〟という視点は従来の規範・法体系そのものの見直しにもつながる新しい人権擁護の視点ともいえるでしょう。

② 国連女性差別撤廃委員会の一般勧告

ところで、前述したように女性差別撤廃条約には〝女性に対する暴力〟の記載はありませんでした。しかし、女性差別撤廃委員会は一九九二年に一般勧告第一九号で「女性に対する暴力」の概念の明確化とともに暴力根絶のための国際機関および各国政府の対応方針を示しました。一般勧告第一九号は、女性に対する暴力が「ジェンダーに基づく暴力」として社会構造上の問題であり、「女性差別撤廃条約」の「差別」の一形態であるとしたのです。以来、国際社会および各国の取組みは著しく進展しました。しかしまだまだ女性に対する暴力は世界中にまん延しています。

そのため女性差別撤廃委員会は二〇一七年に一般勧告第三五号を出しています。これは一般勧告第一九号を二五年ぶりに更新したものです。未だにまん延している女性に対する暴力、他方でグローバル化やIT化が進展した現代社会で「複合的で相互関連し循環する連続体」としての女性に対する暴力の状況を打破するために「ジェンダー化された女性に対する暴力」概念をより明確化したのです。すなわち「その暴力のジェンダー化された原因および影響を明確に」して、暴力を「個別の問題ではなく、具体的な出来事、個別の加害者および被害者／サバイバーを超えた包括的な対応を要求する社会的な問題」としての理解を一層強化するためでした。

つまり、夫からの暴力に悩む妻がいる場合、それはたまたまその妻が悪い夫と結婚してしまったという問題ではなく、妻は夫の従属物なのだから好きなように扱ってよいとする社会通念や暴力をふるうことが男らしいとする文化、夫婦間のレイプは性暴力とは見なさない法律の運用、夫からの暴力があっても経済的に自立できない女性の低賃金等の問題などさまざまな背景と要因があって生じている現象であることを理解したうえでの各国政府の対応と施策を求めているといえます。

こうした観点からも、刑法改正問題を考える必要があるでしょう。

(5) 刑法性犯罪規定の改正問題

① 一一〇年ぶりの刑法改正

日本での女性に対する暴力の取組みは大変遅れています。二〇〇一年には「配偶者間の暴力防止および配偶者の保護に関する法律（DV法）」が制定されたとはいえ、当初は配偶者間のみに限定され、いわゆるデートDVなども対象にはなっていませんでした。また、保護命令についてもきわめて不十分でした。

それが徐々に改善されてきたとはいえ、未だに多くの問題点があります。

日本の後進性をあらわすものとしては、何よりも刑法の性犯罪に関する改正がされたのが、なんと二〇一七年六月、前述したように一一〇年ぶり明治四〇年以来の刑法改正であったことです。しかもその改正はとても抜本的な改正とはいえず、再改正すべき課題を残したままでした。

二〇一七年改正では、①性犯罪は今まで親告罪といって被害者や親などが告訴しないと警察の捜査が始まらず起訴もできなかったのが、告訴なくてもいいようになりました（非親告罪化）。②強姦罪を改めて「強制性交等罪」とし、肛門性交や口腔性交も含めて膣性交とともに重罪化しました。③「監護者わいせつ罪」および「監護者性交等罪」を新設しました。④性犯罪の被害者・加害者の性差を撤廃して、男性やセクシャル・マイノリティの人が被害者となりうることが明記されました。⑤それに法定刑を五年へと引き上げました。

①についていえば、明治時代に制定された旧刑法以来の「親告罪」は、性犯罪は被害者の方が「貞操を守らなかった」として責められ、その被害を告訴することは、家の名誉や恥をさらすものだと考えられてきたからです。「親告罪」は被害者に告訴をためらわせ、加害者の処罰をあきらめさせる役割を果たしたといえるでしょう。その点では、非親告罪化は一歩前進ではありますが、二次被害を防止したり、司法手続での被害者支援を強化することが課題となります。また性暴力が重大な人権侵害であることを世間常識にして検察に厳正な処罰をさせることが大事になるでしょう。

「監護者性交等罪」「監護者わいせつ罪」は従来被害者が一三歳以上であれば「暴行・脅迫」がなければ、強姦罪も強制わいせつ罪も成立しないとされていたのを、一八歳未満の者に対して「監護者」がその立場を利用して、性的な行為を行った場合も犯罪が成立するとした点では前進です。

② 積み残された課題

しかし何よりもこの刑法改正で積み残された課題は、「強制性交等罪」（強姦）が成立するための要件である「暴行・脅迫」「心身喪失」「抗拒不能」の要件でした。実際に二〇一九年三月には強姦罪について四件の無罪判決が出され、社会的にも大問題になりました。

二〇二〇年四月に法務省内に性犯罪に関する検討会がつくられ、被害当事者や被害者支援にあたる専門家も参加して検討が進められてきました。そして二〇二一年五月二一日にその検討会から「取りまとめ報告書」が出されました。この検討会では、性犯罪の処罰規定の本質である「被害者が同意をしていないにも関わらず性行為を行うこと」を処罰するようにしようという結論には異論はなかったようですが、これについての論点は整理されたものの法改正に関する明確な方向性は示されませんでした。

論議のなかで「単に被害者の『不同意』のみを要件とすることには、処罰の対象を過不足なく捕捉することができるかという点で課題が残り、処罰範囲がより明確となる要件を検討する必要がある」とはされたものの、そのための手段および要件等で合意に至っていないようです。

しかし、相手方に客観的に示された拒絶意思を、行為者は忖度なくそのまま受け取るべきで、それを無視して性交渉を実行・継続することは、相手方の性的自由そして性的尊厳の侵害として処罰すべきなのです。だからその改正を見送る合理的根拠はないのではないでしょうか。

「不同意」とか「意に反する」という要件では「それ自体不明確で罪刑法定主義の観点から問題がある」という意見もありますが、前述したように男性中心の人権概念やジェンダー差別構造のある社会では、どうしても女性が断り切れないなどの実情があることを考える必要があると思います。「不同意」

のみを要件とすることで、逆に性交渉は本来、双方が求めあい合意のもとで行うものという社会通念が確立するのではないでしょうか。

前述した女性差別撤廃委員会の「一般勧告第三五号」には、女性に対する暴力を「個別の問題ではなく、具体的な出来事、個別の加害者および被害者／サバイバーを超えた包括的な対応を要求する社会的な問題としての理解を一層強化した」とあります。

刑法改正にあたっても、このような視点で望むべきであると考えます。

そして、上記「一般勧告第三五号」では、配偶者強姦の明示的な犯罪化も必要だとしていることから も、今回の刑法改正のなかにはその点も盛り込むべきです。

いずれにしても、配偶者強姦やデート・レイプを含む性犯罪の要件を「自発的な同意の欠如にもとづくもの」とすることを戒能民江さん（お茶の水大学名誉教授）は主張していますが、賛成です。

③　再改正に向けて法制審議会への諮問

前述の検討会の報告書へのパブリックコメントを経て、二〇二一年九月上川陽子法務大臣（当時）は、刑法の強制性交・準強制性交等罪の「暴行・脅迫」「心神喪失・抗拒不能」の構成要件を含めた犯罪規定の法改正について、法制審議会に諮問しました。

前述したとおり、さまざまな問題点のある刑法の規定、しかも犯罪を構成する要件についての改正の諮問は初めてです。

具体的に見てみましょう。

(ⅰ)刑法一七七条の強制性交等罪の要件とされている「暴行・脅迫」の改正。これについては前述しました。さらに同法一七八条では、酒を飲まされ意識がないなかでされたわいせつ行為について「人の心神喪失若しくは拒否不能に乗じ」または「心神を喪失させ若しくは抗拒不能にさせて」した場合に罰するとされていますが、この「心神喪失」あるいは「抗拒不能」の要件の改正です。

(ⅱ)一三歳未満の者については「暴行・脅迫」や「心神喪失・抗拒不能」がなくても強制性交等罪や強制わいせつ罪にあたるとされていますが、この年齢(性交同意年齢)の引き上げの改正です。一三歳といえば、中学生です。性交同意年齢としては低すぎるからです。

(ⅲ)現行刑法には「教師から生徒」「上司から部下」といった地位・力関係に乗じた性犯罪を罰する規定がありません。その創設の検討です。

(ⅳ)配偶者間でも強制性交等罪が成立することの明確化。

(ⅴ)公訴時効の見直し。

など、一〇項目です。

これらは、前回(二〇一七年)の法改正では見送られたものです。

性暴力のない社会を求める「フラワーデモ」の全国的広がり、性暴力被害者のみなさんの被害実態の告発や運動が背景にあっての今回の諮問です。

具体的な条文づくりは、これからの課題となりますが、性被害者の願いに即した「家」制度下のジェンダー差別がなくなる内容にするためさらなる運動が求められています。

5　今後の性教育

(1) 家庭科の男女共修運動とその成果

家庭科は、戦前期の家事科・裁縫科などの女子用の学科を前身にして戦後に誕生しました。戦後教育改革は男女の教育機会均等を重要課題としていたので、家庭科も男女ともに学ぶことができる教科として制度化されたのです。しかし、その後中学では一九五八（昭和三三）年の学習指導要領改訂により「技術・家庭科」が成立し「技術」は男子のみ、「家庭」は女子のみが学ぶことになりました。高校では一九六〇年の学習指導要領改訂により、女子のみ家庭科四単位必修となりました。男子が選択する道もその後開かれたとはいえ、男子は「体育」の単位数に手が入れられなかったため、結局男子と女子に異なる教育課程が用意されることになったのです。男女の「特性」に応じた教育は教育機会均等に反しないと解釈する「特性教育論」を根拠にしていました。

一九七四（昭和四九）年に「家庭科の男女共修をすすめる会」が設立され、運動が広げられました。一九八五年に女性差別撤廃条約を日本政府が批准したことに伴い、一九八九（平成元）年に学習指導要領が改訂され、中学の「技術・家庭科」、高校の「家庭科」が、男子共修となりました。この措置は、中学では一九九三年、高校では一九九四年から実施され、三〇年以上にわたる男女別教育課題がようやく解消されたのです。

性別役割分担を見つめ直し、男女ともに生活的自立能力をつけるための教科としての家庭科の男女共修を実現した意義やその運動は特筆すべきものでした。

実際にも教師たちは、生活的自立と経済的自立について男女一緒に学ぶことにより男女協力が大切になることを意識させる教育実践をしています。

またある学校では、河野美代子『さらば、悲しみの性』（高文研、一九八五年）などの本を読み合わせるなかで、性行為が二人の合意であれば男女同じと考えられやすいが、妊娠という結果は女性だけが引き受けることから、女性は自分のからだを、男性は女性のからだをいたわることが大切であるなどの授業を実践しています。これは、包括的性教育の一端を担う教科にもなっているといえるのではないでしょうか。

（2）性教育の国際的スタンダード——包括的性教育

① ユネスコのガイダンス

性教育とは「生殖のための教育」というようにからだの仕組みや性行為そのものという狭義のものではありません。

二〇〇九年、ユネスコでは「国際セクシュアリティ教育ガイダンス」を出し「包括的性教育プログラム」を提示しました。そしてそのプログラムの実施後の子どもの性行動調査の結果も出しています。

包括的性教育というのは、性に関する「情報の取得」だけでなく「態度」「関係」「親密さ」などを形成するような広義のものです。まず、からだの仕組みや避妊、妊娠、出産、性感染症など性と生殖に関する健康について、科学的に正確な情報を適切な年齢で伝えることです。日本の子どもたちは漫画、雑誌、映画、テレビそして最近ではインターネットを介してさまざまな性情報を得ています。しかし、そのなかには不正確で危険なものも含まれていますから、まず「科学的で正確な」情報を伝えるのが非常に大事です。それだけではなく、家族、人間関係、文化、ジェンダー規範、人権、ジェンダー平等、多様性そしてそれを脅かす差別や性暴力についても、ディスカッションや調べ学習を通じながら主体的に学んでいくことを「ガイダンス」は提案しているのです。

「ガイダンス」の「はじめ」には「尊重と人権といった普遍的価値の基盤に立った」「科学的な包括的性教育」に〝挑戦する〟とあります。そうです！　性教育には個々人の「尊重と人権」が欠かせないのです。

二〇一八年一月に「ガイダンス」は改訂されました。そして二〇二〇年、改訂ガイダンスの日本語版が出版されています。[4]

各地域の実情に適用できるように作成されたこの改訂ガイダンスには、何歳で何を学ぶべきかなどが具体的に書かれています。五歳〜一八歳を主な対象にしています。たとえば五〜八歳の学習目標は「キーアイデア」として「誰もが自分のからだに誰がどこにどのようにふれることができるのかを決める権利をもっている」としたうえで学習者はまず「からだのどこがプライベートな部分か」を知ったうえで「誰もが『からだの権利』をもつことを認識する」ことが必要です。そのうえで「自分が不快だと感じる触られ方をされた場合にどのように反応すればよいかをはっきり示す」ためのスキルを身につける。さらに自分が触られて不快だと感じた場合に、親や保護者、信頼できるおとなにどのように伝えたらよいかを身につけるといった学習です。

教育は次の八つのキーコンセプトを軸に展開されます。「人間関係」「価値観・人権・文化・セクシュアリティ」「ジェンダーの理解」「暴力と安全確保」「健康とウェルビーイング（幸福）のためのスキル」「セクシュアリティと性的行動」「性と生殖に関する健康」です。このように性やからだ以前に学ぶことがたくさんあります。

包括的性教育は、性感染症や想定外妊娠を防ぐといった公衆衛生的な範疇を超えてすべての人が人間らしく自分らしく自分の望む人生を選択して、ウェルビーイングや権利が実現される社会の実現を目指しているのです。

それはジェンダー視点などを含めて、「性」を通し傷つくのではなく、十分な知識をもって自ら主体的に選択を重ねて、権利やウェルビーイングを実現する、そのためには、包括的な知識とスキルが必要であることを教えてくれています。

たとえば日本でいえば家庭科では「家庭の仕事、家事に協力する」の単元で、家族の多様性を知識として教えるだけでなく、実際に子どもが自分の家族とは異なる形の家族があることに気づき、そうした家族を尊重する、その態度をどのように示すのかを一緒に考えることによって「スキル」を身につけることになります。

そのように考えると、家庭科も「人権教育としての包括的性教育」に含まれる科目なのです。

②　ヨーロッパ諸国の性教育

多くのヨーロッパ諸国では、性教育は学校教育のなかで必修科目に位置づけられており、最低基準が設けられています。教科としては生物や科学が多く、その他に健康教育やPSHE（人格的社会的健康と経済についての教育）総合学習などがあります。また、性教育担当者は、これらの教科担当者と学校医、スクールカウンセラー、学校看護師、ファミリー・プランニングのスタッフなどが担います。そして多くの国では学校は性教育関連のNGOと連携しています。

海外の教科書の多くは、人間の遺伝と生殖・避妊、中絶、生殖補助医療、生命倫理等にかかわる最新の知識や技術を扱っているだけではありません。多様性に富んだ人間存在と人生上で起きる性と生殖にかかわることがらについて責任ある行動の必要性についても記載されています。

わが国でも、こうした包括的性教育が必要ですしそれにもとづく学習指導要領の改訂が求められます。日本の学習指導要領には「妊娠の経過は取り扱わない」という「はどめ規定」と呼ばれる規定があり、学校では「性交」について教えることが避けられてきました。こうした規定の見直しも必要でしょう。包括的性教育のもとで、性的な関係においても平等で人権を尊重しあう人間関係が可能になり、性暴力をなくすことができるのではないでしょうか。

6　性暴力のない社会を目指して

①　フラワーデモの広がり

性暴力のない社会を求めるフラワーデモが三年目を迎えました。

二〇一九年四月、作家の北原みのりさんたちは東京駅に花を持って集まろうと呼びかけました。それは性暴力への抗議であり、とくにその直前に性暴力に関する裁判で無罪判決がつづいたことへの抗議でした。そのフラワーデモは、その後、すべての都道府県で取り組まれるようになりました。

「性暴力を受けたのは私だけ」「夫に暴力をふるわれるのは自分が悪いから」と思い込んでいた人たちが自分の体験を話し共感し励ましあい、当事者が勇気をもって声をあげて抗議する運動です。それまで声をあげづらかった性暴力に対する運動が、毎月一一日、継続的に全国各地で取り組まれ地道に着実に広がっています。

フラワーデモは、アメリカで始まった#ＭｅＴｏｏ運動の影響を受けていますが、より直接のきっかけとなったのは、二〇一九年の相次ぐ性犯罪についての無罪判決で、二〇一九年三月名古屋地裁岡崎支部、静岡地裁、静岡地裁浜松支部、福岡地裁久留米支部でそれぞれ出されたものでした。

このうち、静岡地裁の判決は別にして、いずれも被害者の意に反して性行為が行われているにもかかわらず無罪となったのです。

とりわけ、名古屋地裁岡崎支部の事件は一九歳の実の娘に対する父親の性的虐待でしたが、判決は、被害者が中学二年生の頃から性虐待を受けていたこと、それを拒絶すると暴力をふるわれたことなどを認めながら、拒むことができなかった「抗拒不能」とはいえないとして無罪にしたのです。

また、浜松支部、久留米支部のケースでは「抗拒不能」は認めながらも、被告人に故意が認定できないという理由で無罪となったのです。「このようなケースであっても無罪になるのか！」という女性たちの怒りがフラワーデモにつながったといえるのではないでしょうか。

そして、今や前述した刑法の性犯罪規定の改正論議を後押しするまでになってきています。これまで、社会や組織は、性暴力をなかったことにしてきました。また、被害者も「男は殴るもの。女は殴られるもの。それがあたりまえ」と思い込んで我慢してきたのです。こうした社会の認識を変えることが必要です。

殴られることを受け入れざるをえない背景にある、男女の経済格差、女性の経済的自立を阻んでいる性別役割分担意識とその根底にある「家」制度をあぶりだすことが求められています。

北原みのりさんは「この社会で女性として生きるうえで味わう困難・屈辱を言葉にして抗議する。フラワーデモであげられた声はまさにフェミニズムであり、そして私にとってはこの社会の民主主義をまっとうに導く声だと思っている」と述べています。[5]

② 男性たちの運動

男性たちの運動にも励まされます。

一橋大学大学院一年（二〇二〇年一月当時）の西良朋也さん（二二歳）は、二〇二一年一一月「Bridge for All」を立ち上げました。「あらゆる性暴力の起こらない大学にしていきたい」という思いからです。「性的自己決定権」や「性的同意」を学ぶワークショップを開くなど、学生が性暴力やジェンダーについて自分の意識を語れる場をつくってきました。

西良さんは、二〇一八年にアメリカのバージニア大学に留学したとき、性暴力やセクシュアリティを学んだ経験から「性暴力の根底に男性らしさを優位とする社会構造があること」に気づきます。性暴力の問題は〝自分ごと〟になってきました。

小学生のとき、花つみやままごとをしていると「何でそんなのやってんの」「女々しい」と言われました。男性はこうあるべきという考えがそうでない男性を排除していく。自由に自分らしくふるまえない現実があり、「自分も人も自分らしく自由に生きている姿をみたい」がいつも心にある願いだといえます。[6]

安藤哲也さんは、ホワイトリボンキャンペーン・ジャパンの共同代表です。「男性の生きづらさとジェンダーギャップは実は表裏一体なのだ、男性主導で進められてきた日本の組織運営の根本的な見直しが求められる」と語ります。安藤さんの団体は、「フェアメン三ヵ条」を掲げ「フェアメン」を増やそうと全国にアクションを広げています。三ヵ条とは、「耳を傾ける」「暴力に訴えない」「相手も自分も大切にする」です。[7] こうした男性の取組みがもっともっと広がるといいですね。

また、憲法学者で東京都立大学教授の木村草太さんは、「妻から離婚をほのめかされたことをきっかけに、自らの役割意識の見直しを迫られた」といいます。「それぞれの職場で家庭に割く時間を増やす方法はあるのかな」と思う、家庭を維持するためには「意思」が必要とも。ただ、家事の時間を増やすのはスタートラインであり、男性がいばるための免罪符になってしまわないように家事をやったうえで子どもの話を聞いているか、妻と目があうか。心が大事。まだまだ妻には及ばない（との自覚が必要）「そのような生活をしていると研究にも影響してきて、最近は、生活と結びつかない議論はあまり面白くないと思うようになってきた」。

「二四条の出発点には、家庭生活における女性の権利の確立があった。そのことが忘れられてはいけないだろうと感じている」といっています。[8]

こういう男性が増えることを憲法は心から期待しているのだと強く思います。

1 国立歴史民俗博物館『図録企画展示　性差（ジェンダー）の日本史』二〇二〇年、一八六〜一九〇頁
2 以上、前掲『図録企画展示　性差（ジェンダー）の日本史』二〇二〇年
3 しんぶん赤旗二〇二一年一月一三日学問文欄、藤永壯論稿
4 ユネスコ編『国際セクシュアリティ教育ガイダンス　改訂版』（明石書店、二〇二〇年）
5 婦人通信二〇二〇年二・三月号（七三〇号）
6 しんぶん赤旗二〇二〇年一月三日くらし家庭欄
7 しんぶん赤旗二〇二一年二月一二日焦点・論点
8 朝日新聞（二〇二一年三月六日）「子育ての悩み『無駄だ』と流さない木村草太さんが得た妻からの信頼」

◆コラム1　石牟礼道子さんの述懐

水俣病を告発した『苦海浄土』の著者で詩人でもある石牟礼道子さんは、一九二七年生まれで一九四七（昭和二二）年二〇歳の時に結婚しています（「家」制度が廃止される直前の、しかし現憲法は施行されたばかりの時期の結婚と推測されます）。

石牟礼さんは「昨日まで他人だった男の『所有物』とはどういうことであろう。不思議なのは個性を尊重してくれたはずの実家の親たちでさえ、『結婚』の前にひれ伏してしまうことだ。話のわかる人でさえ黙らせてしまう『結婚』、そして『家』。村全体を見ると、よそのお嫁さんも夫や家の所有物であるかのような不当な扱いを受けている」「そういう言葉はまだ意識にのぼっていませんでしたが、家父長制、昔ながらの婚姻制度、女の歴史、人間とは何かという問題に、結婚して初めて切実に向き合うことになりました」とふりかえっています。

石牟礼さんはつづけて「水汲み、畑仕事……。麦の干し方にさえ隣近所の目が光る。拾った新聞を読んだだけで『あの嫁は朝から新聞を読んどった』と悪罵《あくば》のタネになる。自分のものなのに自分のものでない理不尽な日常」とつづりその後、高群逸枝の『女性の歴史』（性の牢獄）に出会い衝撃を受けます（米本浩二『評伝　石牟礼道子──渚に立つひと』新潮文庫）。

このように自立的な女性は戦前はごくごく少数だったことでしょう。

◆コラム2　韓国人「慰安婦」への賠償を命じる判決

韓国のソウル中央地裁は、二〇二一年一月八日、韓国人の「慰安婦」被害者一二人が日本政府を相手に損害賠償を求めていた裁判で、原告側の訴えを全面的に認め、日本政府に一人当たり一億ウォン（約九五〇万円）を賠償するよう命じる判決を言い渡しました。

日本政府は、国家は他国の裁判権に服さないとする「主権免除」を主張し、訴えを却下すべきとの立場から裁判をすべて欠席してきました。

判決は「被告（日本政府）の不法行為は、計画的・組織的、広範囲にわたる反人道的犯罪行為」であり、国際法規の上位にある奴隷貿易禁止など「強行（絶対）規範に違反したと判断する」とし、主権免除は適用されないとしました。

そのうえで「強制的に一日に数十回日本の軍人たちの性行為の対象となった。過酷な行為による傷害、性病、望まない妊娠などの危険を甘受しなければならず、常に暴力にさらされた」と被害を認定しています。戦後も含め「原告（被害者）は、精神的、肉体的な苦痛に悩まされた」として一億ウォン以上の賠償は妥当と判断したものです。

この判決に対して、菅首相（当時）は記者会見で「断じて受け入れることはできない」と述べました。

従来から、日本政府は「慰安婦」制度は戦地・占領地で実施された公娼制度であり、戦前の日本で「売春」は公認されていたので「慰安婦」制度も違法ではないという立場です。しかし日本の公娼制度は「前借金」で身柄をしばり女性に「売春」を強要していたもので、当時でさえ奴隷制度の一種として批判されていました。「慰安婦」制度は日本軍当局のもとに実施されたものですから、日本国家が責任を負うべき奴隷制度であり、国家としても責任をとるべきです。

また、日本政府は、日本という国家は、外国（韓国）の裁判権に服さないとされる「主権免除」の原則に反すると言っています。たしかに、かつては「絶対的免除主義」が主流でした。しかし、現在は商行為や交通事故などの不法行為については主権免除の例外であると世界で認められています。また、重大な人権侵害の最後の手段が被害者国での裁判である場合は、主権免除の例外になるという主張が欧州の複数の判決で認められてきています。今回の韓国の判決は、アジアで初めて「人権例外」を認めたという意味でも画期的です。

ただ、その後、韓国ソウル地裁判決では「国家主権」が認められ、原告らが敗訴しています。

しかし、性奴隷ともいうべき「慰安婦」の方々の重大な人権侵害を考えると「国際法違反」と非難するのではなく、国際法の現在の流れをふまえて、日本政府は、被害者救済の視点で韓国側と話し合うべきなのです。

◆コラム3 「見合い結婚」とは何か？

見合い結婚とは男女が仲人（なこうど）の仲立ちのもとに会い（見合いし）、合意があった場合には結婚に至る結婚の方式です。近世には武士や地方の豪族の間で行われていましたが、庶民の間で広まったのは明治中期といわれています。遠隔地間の通婚が広まったことや、結婚を「家」の繁栄・永続のためとする考えや、家柄・家格のつり合いが重視されたことから一般化しました。多くは事前に身上書（釣書）と写真を交換します。すでに双方の親や家族の間で合意があり見合いは形式的なものにすぎない場合もありますが、当事者、とくに女性にとっては自由な意思による結婚の選択は難しかったといえるでしょう。

そのため親や親族に結婚を反対された男女が「心中」する事件もよく世間を騒がせました。

福沢諭吉は次のように述べています。「日本流の情死即ち俗にいう心中なるものは、男女相思相愛すること甚しいといえども、あるいは父母親戚に許されずあるいは世間の口の端に妨げられるる等、千差万別の故障のために相思の情の逞しうするを得ず、ここにおいてか双方の相談のうえ、生きて空しく苦しむよりもむしろ共に死するに若かずとの痴心より起こる事にして西洋諸国を始め支那にも朝鮮にもこの類の情死は甚だ稀なりという。他国に稀にして独り日本に限りて多きは何ぞや」（福沢諭吉『日本婦人論後編』中「日本国は婦人の地獄なり」より）と嘆いています。

第4章

今でもあるジェンダー差別と先輩たちの取組み

1　ジェンダー意識の今

(1)　今でもある女人禁制と女性蔑視

①　女は土俵に上れない

二〇二〇年の大相撲初場所で優勝した幕尻の力士が感極まって「男泣き」したとの報道がありました。「男泣き」とは、『日本語ジェンダー辞典』によると「泣かないはずの男が」「激しい感情を抑えられずに」泣くこととありました。

つまり「泣く」のは女性であって「男は女のようにメソメソ泣くな」「男は男らしく」と育てられてきているからでこれもジェンダー差別ですね。

その一方で大相撲の土俵は「女人禁制」です。古くは二〇〇〇年に日本女性で初めての知事になった大阪の太田房江府知事が大阪場所で優勝した力士に土俵に上って自ら賞を与えたいと希望しましたが実現できませんでした。

二〇一八年四月には、京都府舞鶴市での大相撲巡業の際、土俵上であいさつした多々良舞鶴市長が倒れたときとっさに土俵に駆け上がった女性看護師が心臓マッサージを始めたところ「女性は土俵からおりて下さい」という場内アナウンスが流れたということがありました。アナウンスは再三流れましたが、女性は必死に心臓マッサージをつづけ、その後救急車が到着し救護にあたった人たちが土俵からおりた後、土俵には大量の塩がまかれたといいます。結局市長は一命をとりとめましたが、このような命の危険が迫っている時でさえ、女性は土俵に上れないのは、おかしいと思いませんか。

また、その後中川智子宝塚市長が「あいさつは土俵上でしたい」と申し出ましたが、やはり日本相撲協会から断られました。未だに女性は土俵には上れないのです。

各地で取り組まれている「わんぱく相撲」は小学校四年〜六年までの小学生が地方予選を勝ち抜いて、国技館で開催される全国大会に出られるというもので、地方予選は男女混合ですが、国技館の土俵は男子にかぎられているのです。だから地方予選で女子が優勝した場合は男子が繰り上げ出場する決まりとのこと。二〇一七年度福井県大野市の地方予選で五年の部で優勝した女子も国技館への出場はかなわなかったと報じられています。

女性が土俵に上れないのはなぜなのでしょうか。土俵は神聖な場所なので、「血を流す（月経、出産などで）女性は不浄であり、神聖な土俵に上がるとけがれる」などと説明されてきましたが、今日でも「土俵は伝統的に男が技を磨く神聖な場所だ」との大相撲協会の見解があるからです。

相撲審議会では「女性は土俵に上がれない」を改めるかどうか議論にはなっているようですが、まだ結論は出ていません。

② 山岳の「女人禁制」

昔から山岳には「女人禁制」が少なくありませんでしたが、江戸期に入り「仏教の教え」として、厳しい女性差別思想のもとで「女人禁制」が広まります。

しかし、一八七二（明治五）年明治政府は太政官布告九八号を出し国策として「女人禁制」を解除します。それは一八七一年三月〜五月にかけて開催された第一回京都博覧会で多数の外国人客が見込まれたからです。外国人客は家族、夫婦での来訪が予想され、その時に「女人禁制」ということで女性の登山を禁止すれば、悪影響との判断があったのでしょう。

この布告によって、全国の多くの地域で「女性禁制」が解除されます。高野山も例外ではなく「女人禁制」は解除されますが、指導的立場にいた高僧四師が「女人再禁の血盟書」をつくって太政官に建白します。そして江戸より厳しく「女人禁制」を取り締まったといいます。この建白のおかげで、高野山だけに「女人禁制」の「治外法権」が認められます。しかし、二〇世紀に入ると先の高僧たちも次々と変わり、親王の「女人禁制」解除の呼びかけもあり、一九〇六（明治三九）年「女人禁制」は解除されます。

紀伊山地にある大峰山脈の山上ヶ岳（標高一七一九メートル）が「大峰山」といわれるものですが、約一〇キロメートル四方の範囲が「女人禁制」に今でもなっています。四か所の結界門の横に「女人禁制　この霊山大峰山の掟は宗教的伝統にしたがって女性がこの門より向こうへ登ることを禁止します」と日本語と英語で書かれた看板が立っています。山上ヶ岳周辺には修験者の行場があります。前述した明治政府の太政官布告で「女人禁制」は解かれました。同時に「修験道廃止令」も出されます。しかし「大峰山」関係者は、「女人禁制」は「宗規」であるとして国の法律の範囲外として「女人禁制」を残しました。

その後、さまざまな理由で「女人禁制」の区域は「縮小」されており、大峰山寺関係三本山と譲寺院は二〇〇〇年の大祭をめどに初めて「女人禁制」を解くことを明らかにし、声明文が出されました。しかしすぐに大峰山《おおみねさん》寺《じ》阪堺《はんかい》役講《やっこう》は猛反対し、「女人禁制」の看板を設置したり、地元の女性たちも「女人禁制」を守るように動きました。そのため寺は決議文を「白紙に戻す」ことになりました。

大峰山は御存知のように世界遺産登録された世界に誇る自然・文化遺産です。二〇〇三年一二月には「世界文化遺産登録にあたって『大峰山女人禁制』の開放を求める会」が結成され精力的な活動をしています。

しかし内閣府男女共同参画局をはじめ行政の対応は「女性の人権」の視点はなく「宗教のことには行政はかかわらない」という対応だといいます。

「大峰山の女人禁制」は、世界人権宣言にも日本国憲法にも反する女性差別にもかかわらず未だにつづいているのはなぜなのでしょうか。

「土俵に女性が上がれない」のと同様に、女性の身体的特性が「ケガレ」ているものとして排除されてきました。そして対極の男性たちの「男らしさ」を際立たせてきた「男性優位の社会」の恥ずべき「遺産」なのです。その証拠に「精進落し」があります。これは江戸時代以降、修行が終わったあとの講の修行者たちがふもとの遊郭で買春することを指します。修行者たちは死の覚悟をもって厳しい修行をしたあと、「よく頑張って辛い修行に耐えたごほうび」として「講」として、集団で買春し性の快楽を楽しんだのです。

ここには「子を産む女」としての妻と「快楽の対象としての女」との二分化が明確です。

こうした、日本男性の性についての考え方「集団で買春するのはこわくない」という文化はその後の「買春ツアー」や「買春容認論、男の性欲は本能として抑えられない」という性犯罪擁護論にもつながっているのではないでしょうか。真に、性的場面においても男性と女性が対等・平等に交われる社会にしていきたいものです。

③　その他「伝統」や「慣習」による女性差別

お祭りの神輿（みこし）担ぎや神楽舞に女性を排除するしきたりもありましたが、さすがに今では神輿の担ぎ手不足もあって女性も参加できる地域も増えてきていますが、単に「女性は力がないから」ではなく、「女性はけがれている」という女性蔑視と結びついているのでしょうか。また、トンネル現場は「山の神は女だから女を入れると嫉妬する」という不合理な理由で女性の坑内立ち入りを禁止していました。

NHKの二〇一九年の朝ドラ「スカーレット」の主人公のモデルと言われた陶芸家の神山清子さん。滋賀県の南端にある甲賀市信楽で信楽焼の自然釉《ゆう》の製法を蘇らせましたが、今から約五〇年前は女性陶芸家も窯元も前代未聞で「生理のある女性が窯に入るとけがれる」と言われたといいます。ここにも「伝統」の名のもとに女性蔑視、女性排除の慣習があったのですね。

こうした「伝統」や「しきたり」にも屈せずに自分の生きたい道を切り拓く女性には拍手し、後押しをしたいです。と同時に周りの人たちもこうした女性排除の「伝統」や「しきたり」はジェンダーの視点からみて〝おかしい〟と声をあげ、応援することも大切ですね。

国連の女性差別撤廃条約では固定化された男女の役割分担の変革を中心理念としてあらゆる形態の女性差別を撤廃することを内容としていますが、差別となる「慣習」や「慣行」を廃止したり、改めたりすることも要請しています。

世界的にはアフリカや中東の一部でつづく「女性性器切除」はそれぞれの共同体における「風習」「慣習」で手術の形態も施行される年齢もさまざまですが、女性の身体を傷つけそれによって被害が発生している女性の人権侵害といえるでしょう。ユニセフ（国連児童基金）の調査によると二〇一三年の時点で、二九か国で計一億二五〇〇万人以上が被害を受けているといいます。国連は「人権侵害であり、健康面で長期的に影響を及ぼし、心にも深い傷を負わせる」として根絶に向けた啓発、教育活動に取り組むよう加盟国に求めています。

こうした習俗、慣習も含めてジェンダーの視点から見直し、改めていくことが必要です。日本でも一九九九年に成立した男女共同参画社会基本法の第四条には「社会における制度又は慣行が性別による固定的な役割分担を反映し」たり「男女の社会における活動の選択に対して中立でない影響を及ぼす」ことから、社会における制度または慣行をできるかぎり中立なものにするよう配慮されなければならないことが規定されています。

先に述べたものはほんの一例にすぎません。もっともっと身のまわりにある、ジェンダー差別と思われることを「おかしい」と声をあげていくことが大事ですね。

（2）ジェンダーについての国民意識の今とその問い直し

①　男と女でどっちが得？

「女と男でどっちが得か？」という質問をすると……。

女性にはいろんなところに女性枠や女性優先席がありますね。電車の「女性専用車」や「図書館の女性専用席」、大学によっては「女性専用カフェ（埼玉工業大学）」「女子学生の家賃補助（東京大学）」などがあります。

さらに国レベルでは男女共同参画推進の一環としての指導的レベルの女性の三〇％枠と優遇されており、起業の際の行政からの助成金についても女性枠がある等々。

金銭面の負担の面では合コンの料金が女性が安いとか地域の会合でも酒を飲むかどうかにかかわりなく男性よりも女性の会費が安い等もよく聞かれます。

そして「恋愛（結婚）のハードルが男性の方が高い」「女性は働かないこと（専業主婦）を選べるのに男性はそうはできない」「妻から『男だからもっと働け』と言われる」等々。

これらは主に男性の側からみた女性優遇への不満ですが、この世の中、女性の多くもそう思っているのでしょうか。

文科省の二〇〇一年の国民性調査によると「生まれ変わっても女」という意見が六七％を占めます。この数字がそれを裏づけているかにも見えます。

しかしこの世の中、本当に「女性が得」「女性が暮らしやすい」「男女差別がない」社会になっているのでしょうか。

② 男だから、女なのに

朝日新聞二〇二〇年二月九日ｗｉｔｈ読者会議によると東京都多摩市に住む田中麻衣子さん（四七）

は小学校の時、「将来は真っ暗なんだな」とショックを受けたといいます。京都市内の大学付属の私立校で女子だけが集められて読まされたのは女の子をどうしつけるか、という本でした。「子どもを産み育てるのが女性の仕事」「夫に何を言われても女が謝る」といった文章が並んでいました。

家庭でも「女の子なんだから」と言われつづけました。

これは今から約四〇年くらい前の一九八〇年代の話。憲法で「男女平等」が明記されてからもすでに三〇年以上は経っていた頃のことです。

今では学校では常に男子の方が先だった時代とはちがって男女混合名簿、ランドセルの色も多様になり、ブルマーは廃止されています。指揮者や演出家など「男性しかなれない」といわれていた職業に就く女性も増えています。田中さんは指揮する女性を見ると、うれしい気持ちになるといいます。

その一方で同紙によると「性差の不平等を感じますか」との問いに対し、「感じる」ひとがまだ半数を超える約六〇％（四一六人中二六〇人）います。

具体的には次のような意見が紹介されていました。①「会社の社員はほぼ男性。目の前で電話が鳴っているのに出ず、宅配の人が来てもスルー。新人男性はそれでも良いと勘違い」（四五～四九歳女性）。②「教師から『どうせ女は結婚して家庭に入る。男を蹴散らしてまで有名大学に行く必要はない』と言われた」（五五～五九歳女性）。③「郷里では結婚式の前に夫の家の仏壇にお墓参りをしてから式場に行く習慣がありました。その時点で嫁は夫の家の者になり、祖先も一緒になるということです（中略）。私の父が危篤になって実家に戻った時は『家を長く空けないように』とのことでした。女性は結婚すれば実家が『よその家』になってしまうのが理不尽であり、悲しい思い出です」（六〇代女性）。性差を感じていないひとの意見としては①「男女は性差があって当たり前。互いの違いを理解して暮らせば良いだけで違っていることは不平等とは全く別」（六〇〜六四歳男性）。②「会社は実力主義なので、性による不平等を感じたことはない」（五〇〜五九歳女性）。

③「女らしさ、男らしさ」の国民意識　第一五回出生動向調査から

前述した第一五回出生動向基本調査結果はジェンダーについての国民の意識を探るにはとても興味深いものがあります。改めてみてみましょう。

独身の男女の意識としても「生涯独身は望ましくない」（男六四・七％、女五八・二％）「同棲より結婚すべき」（男七四・八％、女七〇・五％）「子どもは持つべき」（男七五・四％、女六七・四％）との伝統的な結婚観が圧倒的に多数を占めています。

その一方で「結婚したら各自目標を持つべき」（男八三・八％、女八八・四％）「男にとっても仕事より家庭を大事に」（男七〇・〇％、女六三・九％）などが、かなりの多数を占めたことや、「夫は外、妻は家庭」との考えに賛成する者が男女とも三〇％を切る状況（男三〇・七％、女二八・六％）は、明らかにひと昔前と変わってきたことを感じさせます。

しかし「母親は家に（いた方がよい）」が依然として男（六九・八％）、女（七三・〇％）と約七〇％を占め、「結婚しないで子どもを持つのもよい」に至っては賛成は男（三二・三％）、女（三四・六％）ともに少数であることを見ると、結婚＝法律婚との考えと同時に、子どもにとっては従来型の家庭を望

図表3　夫は外で働き、妻は家庭を守るべきという考え方について（男女別）

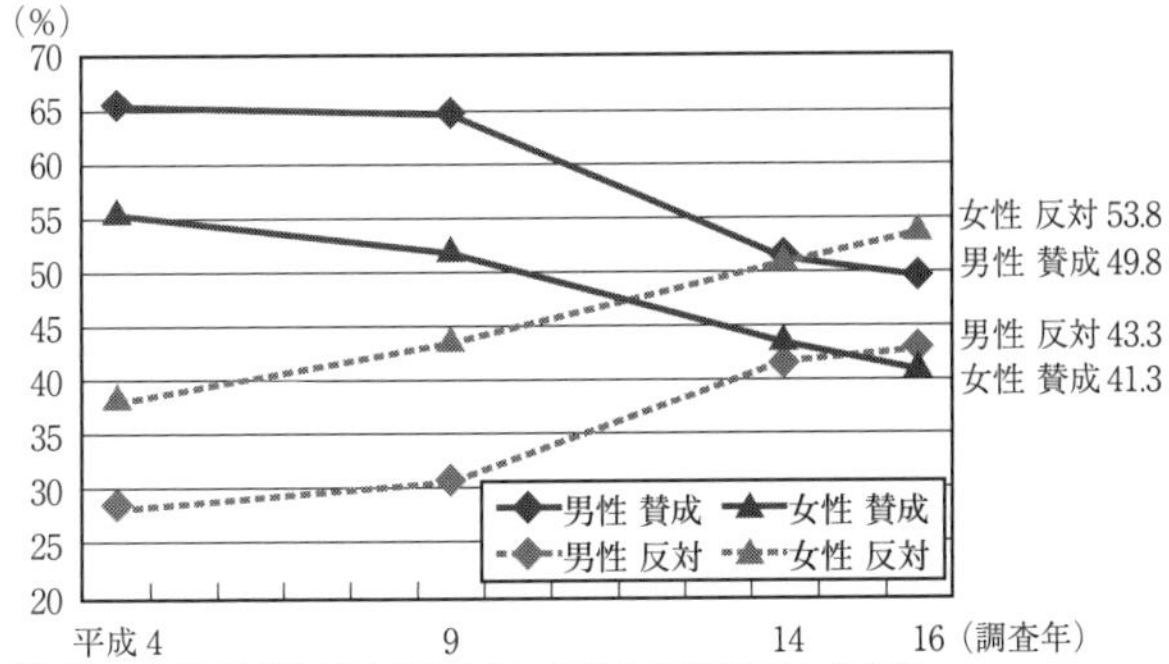

（備考）1. 内閣府「男女共同参画社会に関する世論調査」より作成。
2.「賛成」、「反対」の他に「わからない」との回答があるため、合計しても100%にならない。
（出所）内閣府『男女共同参画白書』平成17年版

んでいることがうかがえます。

「夫は外、妻は家庭」という考えは「男は仕事、女は家庭」と同じ意味でいわゆる固定的な性別役割分担意識ですが、図表3を見ると、明らかに変わってきています。従来、同意する者が多かったのが、平成一四年に同意しない者の方が多くなりました。しかし、その後も依然として男性では同意する者が過半数でしたが、前述の調査結果では男性も約三割しか同意していないのが現状です。このことと表裏一体なのが「男にとっても仕事より家庭が大事」という意識が男性の七割を占めていることです。

一方で「女らしさ、男らしさは必要」という考えが男性の八四・四%、女性の八二・五%を占めています。どうしてなのでしょうか。

図表4を見てください。これは、伊田広行さんの著書に出てくる表です。

かつて私はある大学でジェンダー学入門という講義をしていました。その授業でこの表を見せて学生

図表4　女らしさ・男らしさ

女らしさ／女のステレオタイプ	男らしさ／男のステレオタイプ
やさしい／思いやりがある／他者の気持ちに敏感	やさしくない／他者の気持ちに鈍感
非権威的／下手《したて》に出る	偉そう／権威的／上手《うわて》にでる
従順的／リーダーになることを避ける	支配的／リーダーシップがある
責任をとらない	責任をとる
甘える	甘えない／弱みを見せない
自信がない／自信なさげ	自信がある／堂々としている
化粧熱心、アクセサリーやバッグや香水に関心が高い、ダイエット好き	外見に気を使わない
笑わしてもらう	笑わせる
子ども好き	子どもに無関心
感情的／直感的／気分的	理性的／論理的／理屈っぽい／冷静
文系・国語が得意／機械に弱い	理系・数学が得意／機械に強い
子どもっぽい	大人っぽい
優柔不断	決断力がある
おしゃべり／口数が多い	口数が少ない
上昇志向なし	上昇志向／出世志向
消極的／受身的／おとなしい／おしとやか	積極的／能動的／活動的／荒っぽい
視野がせまい	視野が広い
保守的	挑戦的／冒険的
平和的／おだやか	好戦的／暴力的／乱暴
すぐに泣く／つよがらない	涙を見せない／弱音をはかない
性的なこと（セックス）に消極的	性的なことに積極的／好色的
体力がない／力が弱い／スポーツ不得意（見るのもするのもきらい）	体力がある／力が強い／スポーツが得意（見るのもするのも好き）
車やバイクに興味なし／運転がへた	車やバイク好き／運転がうまい
小さな声	大きな声
背が低い	背が高い
言葉使いが丁寧	言葉使いが乱暴
料理／家事全般が得意	料理／家事全般が不得意
仕事はできない／仕事に熱心でない	仕事ができる／仕事に熱心
まじめな	不まじめな
ねちっとした性格／嫉妬《しっと》深い	からっとした性格／嫉妬深くない
こまかいことに気がつく	こまかいことを気にしない
よくおごられる	よくおごる
守ってもらうのがうれしい	相手を守るのがうれしい
愛嬌《あいきょう》	度胸《どきょう》

（出所）伊田広行『はじめて学ぶジェンダー論』（大月書店、2004年）

に議論してもらいました。学生は一様に「こんなのはおかしい」「古すぎる」と言いました。

確かに「女らしさ」のなかに「従順的、リーダーになることを避ける」「責任を取らない」「甘える」「自信がない」「優柔不断」「視野が狭い」「すぐに泣く」「仕事はできない」「感情的／直観的／気分的」等と否定的な評価が並んでいます。一方、「男らしさ」のなかには「リーダーシップがある」「決断力がある」「理性的／論理的／冷静」「視野が広い」「涙を見せない」「仕事ができる」と肯定的な評価があげられています。

これを見ると「女だから××」と画一的に低評価を受けるのはたまりませんね。また「男だから○○」とはとうてい言えない、それこそ個人によるのではないでしょうか。

また逆に「女らしさ」の欄に「やさしい、思いやりがある、他者の気持ちに敏感」「平和的、穏やか」「まじめな」という積極的評価がある一方、「男らしさ」の欄には「やさしくない、他者の気持ちに鈍感」「好戦的、暴力的、乱暴」「不まじめな」と並んでいるのをみると男性としては、一律にこんな評価を受けるのはたまりませんね。

いずれにしても性別でのこのような固定的、一方的な評価（ステレオタイプ）は感心しません。

それなのに前述の「女らしさ、男らしさは必要」が多数を占めるのは「女らしさ」のなかでも肯定的な部分、「男らしさ」のなかでも納得できる部分を是としているからではないでしょうか。それは、女らしさ、男らしさではなく、「人間らしさ」「自分らしさ」として尊重されるべきものだと考えれば納得がいきます。

しかしたとえば「女らしさ」のなかでも「料理／家事全般が得意」があり、「男らしさ」のなかにはその反対の「料理／家事全般が不得意」となるとどうでしょうか。料理が得意かどうかはそれぞれの個人によるのであってその人の個性ではないのではないでしょうか。

④　日常のなかでの「女だから」「男だから」

たとえばある新聞の投書にこんなのがありました。

「私は自炊が苦手ですが、できるようになりたくて最近簡単な料理を作っています。そんな私に父がかけた言葉は『料理し始めたの？　女子力アップじゃん（以下省略）』」。

このお父さんの発言には女子力＝料理が得意という前提があります。となると、料理が不得意な女性は違和感を覚えますね。この頃は芸能人の男性が自分の得意料理をテレビなどで披露する番組もよくありますが、料理が得意になることは人間としてはとてもいいことですから人間力アップと言ってもらいたいものです。

さらに料理だけでなく、「家事全般が得意」が「女らしさ」にカウントされるということだと「家事全般が得意」でない女性は「女子力がない」と評価されてしまいますね。

料理をはじめ、家事全般は昔から女性がやらされてきたことだから得意でもあるでしょうが、そこには家事は「女性の仕事」つまり「女は家庭」という考えが透けてみえるのではないでしょうか。

「女も男も仕事も家庭も」と考えるのであればやはり「家事全般が得意」なのは「人間力」アップにつながることで男性にとっても肯定的にとらえられるべきだと思うのです。

また、女だから「小さい声」とはいえないし、男だから「大きい声」とは言えませんね。この点からみても、とうてい「女らしさ」「男らしさ」で画一的に区分けできるものではないのではないでしょうか。

あるいはまだまだ理系に進む女性は少なく文学部に進む男性もわずかといった現実もあることは事実です。だからといって親が子どもが望む進学先を、女の子は文系に、男の子は理系にと決めつけることも問題ですね。

いずれにしても「男だから○○」「女だから△△」と決めつけるとしたらまさに偏見であり差別です。その典型として女らしさのなかに「嫉妬深い」「愛嬌」、男らしさのなかに「度胸」「嫉妬深くない」が残っていることです。

「女らしさ、男らしさは必要」という考えに男性も女性も八割以上が賛成しているのは回答者が各自頭に描いている「女らしさ、男らしさ」の中身が異なることを前提に割り引いて考える必要があります。しかし、たとえば男の子が泣くと「男の子でしょ！」とか「男のくせに！」と叱ったり、女の子がリーダーになると「女の言うことなんか聞けるか！」とか、ちょっとの失敗についても「だから女はダメだ」などと批判するのはおかしいことです。私たちは「女らしさ、男らしさ」の中身に分け入って点検する必要があると思うのです。

⑤　女らしさ／男らしさと化粧

再度図表4を見てください。

「女らしさ」の項目に「化粧熱心」があがっていますが、「男らしさ」にはあがっていませんし、逆に

「外見に気を使わない」があがっています。

　この差は何なのでしょうか。

　先にご紹介した表の女性らしさ／女のステレオタイプにある「化粧熱心」にはつづいて「アクセサリーやバックや香水に関心が高い。ダイエット好き」とあります。そこでもう少しつっこんで考えてみましょう。

　もちろん、身だしなみとしての化粧まで否定するつもりはありません。そして化粧で自己否定的な気持ちを前向きに変える効果もあるかもしれません。

　ただ、女性の意思とは関係なく、男性から〝みられる〟ものとして、化粧を強制され服装について意見され、評価される傾向は未だにあるのではないでしょうか。

　今でこそ、女性の服装は自由になりましたが。正装とはスカートでありパンツが認知されだしたのはごく最近だと思います。つまり女性の服装は女性の活動の自由よりも、周囲からとりわけ男性から「おしとやかに」そして「うつくしく」見られる観賞用の服装が無意識のうちに強要されていたと思うのです。

　パンプス、ハイヒールの強要もその一つではないでしょうか。

　二一歳の女性の、次のような投書も目にとまりました。

「就活生として、女子学生の大変さを感じる。『女子必見！　就活メイク・ヘア講座』というのをよく見る。『好印象』『派手すぎずちょうどいい』メイクやヘアについて学ぶセミナーだ。確かに印象が大事だが面接と直接関係のない化粧が、女性にだけ強要されるのではなぜだろうか。

私は、時間も手間もお金もかかる化粧を通してではなく、自分の豊かな表情や言語でアピールしようと思う。

靴についてもそうだ。普段全くヒールを履かないため、面接で一度履いた時は悲惨だった。会場に着くまでに靴ずれして血が出て、腰痛もひどくなった。面接どころではなく、本領発揮できなかった」と。

そして、この投書について私がさらに感動したのは。次のような宣言です。

「私は面接の時点でスニーカーや平らな靴ＯＫの会社にだけ就活するつもりだ。女性らしく、ではなく、自分らしく働くために、私は自分でルールを決めて就活することをここに宣言する」と。

⑥　ＬＧＢＴの人たちの声

ようやくＬＧＢＴの人たちが声をあげ始めてきていますが、「男らしさ／女らしさ」の決めつけは「らしさ」ってなんだろうという問いかけでもあります。

履歴書の性別欄の「男女」どちらにも○をつけられずに悩んでいたＬＧＢＴの学生が、大学の就職支援課に相談したら「身だしなみがなっていない。化粧もしてないなんてやる気あるの？」ときつく言われ、採用試験は落とされつづけ、数々の差別発言に傷ついたそうです。

「さらだ」（セクシャルマイノリティと人権を考える会）の近藤歩さんは戸籍上の性別は女性ですが、男性なのだという自認を持ち「性同一性障害」や「トランスジェンダー」という言葉を知った時、とても安心したそうです。しかし同時にどうやって他の人に自分を「男」に見られるのかということばかり考えるようになったといいます。「やっぱり女だね」と言われるのが怖い、「女性らしい」と感じる部分は封印して、どうしたら男に見えるのだろうかと立ち居振る舞いやしぐさを研究したりしていたそうです。しかし自分らしさのなかにもしかしたらいわゆる「男らしい」とか「女らしい」という部分も存在しているのかもしれないと気づき、「『自分らしく』『その人らしい』が尊重できる社会であってほしいし、そうできる人間でありたいと思う」と書かれています。[1]

まさにそのとおりで、「らしさ」にしばられない社会にしたいのです。そして、服装や化粧などで「男／女らしさ」を判断し、礼儀（マナー）を強要する社会を変えることが必要ですね。

⑦ パンプスの強要

ここで、パンプスの強要を改めさせた取組みをみてみましょう。

「女性だけに職場でパンプスを強制するのはおかしい」とツイッターでつぶやき、ネット署名（#KUTOO）運動を始めた俳優の石川優実さん。きっかけは、葬儀のアルバイトでパンプスをはかなければならず、足を痛めたことだと。「とはいえマナーなんだから」としばしば言われます。でも、訴えたのは「そのマナーがおかしい」ということでした。

女性だけに押しつけられるマナーに対して「私だけではなかった」と共感が寄せられ運動が広がったのです。

二〇二〇年三月三日、参議院の予算委員会で日本共産党の小池晃書記局長が「女性だけに強要するのは性差別ではないか」と質問したところ、安倍首相（当時）は、「合理性を欠くルールを女性にのみ強いることは許されない」と明言したのです。それを受け日本航空は、女性に対するヒールの規定を撤廃・変更すると発表しました。これまで「社会通念に照らしてマナー上必要」という見解が「許されない」へと変わったのです。

職場で「化粧しろ」「ストッキングをはけ」「めがね禁止」等々の女性にだけ押しつけられるマナー。マナーという名のもとで女性は抑圧されてきたのだと石川さんは言います。

「マナー」であっても「おかしい」ことには「おかしい」と声をあげること大事ですね。それが「社会通念」を変えるのだと思います。

一方で、石川さんも言っているように、男性は女性よりもオフィスでカジュアルな服装をしにくい、スーツにネクタイが制服のようになっていることは、男性特有に強要されるマナーともいえるのではないでしょうか。もっとも今ではクールビズが一般になってきてスーツ着用が強要されない職場も多くなってきているとは思いますが。

「マナー」も慣習のひとつです。「女性はこうあるべき」「男性はこうあるべき」というステレオタイプを疑ってみることが大切ではないでしょうか。

⑧　男ならではの生きづらさ

(i) 男性の化粧や身だしなみ

ところで男性の化粧はどうでしょうか。ジェンダーレス男子が登場し、メンズメイクが生まれました。自分のコンプレックスを隠して自信を持ちたいという理由もあるでしょう。そしてその努力を『気持ち悪い』と非難する人がいたり、気が付いた先生から『メイクを落とせ』と言われたりするのはどうなのでしょうか。

女性はやらないと批判され、男性はやると批判される。この差は一体何でしょうか。

ちょっと古い記事になりますが、二〇一三年八月二八日の朝日新聞のオピニオン欄に、哲学者の森岡正博さんがインタビューで「『男らしい』の息苦しさ破れ」と話していました。「男の日傘ってどうですか」のテーマで、「『日傘』は『中高年男性の必須アイテム』と強調したいくらい」と言っています。

しかし、森岡氏自身、「『男らしさ』にひっかかっていて日傘をためらう気持ちがある」といいます。「男らしさ」のイメージとしてある「強い男」「闘う男」に反するので、日傘をさしたほうが楽だと理屈ではわかっていても、実践できずにいる人は大勢いるのではないかということです。さらに、「周囲がしていないことはできない」というカルチャーのため、自分だけ浮くのは嫌だ、何を言われるかわからないという恐れ。そして、ツイッターなどでの「キモイ」という言葉、これは在日韓国・朝鮮人に対するヘイトスピーチに近い感触もあり、今の日本社会の息苦しさが見えるといっています。

最近では男性が日傘をさすこともかなり抵抗がなくなってきたかなとも感じますが。

(ii) 国際男性デー調査

男性の半分が男性ならではの「生きづらさ」を抱えている——このような結果が一般社団法人「Lean In Tokyo」の調査で明らかになりました。

あまり知られていませんが、一一月一九日は「国際男性デー」です(本章◆コラム2参照)。この「国際男性デー」を前に調査は二〇二一年一〇月三〜二八日あらゆる年代の男性三〇九人を対象にオンラインで生活のなかで感じる生きづらさについて聞いたものです。

「職場や学校、家庭などの場で『男だから』という固定概念やプレッシャーにより生きづらさや不便を感じることはありますか？」の問に対して「頻繁に感じる一七％」「たまに感じる三四％」と半数以上の人が感じています。生きづらさを感じるようになった時期は「小学生以前」が三〇％でもっとも多く、キャリアや家庭内の性別役割に直面する「社会人」との回答は二六％で二番目に多くありました。Lean In Tokyo では、とくに四〇代以下が生きづらさを感じている理由について、二〇〇〇年以降の「イクメン」や「女性活躍」などジェンダーギャップを埋める取組みが活発化したことで男性のジェンダーバイアスに関する認知が高まったためだと見ています。また「学校や家庭など、教育現場でもジェンダーバイアスがはたらいていることがうかがわれる」とも指摘しています。

その理由としては「男は泣いてはダメと言われ続けてきた」「ベルトやネクタイの着用を求められることが肉体的負担」「生涯仕事に就き収入を得て、家庭を支えていかなければならないというプレッシャーがある」「男性ゆえに勤続し家族を支えることが求められ、たとえ転勤などで不自由、不都合を被っても文句を言いにくい」等です。

年代別では、二〇代では「男らしさ」の呪縛に悩む人が多く「デートで男性がお金を多く負担したり、女性をリードすべきという風潮」や「男性が弱音を吐いたり、悩みを打ち明けることは恥ずかしいという考え」を「生きづらい」と感じる理由としてあげています。

四〇代と五〇代では「男性は定年までフルタイムで正社員で働くべき」が「生きづらさ」のトップでした。全世代でトップ三に入ったのが「力仕事や危険な仕事は男の仕事という考え」でした。では「生きづらさ」を解消するにはどうしたらよいか。もっとも多かったのは「多様な働き方を尊重する文化の醸成」で「個性を尊重する文化の醸成」「日本の教育の改善」がつづきました。また家事・育児について「どのような役割分担が理想ですか」に対して五五％が「共働きで育休の取得を含め男女が均等に分担する」と回答。女性活躍の風潮について「とても良い」「良い」との回答が四九％にのぼり「良くない二四％」「とても良くない七％」を大きく上回りました。

結局「男はこうならねば」というしばりがきつすぎることが男性の「生きづらさ」につながっているのではないでしょうか。

⑨　制服とジェンダー

福岡の後藤富和弁護士の以下のような取組みに感心しました。

二〇一七年四月に福岡市立警固中学校のＰＴＡ会長になった同弁護士は中学に入ったとたんに男女を明確にし、区別する制服（男子は詰襟、女子はセーラー服）を強要されることに疑問を持ちます。

そしてトランスジェンダーの高校生の、自認する性と異なる制服の着用は「地獄だった」との思いも聴き、制服が子どもたちを苦しめていることとそれを変える取組みとして「福岡市の制服を考える会」を結成します。

校長の賛同も得てＰＴＡで「ＬＧＢＴと制服」の連続講座を行い、さらに福岡県弁護士会で「ＬＧＢＴと制服」と題するシンポジウムも開催します。

そして二〇一八年三月には教師、保護者に加え、生徒もメンバーに入れて警固中標準服検討委員会が発足しました。この委員会で新標準のデザインを絞り込み、エンブレムやボタンは生徒たちが考えました。

二〇一九年四月の入学式。新入生は新標準服。自分の意思でスカートとスラックス、リボンとネクタイなど選択できる。スラックスを選択する女子生徒が多く女子だからスカートという固定観念にしばられていないようです。

計算上は三四パターンのなかから自分に合った服を選ぶことができます。福岡、北九州、両政令市においては二〇二〇年四月からジェンダーフリーの標準服が導入されました。

同弁護士は言います。「画一的であることが求められる中学校においてさまざまな服装が混在する状況はとても重要である。そもそも制服って必要なのか、校則って必要なのかと自分の頭で考える生徒が現れ、それを大人がバックアップし、生徒にとって過ごしやすい環境をつくっていければと思う」と。

(3) 同性婚について

① 同性婚を認めないのは違憲との判決

同性婚を認めてない民法や戸籍法の規定は憲法違反であるという判決が二〇二一年三月一七日札幌地裁で出されました。

「結婚の自由をすべての人に」との訴訟は、二〇一九年に札幌、東京、名古屋、大阪、福岡の五つの地方裁判所で始まりましたが、初めての違憲判決です。

原告は同性婚を認めない現行法制度は①憲法二四条が保障する婚姻の権利を侵害している②憲法一四条一項が保障する平等権を侵害していると主張していました。判決は①には直接には言及しませんでしたが②を認めたのです。現行の民法や戸籍法では異性愛者の家族の結びつきについては「婚姻」として公認し、その制度を利用する機会を提供しているにもかかわらず、同性愛者には婚姻を認めず、それによって生じる法的効果を享受する法的手続をしないとしている。これは、性的指向（性愛の対象）にもとづく区別であり、性的指向は性別、人種などと同様に人の意思によって選択、変更できないものであるから、「真にやむをえない」区別でなければならず、そうとはいえないので憲法一四条一項に違反するとしたのです。

ただ、この判決は、原告のお二人が同性婚を認めない民法および戸籍法の規定が憲法に違反している、国が違憲の法律を改正をしないのは国家賠償法違反であるから、慰謝料を各人に対し一〇〇万円を支払えと求めた〝請求〟については「請求棄却」としているのです。その理由は、憲法の内容の違憲性の問題は国会議員が法律をつくる（立法行為）または法律をつくらない（立法不作為）は区別されるべきであるとしたうえで、本件の場合、国会が正当な理由なく長期にわたって憲法の現実に違反することが明白であるにもかかわらず、改正等の立法措置を怠っていたとして違法の評価を受けるものではないので、国家賠償法上の違法は認められないというものでした。

最終結論は司法の限界ともいえるものですが、同性婚について裁判所で初めて違憲の判断がされた意義は大きいものがあります。

この判決はまた、同性婚を認めないことは憲法二四条には違反しないとしているので、この点について考えてみましょう。

判決はこういっています。

憲法二四条一項は、「婚姻は、両性の合意のみに基いて成立し」「夫婦が同等の権利を有することを基本として」と規定しており、また同条二項でも「両性の本質的平等」と規定している。「両性の合意」「夫婦」という文言は、その文理解釈によれば、異性婚について規定しているものと解することができる。

同性愛は、明治民法が制定された当時は、変質狂などとされ精神疾患の一種とみなされ、異性愛となるよう治療すべきもの、禁止すべきものとされていた。明治民法では同性婚を禁じる規定は置かれていなかったものの、これは異性間でされることが当然とされていたためであり、規定するまでもなく認められなかった。昭和二二年民法改正にあたっても同性婚について議論された形跡はないが、同性婚は当然に許されないものと解されていた。

そして、昭和二二年民法改正の際にも、同性愛を精神疾患とする知見には何ら変化がなく、昭和二一年公布の憲法でも同性愛について同様の理解のもとに二四条一項二項、並びに一三条が規定されたものであり、そのために二四条は同性婚について触れることがないものと解する。同条は異性婚について定めたものであり、婚姻をする自由も異性婚について及ぶものであるので二四条一項、二項に違反すると解することはできない。二四条二項によって婚姻および家族に関する特定の制度を求める権利が保障されていると解することはできないし、一三条によっても同性婚を含む同性間の婚姻および家族に関する特定の制度を求める権利が保障されていると解するのは困難であると。

たしかに憲法二四条は異性婚を念頭においていて同性婚については触れていません。しかし同性婚は認めないとも書かれていません。ですから木村草太さん（東京都立大学教授）は、憲法二四条は同性婚にも適用すべき理由があれば、拡張解釈をして類推適用することが可能だといっています。それが原告の主張でもありました。というのも、原告たちは民法にもとづく婚姻ができず、その関係の公的証明を受けられないことで、病院の入院等の手続でも住居を確保する際の保証人になれないなど家族扱いされない。法律によって「あなたたちの婚姻は正式のものではない」とスティグマ（汚名）を押しつけられているのです。異性カップルは、婚姻届を役所に出すだけで手厚い保護を受けられるのに比べ同性カップルが深い疎外感をもつのも当然だと木村さんは言われます。

しかしいずれにしてもこの判決は同性婚を認める世界的すう勢をふまえての結論といえるでしょう。

② 同性婚を認める世界の国々

今日では、世界八〇か国が性的少数者に関する差別を禁止する法律を整備していますし、同性婚を認めている国々が増えてきています。二〇二一年六月四日、南米チリのピニェラ大統領（当時）は同性婚合法化法案を国会に提出しました。同大統領は、これまで同性婚に否定的でしたが「すべての人に（結婚の）自由と尊厳を保障する時、わが国で同性婚を認める時が来た」と発表したのです。右派からの「裏切り者」との非難に対しては「右派とか左派の問題ではない。法の下の平等の問題だ」と反論しました。二〇二一年一二月、チリの議会は圧倒的多数の賛成で同法案を可決しました。

同性婚は南米一〇か国中六か国ですでに合法化。チリが加わったので七か国目になります。

チリの法律は同性婚の合法化の具体案として、①異性間の婚姻と同性間の婚姻の差別をなくす、②子どもの出生登録上の「父母」の項目を男女区別のない「親」と変更するなどを盛り込んでいます。

③　一〇〇年にも及ぶＬＧＢＴの権利獲得の歴史

このように今では多くの国で合法化されてきている同性婚ですが、実は世界でも一〇〇年におよぶＬＧＢＴの権利獲得の運動の歴史があります。

一八七一年にはドイツの男性同性愛者を犯罪とする法律に反対して、ヨーロッパ初のゲイの権利団体が組織されています。アメリカでは同性愛者を職場から排除する「ラベンダー狩り」のなかで「ビリティスの娘たち」という団体が発足します。六九年には権力による同性愛者迫害に立ち向かい暴動となった「ストーンウォールの反乱」、七九年には一六七万五〇〇〇人が集まったレズビアンとゲイの権利を求める第一回ワシントン国民大行進などがあります。

八〇年代、アメリカ社会全体でＬＧＢＴの権利を考え始める契機となったのがエイズ危機です。八九年にデンマークで世界初の同性のユニオン（結びつき）が合法化されました。

そしてアメリカでは、二〇一五年六月の連邦最高裁判所の判決で同性婚がようやく合法化されたのです。

④　同性婚についての国（日本）の主張

ところで前述の札幌地裁での裁判で、被告国はどんな主張をしているのでしょうか。

「婚姻制度の目的」は「夫婦がその間に生まれた子どもを産み育てながら、共同生活を送るという関係に対して法的保護を与えること」だから、異性婚と同性婚の区別は不合理ではないというのです。

また岸田改造内閣で総務省の政務官に就任した衆議院議員の杉田水脈《みお》議員は、二〇一八年、月刊誌

『新潮45』に寄稿し、LGBTの人たちに「彼ら彼女らは子供を作らない、つまり『生産性』がないのです」などと侮辱しました。

多くの国民から批判が集まりましたが、杉田氏は言い訳に終始し、自民党は形ばかりの「指導」で不問にしました。さらに、文科省の副大臣に就いた簗《やな》和生自民党衆議院議員も同党の会議でLGBTの議論中、「種の保存」に反すると述べて問題になりました。

ここには婚姻は生殖のための制度という本音が露わです。

これまでも自民党の大物議員が「女性は産む機械」と言ったりして、ひんしゅくを買いましたが、この主張はこれと同趣旨です。つきつめれば生殖能力を欠く男女の婚姻は認めない、妻が婚姻後一定期間に子どもができなければ離婚理由になるなどの考えに通じると前述の木村さんは指摘します。

前国会に提案されたLGBT理解増進法案に関連して、二〇二一年五月二〇日の自民党内の会合で、「差別は許されない」との文言に対し「行き過ぎた差別禁止運動につながる」「差別の範囲が明確でなく、訴訟が増える」などの意見が相次いだだけでなく、山谷えり子元拉致担当相が性自認を否定するために「体は男だけど（心は）女だから女子トイレに入れろと意見書を出したりばかげたことが起きている」と述べたり「LGBTは道徳的にも許されない」などの人権侵害の発言がされました。

これに対して、当事者らが呼びかけた抗議署名が自民党本部に提出されましたが、結局法案は提出見送りとなりました。

実は前述の札幌地裁の判決の後、二〇二二年六月二〇日に大阪地裁の判決がありました。この判決は同性婚を認めていない民法や戸籍法は憲法に違反しないとの判断でした。「異性間の婚姻は、男女が生み育てる関係を社会が保護するもの」としていて、国の主張を認めるものでした。

これらをみると安倍元首相をはじめ山谷えり子氏などの自民党の改憲を押し進める勢力は、憲法二四条にも否定的であり、ＬＧＢＴについては、戦前同様の精神障害者扱いでしかないことが明らかです。

⑤　地方自治体の同姓パートナーシップ制の導入次々と

東京都は二〇二二年度中に同性カップルなどを婚姻と同様に扱う同性パートナーシップ制を導入することになりました。地方自治体での導入が広がっており、東京都で実施すれば導入自治体で暮らす住民は総人口の約五割となります。これまで全国の五府県一六政令都市を含む一三七自治体で実施されており、これに東京都が加わると総人口の四九％となるからです。二〇二一年一〇月から行った都民の意向調査で約七割の回答者が性的少数者に必要な施策として同性パートナーシップ制をあげていたといいます。これにより住宅や医療などの行政サービスを受けられるようになるでしょう。

2　各界の女性の活躍とまだある差別

（1）スポーツと女性差別

①　人見絹枝さんの活躍

今では想像しにくいですが、女性がスポーツをすることは長いこと快く思われなかったのです。一九二八年アムステルダム五輪。日本人女性として初めて五輪に出て陸上八〇〇メートルで初のメダリスト

（銀メダル）になった人見絹枝さん。女性が太ももをさらして競争するなんてはしたないとされる時代を生きた彼女は「人生はすべて戦いである。女も戦う時代だ」と書きました[2]。

帰国後は講演で全国行脚、記者としても働き、後輩の遠征費用を募って歩いたと言いますが、栄冠から三年後、肺炎で急死しました。

② 世界の女子サッカー

国際プロサッカー選手会（ＦＩＦＰＲＯ）は女子サッカーに関する調査「二〇二〇 RAISING OUR GAME」を発表しました。そこでは「選手の地位は世界の多くで定まらず、契約が不安定で自分の仕事に集中できていない」と告発されています。選手が所属するクラブやリーグの「プロ化」は一部で「運営・管理にさまざまな欠点がある」とされ、ほとんどの選手はクラブから収入を得ているが選手の月収の中央値は二四二五ユーロ（約二七万八〇〇〇円）。

「まともな生活を送るには十分ではない」。さらに、出産・育児のための規定や援助がほとんどなく、トップ選手でも辞めざるをえない現実があります。

こうした低待遇の根っこには現代の男女賃金格差に加え、歴史的な事情があるといいます。女子サッカーは一九二一年から約半世紀にわたり、世界的に「禁止」されていました。サッカーの祖国イングランドの協会が「女性の体に有害」という非科学的かつ不当な理由でグラウンドの貸出しを禁止し、ここから「排除、差別、不正常な長い歴史」が始まったのです。

こうした世界的なサッカーの男女格差に対して先頭に立って声をあげたのは二〇一九年女子サッカー

ワールドカップで連覇を果たした米国代表のミーガン・ラピノー主将です。ワールドカップの賞金総額は男子の四億ドル（約四三二億円）に対し、女子は三〇〇〇ドル（約三三億円）と一三倍もの差があり、これをラピノーさんは「不公平」と批判しました。

サッカーの女子米国代表二八人は男子代表と同等の報酬を米国連盟に求めて二〇一九年に訴訟を提起しましたが、二〇二〇年六月一日、米連邦地裁で敗訴したことが報じられました。しかしラピノー選手は「私たちは平等への戦いを絶対にやめない」と宣言し、控訴しました。

判決は「連盟との協定締結の結果、女子代表はボーナスよりも男子代表にはない基本給や医療保険の充実などを重視した事実があるため」と述べています。

しかし、人気でも大会の成績でも上回る女子サッカーの方が連盟の収益に貢献しているのに、この事実は考慮されていません。米女子代表はワールドカップ二連覇中で、五輪でも金メダルを四個獲得しています。

男子のワールドカップの最高成績は準々決勝進出です。国内で行われる代表の試合でも女子の方が多くの顧客を動員し、試合数も多く、連盟に収益をもたらしているにもかかわらずです。

米国ではサッカー人口の約四割が女子で少年少女世代では女子が上回るほどです。ラピノー選手はすべてのレベルの女性スポーツにとってジェンダー平等の大切さを証明することが自分たちの使命だと語っています

裁判のなかで、連盟は〝女子は男子よりもスピードやスキル（技術）が劣る〟と主張していました。

これについて女子代表チームは猛抗議し、代表のスポンサー企業も異議を唱え会長が辞任に追い込まれ

ました。この一件は男性優位の思想がもはや通用しないことを証明しました。

女子代表の意気の高さと権利意識は一九七二年制定のタイトルナイン（教育法修正第九編）から来ています。「国民はすべての教育プログラムや活動において性を理由に差別を受けることは許されない」と定め、小学校から大学までのスポーツにおける男女の機会均等を飛躍的に推し進めました。その背景には六〇年代後半から始まった女性解放運動があったのです。この法律によって施設の使用の改善やスタッフ数の増員など環境が変わりました。大学まで奨学金を得て高いレベルでプレーできるようになる、プロへの道がより広く拓かれたといえるでしょう。

男女の分け隔てなく行う平等教育とプレー環境の改善が、スポーツの世界のジェンダー平等にも不可欠であることを示しています。

米国サッカー女子代表チームの起こした訴訟のその後ですが、二〇二二年二月二二日、男子代表チームと同額の賃金を支払うことなどで米国サッカー連盟と和解しました。連盟は、今後、ワールドカップを含む各大会等で男子代表チームと同額の賃金を保証。女子代表チームに和解金二二〇〇万ドル（約二五億三〇〇〇万円）を支払う、また二〇〇万ドル（約二億三〇〇〇万円）で引退後の選手支援などを目的とした基金を設立することを合意したのです。

連盟と女子代表チームは、共同声明を発表し「彼女たち自身と将来の選手の平等な賃金を勝ちとるという前例のない成功を成し遂げた」と和解を称えました。ラピノー選手はＡＢＣテレビに出演し「今回のことを通じて得た正義は、私たちが受けてきた性差別は二度とあってはいけないということと、次世代の人により良いことを成し遂げ、サッカーをベストなスポーツにするため私たちが前進できるということです」と語りました。[3]

こうした声が世界各地であがっています。そしてオーストラリア代表は男女の報酬を同額にする契約を結びました。

スポーツの世界でも根強くあるジェンダー差別。しかもまたそれの解消を求める五〇／五〇の運動も広がりつつあるのが今日の世界の状況です。

③　日本の女子サッカー

日本フットボールリーグ（ＪＦＬ）の鈴鹿ポイントゲッターズ（以下鈴鹿という）の監督は、ＪＦＬを通じて初の女性指導者のミラグロス・マルティネス監督です。スペイン出身でディフェンダーとして同国女子二部などでプレーし二二歳で指導者の道へ。一九年に鈴鹿の監督に就任しました。国内では今季（二〇二一年）、山下良美審判員が女性として初めてＪリーグ公式戦で笛を吹きました。サッカー現場での女性の進出が増えつつあります。このように、スポーツ界でも徐々に女性の進出が増えてきているのは本当に嬉しいことです。

なでしこジャパンで有名になった日本の女子サッカー。

しかし、日本サッカー協会（ＪＦＡ）によると代表の活動で選手に支払われる日当は男女同額ですが、国内最高峰の大会である男子の天皇杯の優勝賞金は一億五〇〇〇万円なのに対し、女子の皇后杯は三〇〇万円だったのです。二〇一九年九月にようやく皇后杯優勝賞金は一〇〇〇万円に引き上げられましたが、それでも男子との差は一五分の一です。

二〇二一年九月一二日女子のプロリーグが産声をあげます。その名はWE（ウィー）です。これまでサッカーで生計をたてられる選手はごくわずかで、多くは働きながらでした。プロといっても男子のJリーグとの待遇差は前述のとおりで、集客力の課題もありますが、それでもプレーに専念できる環境は大きな前進です。

WEリーグの理念にはサッカーを通じて「夢や生き方の多様性にあふれ、一人ひとりが輝く社会の実現」とあります。

実は、戦前の日本でもあちこちの女子の中等教育機関（高等女学校等）で女子学生がはかま姿でサッカーを楽しんでいたといいます。

リーグは「ジェンダー平等、多様性社会の実現」を掲げていますが、約一世紀を経て、ようやくスポーツの世界にもジェンダー平等を求める大きな社会的変化が進みつつあることを実感します。

④　東京オリンピック・パラリンピック委員会（TOGOC）の前会長の女性蔑視発言

TOGOCでは「ちがいを知り、ちがいを示す」のアクションワードのもとダイバーシティ&インクルージョン（D&I）を大会ビジョンとしてきました。それなのに二〇二一年二月、森喜朗TOGOC前会長の女性蔑視発言で、日本のジェンダー平等の遅れが世界にさらけ出されました。「女性がいる会議は長い」とか「TOGOCの女性委員はわきまれていらっしゃる」とかいうもの。それに対する〝#わきまえない女〟の運動もすごかった！　また、多数のボランティアの辞退、選手の勇気ある意思表明等々で森さんは発言から一〇日もしないうちに会長辞任に追い込まれました。何が問題だったかというと、今、世界中でD&Iという価値観が重視され、大切にされているのに、リーダーである森さんは当初自分の発したコメントを蔑視発言だと認めなかったからです。日本のスポーツ界にはまだ根強くある「男社会」では、森会長と同じく「たかが女性蔑視」と思ったかもしれませんが、それは世界中のジェンダー平等という価値観とかけはなれていたのです。

日本の世界経済フォーラムのジェンダーギャップ指数一五六か国中一二〇位（二〇二一年当時）という現実を世界中にさらけ出した格好でした。

スポーツ界のジェンダーによる偏見はスポーツ報道にも色濃く残っています。たとえば女性アスリートを「才色兼備」と表現するなどです。「男らしさ」「女らしさ」ではなくその人個人の特徴や個性をとらえた表現と報道が求められますね。

⑤　妊娠をどう乗り切るか——女子選手の道しるべに

バレーボール元女子日本代表の大山加奈さん（三六）と女子プロゴルファーの横峯さくら選手（三五）が、二〇二〇年一二月二六日オンラインでトークしました。[4]

二人とも妊娠八か月で、体形の変化など妊娠生活の苦労や発見をお互いに披露しながらのものです。出産によって競技生活の空白期間が生まれるマイナス面にもふれながらも、女子選手の不安や人生設計のあり方にも及んだ女子選手の道しるべになるトークでした。

日本女子プロゴルフ協会は、シード選手の産休制度を設けているといいます。

国際サッカー連盟が女子選手に一四週間の産休を保障するよう義務づけるルールを日本も承認したから

です。

また、産休後は、全米女子プロゴルフ協会がツアー会場に託児所を設置し、安心して子育てとゴルフを両立できる環境があるとのことです。

これらのことを知って、まだまだ初期的ではあるけれど女性が結婚し、子育てもしながら選手生活と両立できる環境が関係者の努力で整いつつあることに時代は進歩しつつあることを痛感した私でした。

後述の宮崎元フリーアナウンサーの話もそうですが、女性の場合結婚後も、出産後もその仕事（プロの道）をつづけることがいかに困難か、それは私自身の経験からも実感できるとともに、その困難に負けずに道を切り開いた先輩がいることが、後輩を励ますのですね。

(2) マスメディアの世界で

①「女子アナ」とは

報道といえば最近メディアで働く女性たちが声をあげ始めています。マスメディアで働く女性たちはいわゆる弱者ではありません。にもかかわらず、自身が受けた性被害について長年声をあげられなかったのです。それは男性の価値観が支配する職場であったので、女性自身が受けた差別や蔑視や被害について「自分さえ我慢すれば」「いちいち反論するのははしたない」等と自分を納得させてきたからではないでしょうか。

そしてそのことがまたメディアで流れる男性目線の表現、女はこうあるべき、年齢や画一化された無意識にもとづく偏った報道を許していたことにもつながっていたと思います。

自らが反省した先輩記者が中心となってメディアで働く女性たちのネットワークが立ち上がりました。そして最近では多様な価値観を重視する報道組織が連帯して女性が抱える問題に特化した記事やニュースも数多く発信されるようになりました。

二〇二一年三月に立ち上がった「女性アナウンサーネットワーク（FAN）」の小島慶子さん（フリーアナウンサー・エッセイスト）は、女性アナウンサーはアナウンサーとしてのキャリアを積むことが難しいといいます。若いという理由で起用され、「容貌がおとろえた」といって降ろされる、若さが消費されます。とくに地方局では、三〇歳を超えてアナウンサー職をつづけるのが難しいと感じている人もいる。「女子アナ」とちやほやされているようだが、尊敬の念はなく、仕事の範囲は幅広いが専門家にはなれない。女性アナウンサーがプロとして長く活躍する姿は社会を変えていく一つの力ではないか。アナウンサーの「女性性」ではなく、人間的な魅力やプロとしての実績に注目して育てる視点が大事と強調しています。

問題なのは「女子アナ」というものを生み出している「構造」で、女性アナウンサーを都合よく消費するこの構造こそ変えなければと思いますと語っています。[5]

② 宮崎絢子さんのたたかい

過去にも差別とたたかってきた女性がいます。

テレビ東京の元アナウンサー、宮崎絢子さんが入社した一九六四年当時は、ニュースを読むのは男性で、天気予報、生活情報や自治体のお知らせなどは女性ときまっていました。そして、新人研修で上司から言われた言葉は「お前たちアナウンサーは芸者と同じだ。ここは置屋だ」というもの。すべての意思決定は男性が行い『女性には政治や経済のことはわからない！』という決めつけで番組制作は行われていました。風邪を引いても〝はってでもこい〟が会社の言い分というなかで、労働組合の婦人部で生理休暇や女性の権利を主張して、働きつづけられる条件を勝ち取ろうと活動していました。

そして、六八年一〇月に結婚しますが、夫もアナウンサーのため、上司から「どっちが辞めるんだ？どっちも辞めないなら職場を変われ」と言われます。まだまだ、女性の結婚退職が普通の時代です。職場集会で「女なら会社を辞めるのはあたりまえじゃないの？」という意見が出る、「それでいいの？」と反論する、賛否両論が渦巻く集会が何度も開かれたといいます。

アナウンス部員が一致して部長に辞めさせないよう申し入れ、上層部もそれを認めて職場に残ることができたといいます。

第一子を妊娠した時、切迫流産で休暇を申請すると会社は認めず退職を強要してきます。労働組合は連日、団体交渉を開き、会社はクビ切りを断念しました。その後も昇格差別ともたたかい課長に昇格します。その後は女性部長も増え役員も出現しますが、在京キー局に女性の社長はまだ実現していません。[6]外からみると華やかで格好いい職業でもジェンダー差別とたたかってきた、また今でもたたかっている女性たちがいるのです。

③　報道機関のトップのなかの女性の割合

世界の報道機関で女性がトップにいる割合は二三％ですが、日本は二〇％（調査国はアメリカ、イギ

図表5　民放テレビ局の女性割合調査

在京局の女性割合

	日本テレビ	テレビ朝日	TBS	テレビ東京	フジテレビ	東京MX	平均
社員	15.8%	22.2%	21.8%	24.4%	25.7%	19.4%	21.3%
役員	0%	5.3%	4.5%	7.7%	0%	6.3%	4.6%
制作現場トップ	0%	0%	0%	0%	0%	0%	0%

在阪局の女性割合

	読売テレビ	朝日放送	毎日放送	テレビ大阪	関西テレビ	平均
社員	20.6%	21.7%	17.9%	22.8%	25.2%	21.6%
役員	5.9%	0%	0%	0%	0%	1.2%
制作現場トップ	0%	0%	0%	0%	0%	0%

2021年5月26日（水曜日）しんぶん赤旗

リス含む一〇〇か国）とのこと。ここでも日本は政策決定への女性の参画が遅れていることが顕著です。

民放労連女性協議会は二〇二一年五月二四日、民放テレビ局の女性割合調査の結果を発表しました。一二七社のうち七割を超える九一社で女性役員ゼロ、全国に番組を配信する在京・在阪テレビ局の制作現場トップにも女性はゼロという実態が明らかになりました(図表5のとおり)。

調査は全国一二七社を対象に二〇二〇年四月〜二一年三月の会社発表資料を組合の職場調査を合わせて明らかにしたものです。会社の役員総数一七九七人のうち女性は四〇人、わずか二・二%でした。女性の会長・社長はそれぞれ一社だけでした。女性役員ゼロは七一・七%の九一社、一人が三二社、二人が四社、三人以上のテレビ局はありませんでした。

女性社員比率は在京・在阪とも平均二割以上

ですが、役員になると在京が四・六％、在阪一・二％に落ち込み、日本テレビ、フジテレビ、朝日放送、毎日放送、テレビ大阪、関西テレビでゼロでした。また制作現場の報道部門、制作部門、情報政策部門の局長には女性がゼロでした。

民放労連女性協議会は二〇二〇年までに指導的地位の女性を三〇％程度にするという政府目標が達成できなかった要因として、政府自身が「固定的な性別役割分担意識や無意識の思い込み」があると認めたことを指摘するとともに、メディア内での不均衡が報道内容などに影響しており、社会全体の意識に波及していると問題視して、是正を求めています。

（3）映画監督など

①　監督は男の世界

アイスランド出身の音楽家ヒドゥル・グドナドッティルさんは二〇二〇年一月ゴールデングローブ賞作曲賞を女性で初めて単独受賞しました。

この賞はハリウッド外国人映画記者協会に所属する全員による投票で米国のテレビドラマと映画の優秀作品を選定するもので、一九四四年から始まり、毎年一月に発表され、のちに発表されるアカデミー賞を見据えた「前哨戦」とも目されているものです。彼女が作曲した映画「ジョーカー」（監督：トッドフィリップス）ではアカデミー賞作曲賞にノミネートされています。

彼女がアカデミー賞の九二年の歴史のなかでノミネートされた、五番目の女性作曲家だと知ってびっくりしました。映画や音楽など芸術、文化の世界にもセクハラをはじめ男性からの性被害や女性差別、女性の活躍を阻む「ガラスの天井」があったのでしょう。米国での#ＭｅＴｏｏ運動の成果ともいわれています。

今では世界的にも指揮者や演出家、映画監督などにも女性が進出し活躍しているのをみると嬉しくなりますね。

かつては映画製作でもっとも重要な地位にある監督は男性の仕事の世界とされてきました。日本での女性初の映画監督は坂根田鶴子さん（一九〇四～一九七五年）です。同志社女子専門学校英文科を中退。離婚を経て一九二九（昭和四）年に日活太秦《うずまさ》に入社し、溝口健二のアシスタントを務め三六年に映画監督になります。四〇年東京理化学映画株式会社に転職し、北海道での長期ロケを敢行し、文化映画「北（アイヌ）の同胞」を完成させます。ただ残念なことに、戦時中の四二年には満州映画協会で、満州開拓移民や中国人の女性、子どもを対象とした戦争プロパガンダ映画を撮っています。戦後四六年に日本に引き揚げて松竹下鴨撮影所に就職しましたが、監督業には戻れず、定年まで記録・編集係として勤務したといいます。

また、女優の田中絹代は戦後六〇年代には六本の長編劇映画を監督しています。

②　八〇年代からの女性監督

世界的にみると女性監督が群をなして登場するのは八〇年代になってからです。これには七六～八五年の国連婦人の十年が大きな力になっています。七九年に誕生したフランスのクレテーユ国際女性映画祭は女性監督に光をあてパイオニアの顕彰に努めました。九〇年代の初めにはまだ男性の一割にも満たないものの欧米先進国のみならず第三世界の国々も加えて八〇〇〇人を超す女性監督が活躍しています。

韓国映画界での女性の活躍も目覚ましいものがあります。二〇一九年には一九九四年の聖水大橋崩落事故を描いた「ハチドリ」が世界の映画祭で二七個の賞に輝いています。二〇年前に女性映画人が中心になって結成した「女性映画人の集い」は毎年「女性映画人賞授賞式」を開催しています。一九年の監督賞にはキム・ボラ監督が選ばれました。キム氏は「今年も釜山国際映画祭では女性監督の作品がたくさん上映されました。先輩たちが道をつくってきてくれた」と感謝を述べています。

韓国でも昔は数えるほどしか女性監督がいなかったのが、今は無数の監督がいます。その背景には全国映画学校が創設され、大学の映画関連学科や芸術総合学校が増えるなど映画を学びやすい環境ができたことで、九〇年代には一割程度しかいなかった女性は今は半分以上になっているといいます。

ひるがえって日本をみると、八五年に発足した東京国際映画祭国際女性映画週刊等により女性監督が輩出しつつあります。羽田澄子監督はキャリアと作品数において群を抜いています。

河瀬直美氏は奈良を拠点に映画を撮りつづけカンヌ映画祭をはじめ、各国の映画祭で多数の受賞をしています。奈良に立ち上げた「なら国際映画祭」を主催し、文化を次の世代につなげるための仕組みづくりを追求しています。河瀬さんは家族をテーマにして、その背景にはいつもやさしい自然と悠久の時が流れています。「養女として育ったので〝家族ってなんだろう?〟と常に考えながら生きてきた」といいます。「ひとり親でも再婚でも養子でも家族というのは血のつながりだけじゃない。自分たちでつくっていくものなのだということを見て感じていただけたらと思います」と話しています。

日本でも二〇一八年度、映画関係大学（学科）や専門学校に入学した女性の数は入学者の四〇%を占めるといいます。
しかし一九九九年から二〇一八年にかけて日本の大手映画会社で制作、配給した女性監督作品はわずか三％です。そこには「女がトップに来るのは抵抗がある」という男性の意識が反映しているからではないでしょうか。

（4）女性医師の今——医学部入試の女性差別

①　女性医師の現状と課題

二〇一八年私立の医科大学や医学部医学科の入試の女性差別が明るみになりました。ある医科大学では女子受験生の得点を一律に減点して女子合格者を抑えていたのです。その結果本来不合格であった男子を合格とし、本来合格であった女子が不合格とされたわけです。これは明らかに法の下の平等（憲法一四条）違反です。さらに医師になるには医科大学や医学部医学科に合格しなければ医師国家試験の受験資格がありません。その意味で、教育を受ける権利のみならず職業選択の自由（憲法二二条）も侵害しています。

公平であるべき入試試験でこのような女性差別がほぼ〝常識的〟に行われていたことは驚きです。

厚生労働省の調査では二〇一八（平成三〇）年一二月三一日現在の医師数は三二五五・四五二人で、うち女性医師は七一・七五八人で医師全体の二一・九％です（女性は前回平成二八年に比べて六・二％増加）。一九九六年には一三・三％、二〇〇〇年には一四・三％ですから、その割合は確実に増えています。とりわけ二九歳以下は三五・九％を占めます。めざましい進出です。しかも女子医学生を見ると大学や学年の半数を占めるところも多く、もはや男性だけの専門職とは言えなくなってきています。しかし、医師の世界は相変わらず「男社会」です。「男は仕事、女は家庭」という性別役割分担意識が根強く残っていて、女性医師は「子どもができたら（医師を続けることを）無理しなくてもいいよ。パートにしたら」とか「外科に女はいらない」などと上司の男性医師から言われて産後の復職や希望する診療所をあきらめるケースも珍しくないそうです。

女性差別問題の根っこには、医師の過酷な労働の実態もあります。病院の勤務医の週当たりの労働時間は男性の場合、平均で五七時間五九分。女性の場合、平均で五一時間三二分になります。一週間の労働時間が六〇時間を超える者は医師の四一・八％にのぼり、職種としては二位の自動車運転従事者、三位の生活衛生サービス従事者を抜いて一位になっています。また月平均三・二日の割合でまわってくる宿直がありますので、その一回あたりの拘束時間は平均で一五・二時間になります。このような労働実態が男性医師にとっても過酷で、休職・離職を余儀なくされることにつながります。

こうした医師の労働実態の改善が必要です。つまり子育てしながらも医師をつづけられる労働条件・現場の整備が必要なのです。複数主治医体制の導入、早朝、夜間でも利用可能な院内保育所設備、職場を一時離れても最新の知識や技術を習得できる研修・実習制度の導入等々です。

日本では医師は男性の職業と考えられてきましたが、海外ではラトビア、エストニア、リトアニアのバルト三国では女性医師の割合は約七割となっています。このことからも医師に向いているのは男性という固定観念は捨てるべきです。

日本でも女性医師は「親近感があって相談しやすい」という声もよく聞かれます。女性だからという偏見をなくし、出産・育児などのハンデもあるけれどもその体験を治療に生かせる職業にしていく条件整備・改善が不可欠ではないでしょうか。

② 医学部入試の女性差別

前述した医学部入試の女性差別に対し医学部元受験生たちは大学に損害賠償を求めて裁判をたたかっています。

その一人三浦さくらさん（仮名、受験当時二〇代）は一八年度の不正入試で、東京医科大学、昭和大学、順天堂大学に不合格とされました。翌年関東近郊の医大に合格し、いま二年生です。

三浦さんが不正によって落ちたことを各大学から知らされたのは、一九年度受験の最中でした。東医と昭和大は、得点調整後も合格圏内だったにもかかわらずです。三浦さんは「これほど露骨な女性差別があるなんて。なぜ女性に生まれただけでこんな悲しい思いをするのか。しばらく勉強が手につきませんでした」といいます。市民の抗議デモを知った時はうれしくて予備校の自習室で泣いたそうです。

また（私には）〝医師になる素質がないのでは〟と落胆したとも。しかし大学側は「厳しい労働環境でも長く活躍する人材を確保したい」（東医）「若年者を配慮するのは合理性がある」（昭和大）「むしろ正当かつ妥当な方法だった」（順天堂）などと主張しています。さらに大学側は問題発覚後、世間から強く批判されたこともあって第三者委員会を設置し受験料を返還したりしました。しかし裁判では差別入試は「大学の自治の裁量で違法ではない」と開き直っているのです。大学の裁量は、憲法や法律に違反しないことが大前提のはずでとうてい許されることではありません。

二〇〇六〜一八年度に医学部を受験した女性たち二八人が東京医科大学に損害賠償を求めた訴訟で、二〇二〇年九月九日、東京地裁で原告勝訴の判決がありました。判決では「性別による差別を禁じた教育基本法と憲法の趣旨に反し、原告が自らの意思で受験校を選ぶ自由を侵害した」として、受験費用や慰謝料を賠償するよう大学に命じました。判決は「精神的苦痛は合否への影響にかかわらず、必ずしも小さいものとは言えない」と指摘しています。ただ、慰謝料は受験一年度について原則二〇万円が相当としました。合格していたか合格していた可能性があった四人については一〇〇万〜一五〇万円を加えました。医学部の不正入試は二〇一八年文部科学省と東京医科大学が舞台となった汚職事件をきっかけに複数の大学で発覚して提訴が相次いだものです。同年五月に順天堂大学の元受験生が起こした裁判の判決では、慰謝料は受験生一年度あたり三〇万円とされたことなどと合わせ考えると、慰謝料の額があまりにも低いのにびっくりします。原告側が求めていた慰謝料は、一人あたり一年度二〇〇万円、本来なら合格かその可能性があった人へはさらに五〇〇万円でしたが、判決で出された金額はジェンダー不平等に対する裁判所の評価がそれほど〝厳しくない〟と感じさせてしまう金額であったことに納得できないものがありますね。

全国の大学医学部、医科大学の男女別の合格率が公表されましたが、男女の合格率の差は二〇二〇年は一九年よりも大きくなっており差別が解消されたとは考えづらい状況にあります。男女別の合格率の公表とともに男女の科目別の成績公表など徹底した実態調査と情報公開を行い、再発防止をはかるべきでしょう。

(5) 司法分野における女性

① 概観

司法分野での女性をみてみると、前述したように戦前は裁判官・検察官は女性はなれなかったし、弁護士も一九四〇年に三人の女性弁護士が誕生したのが最初です(戦後になっても一九六〇年は四六人、一九六九年には一八〇人という程度です)。

一九七六(昭和五一)年でも、女性の裁判官の割合は二・七%、女性検察官の割合は一・七%、弁護士のそれは三・二%ときわめて少数でした。しかしその後着実に増加をつづけ、女性裁判官は二二・六%(二〇一九(令和元)年一二月現在)、検察官は二五・四%(二〇二〇(令和二)年三月三一日現在)、弁護士が一九・一%(二〇二〇(令和二)年九月三〇日現在)となっています。

司法試験合格者に占める女性の割合は一九九二(平成四)年以降はおおむね二~三割で推移していて、二〇二〇(令和二)年は二五・三%でした。なお、法曹養成に特化した教育を行う法科大学院(ロースクール)では、二〇二〇(令和二)年時点で女子学生が三四・〇%と三割以上を占めています(以上令和二年度男女共同参画白書より)。

② 企業内弁護士に女性が多いのは?

前述のように、近年は司法分野での女性の割合は裁判官、検察官で高く弁護士のそれは低いのです。

ちなみに女性弁護士は二〇二二年九月時点で八六二二名で全弁護士四万四〇五六名のうち一九・六%で

す。なぜなのでしょうか。

裁判官、検察官に比べて女性割合が低いのは、前者は特別公務員として、産休や育休の保障があるのに比べ、弁護士の場合は、基本的に自営業者なので、そのような保障がないことにもよると思われます。そして、勤務弁護士の場合も、法律事務所自体が規模が中小、零細のため、産休・育休の保障もなく、労働時間も長いという実情があるからでしょうか。

さらに、弁護士の場合、法律事務所就職時の、性別を理由にした差別的扱いが残念ながら未だにあるのです。

日本弁護士連合会（日弁連）が二〇二〇年度に実施した「第七二期の弁護士就業状況に関する調査」（七二期とは司法試験を合格し司法研修所に入ったときの期をいう）によると、法律事務所への就職活動の際に「性別を理由に『採用しづらい』」趣旨の発言を受けた事例が回答した女性の一六％に及びました。その理由としては「産休・育休をあげられない」「子育てで仕事に穴を開けるようでは困る」「女性は産休・育休を取得し早期に辞めてしまうから」等々でした。

そうしたなかで最近は企業内弁護士といって、会社に雇われる社員としての弁護士が増えているのです。社員であれば産休・育休も保障されるからでしょうか。

二〇二〇年六月時点で二六二九名が企業内弁護士として働いています。二〇〇五年には一二三名でしたから約二〇倍になっています。このうち女性弁護士は一〇六九名で、企業内弁護士のうち四〇・七％を占めています。企業内弁護士を選択する比率は圧倒的に女性が多いのです。もちろん、より新しい分野に挑戦する方も多いと思いますが、一方でワーク・ライフ・バランスという理由もあると思われます。

つまり弁護士という専門職で自由業という女性の職業としてはエリート中のエリートといえる職業においても、家庭をもち子どもをもって働きつづけるには一般女性労働者と同様な負担があるのです。

③　日本弁護士連合会（日弁連）の男女共同参画の取組み

政府の男女共同参画基本計画はもとより、二〇一六年三月の国連女性差別撤廃委員会の総括所見でも、司法分野への女性の参画拡大について、女性比率三〇％の目標が具体的に要請されています。

(i) 司法アクセスと弁護士の女性割合をあげることの関係

司法は民主主義社会の発展にとっては不可欠なインフラで、社会に女性が半数いる以上、本来であれば弁護士人口も社会での男女比と同程度であるべきです。しかし二〇一三年に一七・七％であった弁護士に占める女性割合は現在も一九・一％（二〇二〇年）にとどまっています。司法試験合格者に占める女性割合は減少傾向にすらあります（二〇一二年度二五・九％、二〇一六年度二三・四％、二〇一七年度二〇・四一％）。法科大学院生に占める女性割合も大きくは増加しておらず、三割弱（二〇一二年度二七・六％、二〇一六年度二九・三％）にとどまっています。

このようななかで、日弁連としては弁護士に占める女性割合の拡大を女性弁護士の自然増を待つのではなく、日弁連全体で一丸となって取り組む必要があると位置づけ、男女共同参画推進本部を設け取り組んでいます。また出産や育児、配偶者の留学、転勤等家庭の事情により弁護士登録を取り消す弁護士会員は男性より女性の方が多いことも考え、女性弁護士の離職を減らす努力を求められているとしています。

さらに今後一〇年の行動計画のなかに「女性弁護士に対する法律相談ニーズに対応できる態勢の整備」や「地方裁判所支部管内において、女性弁護士がゼロである地域を減らし、最終的には解消するための取り組み」を掲げています。しかし一時は五九か所（二〇一三年一二月三一日現在）まで減った女性弁護士ゼロ支部は、近年むしろ増加しており、二〇一七年一月一日現在で六一か所となっているとのことです。市民に身近な司法、そして人口の男女比が約半々という現状に鑑みるとき、女性弁護士ゼロ支部をなくすことも、わが国全体のジェンダー平等を実現していくうえできわめて重要なことだと改めて感じています。

（ii）収入と所得、業務に関する男女弁護士間の格差等

第六八期弁護士の就業状況に関する調査結果について（男女別）によると「すべての収入から経費（事件費用、事務所経費等）を除いた月平均額について総合的に見れば、男性より女性の方が比較的低い傾向があるように思われる」と分析されています。また、女性会員の売上げ合計の平均値は、男性会員の五六％（中央値では五三％）で所得合計額の平均値では、女性会員は男性会員の六三％（中央値では七二％）でした（二〇一〇年日弁連「弁護士業務の経済的基盤に関する実態調査」）。男女間の差は徐々に縮小しているが、経験年数を同じくしての二〇一〇年の調査でもやはり、収入に関して男女間での格差の存在を否定できないようです。

そして、二〇一七年九月一五日現在で、戸籍上の氏名以外の「職務上の氏名」（弁護士登録は通称でも可能）の届出をしている会員は二八八六人であるが、うち約八七％の二五一六人が女性会員であった。これは女性会員総数七二四二人の約三五％であり、女性会員の三人に一人は「職務上の氏名」を使用し

ていることになります。「職務上の氏名」での業務は、最近は改善が図られてはいるものの、未だに裁判所等には戸籍謄本の提出を要請されたり、困難が伴っていますので、これも女性会員の業務の障壁になっているのです。選択的夫婦別姓の法制化は女性弁護士にとっても切実な課題といえます。

さらには、前述した「ワーク・ライフ・バランス」「仕事と子育ての両立」は男女を問わず、弁護士にとっても大事な課題であるとともに、社会全体や組織全体で取り組むべき課題であることを啓発、啓発、そして両立支援を進めることを日弁連の方針として明確にしています。(クオータ制の取組みについては後述します)。

④　私の女性弁護士としての半生約五〇年をふりかえって

私は一九六九年に弁護士になりましたから弁護士歴五〇年以上となります。何年か前に女性労働問題研究会の会報第六〇号に寄せた文章があるので以下その一部を抜粋して掲載させていただきます。

＊　＊　＊

私は自然な流れで一九六九年四月、三多摩法律事務所に入所することになった。

三多摩法律事務所は一九六七年の創立であり、私の入所当時、四人の弁護士に私ともう一人の同期の弁護士二人が加わって六人の体制になったが、女性弁護士としては私が初めてであった。当時、自由法曹団系の民主的法律事務所でも女性弁護士を採用するには躊躇があった。まだまだ女性弁護士は少数。毎年の司法試験合格者約五〇〇名の中、女性は二〇人前後の人数であった。私の期（二一期）はとくに少なく一八人で、一〇クラスの中一人しかいないクラスも二組あり、あとは五〇人中二人という状況で全国的にも女性弁護士は二〇〇名足らずであった。

だから、女性弁護士を採用するにあたって「扱い方が分からない」あるいは「結婚したら辞めるんじゃないか」「労働条件などハードな事件は任せられない」等々の未経験ゆえの危惧もあったのかもしれない。

私は弁護士となったものの、弁護士としては三つのハンディを味わうことになる。女性であること、年が若い（二四歳、独身）こと、小柄であること。つまり、当時の弁護士像としては、男で相応の年齢で恰幅もよく、いかにも頼りがいがあるといったイメージであったが、私はいずれにも合致せず、どう見ても弁護士に見られなかったからである。しょっちゅう「あんた本当に弁護士か！」「女性は頼りないので、男性弁護士に替えてくれ」などと言われた。

しかし、こういった「偏見」は、実際の活動でいくらでも覆せた。同期の男性弁護士と比較しても対等に活動できていた。そうはいかなくなるのが、結婚・出産・育児であった。

結婚して子育て──半人前弁護士

結婚はそう簡単ではなかった。なにしろ、私は先に述べたように三姉妹の長女、戦前なら婿をとる立場。夫は長男で一人っ子。しかも、戦争未亡人である母が戦後再婚もせず育てた。これも家を継ぐ立場にあり、とうてい婿になることが許されない。もちろん私たちの結婚は新憲法下であるから「戸主」の同意とか親の同意がなくとも「両性の合意のみに基づいて」婚姻届を出せば成立する（憲法二四条一項）。しかし、当時はまだ親の反対があったとき結婚式も挙げず婚姻届を出せばいいという意見は多数派ではなかった。

私の性格、人格とは関係なく大反対されたのが悔しかった。「家」制度は戦後も長らく人々の意識をしばり続けていたのだ。

それでも夫は母子の縁を切る決意をもって私との結婚に踏み切ってくれたので、私たちは一九七〇年一一月、同期の弁護士仲間や双方の所属事務所の所員のみなさんの方々が「結婚を祝う実行委員会」をつくって下さり、会員制の人前結婚式を挙げた。

私たちは、結婚してもともに所属事務所を変えなかった。住居は私の事務所に近い立川とし、夫が一時間以上をかけて川崎にある川崎合同法律事務所まで通った。

第一子（長女）の出産は一九七二年八月。妊娠中は悪阻《つわり》もひどく切迫流産で入院もした。第二子（二女）の出産は一九七三年一一月。この子のときも切迫流産で自宅安静を医者に命じられた。そして第一子、第二子の間に一回流産している。まさに、働く女性が妊娠しても働き続ける困難さを身をもって感じた。それが女性労働者の権利を一生のテーマとして手がけたいと決意した大きな動機である。二人の子どもを育てながらの弁護士活動はどうしても制約がある。法廷は一応午後五時までだが、和解が長引き保育所の迎えの時間に間に合わない。夜の打ち合わせもできない。しかも民主的法律事務所として労働事件や刑事の弾圧事件もあり、さらに地域の各種運動にも関わるということになると、ますます活動範囲が狭まってしまう。そんな時期、私は日本婦人法律家協会（現　日本女性法律家協会）の会報に

「半人前弁護士」という短文を寄せている。弁護士としても半人前、母親としても半人前という実情を綴ったものだが、この短文が婦人法律家の中で大きな反響を呼んだ。先輩弁護士からみると、保育所に預けて働くのが信じられない、仕事を続けるには「住み込みのいいお手伝いさんが必要よ」とも言われた時代である。あるいは子育てを重視して一時弁護士の仕事はやめて、家裁の調停委員などを細々やっていればいいんじゃないか等々の論議をよんだのである。「子どもなんか産まなきゃよかった」と本気で思ったりもした。

子育て体験のメリット

しかし、ある時、所属事務所のある先輩弁護士から「杉井さんは産休をとる度に元気になるね」と言われてはっと気がついた。産休は、仕事一筋できた心身を休めることができる充電期間であること、そう考えると決してデメリットだけではなくメリットでもあったのだと。

そして何よりも出産、子育ての体験が仕事の面でも生きた。ふつうの民事事件のお客さんとも子どものことを話題にでき、雑談から人間的にも信頼されるようにもなった。同時に、女性ならではの「親切、ていねい、真面目」を生かして信頼を得る努力もした。同僚弁護士に「ふつうのおばさん弁護士」といわれたのは賛辞と思っている。

えい児（ゼロ歳児）殺人事件の母親の弁護活動にも出産経験が生き、執行猶予の判決を得ることができた。

私は第三子（長男）を一九八〇年に出産するが、その頃は弁護士になってから一〇年を過ぎていた。

一〇年の経験は大きく、産休をとって若干の期間ブランクがあっても、依頼者との信頼関係はくずれず「やっぱり杉井先生の方がいい」と言ってくれた。「お客が逃げる」ことはなくなっていた。また通いのお手伝いさんに来てもらい、家事の負担が減り、夜も九時頃までは家に居てもらえたこともあって、仕事にも全力投球できることになった。

一九八〇年代はいわゆる「悪法ラッシュ」（警察拘禁二法、刑法改悪、少年法改悪等）と言われるように、憲法や民主主義を破壊する諸立法が次々と国会に上程され、私たち自由法曹団所属の法律事務所は、これらの反対運動に追われた。

とりわけ国家秘密法案については、国会に上程された一九八五年、私は三多摩法律事務所の代表者（運営委員会議長）になっていたが、この年一一月一三日三多摩地域の労働組合、民主団体に呼びかけ、実行委員会をつくり「三多摩市民大集会」を企画し、小金井公会堂を約一〇〇〇名の参加者で埋め尽くした。

その力で、国会要請行動や意見広告運動を活発に行い、法案は廃案となった。しかし、若干の修正をした上で、再上程する動きが出てきたので、一九八七年には立川市民会館の大ホールで「国家秘密法を裁く三多摩市民法廷」を開き、約一七〇〇名の参加を得て大成功に終わった。国家秘密法案阻止の運動は日弁連あげての取り組みとなり、息の根を止めたかに見えたが第二次安倍内閣の下で二〇一三年に特定秘密法として再浮上し、幅広い国民の反対運動にも関わらず強行成立させられてしまったのは痛恨の極みである。

悪法のモグラたたきから政治の革新を求める道へ

私は、三多摩法律事務所には二〇〇〇年三月まで三一年間在籍した（この年四月杉井法律事務所を設立）。東京都の区部を除く、西部の地域、すなわち三多摩地域は、私が入所した当時は、まだ北多摩郡、南多摩郡、西多摩郡があったので「三多摩」といった。しかし、そのうち前三者はなくなり（町は市に昇格）、今や西多摩郡（三町一村）しか存在しない。だから「多摩地域」と言われるようになった。

この地域は区部とは異なる歴史と文化をもつ。地方自治体数は、二六市三町一村で三〇を数えるが、いずれも小規模である。そのため、いろいろな運動を地域でやりながらも、三多摩全体での集会をもって経験交流をしながら運動を盛り上げる「三多摩」規模の運動が要請され、三多摩法律事務所は、悪法反対、憲法を守る運動のセンター法律事務所としての役割を担い、私もその一員として活動してきたのであった。

弁護士会活動

もう一足のわらじは、弁護士会での活動である。弁護士会は、弁護士会に加入しなければ弁護士活動ができない強制加入の団体である。だから、思想、信条はさまざまで、支持政党も自民党から共産党までである。その中での活動は、いわば他流試合であり、自由法曹団や民主団体内では通用することでも、一から丁寧に議論し、合意形成しなければならない。

若い頃は、日弁連の女性の権利に関する委員会の委員（後に委員長も務める）として活動し、一九九〇年には第二東京弁護士会に女性の権利に関する委員会がないので、女性弁護士仲間と会内の主だった弁護士の署名をとって回って「両性の平等委員会」を設置させることができた。

この委員会の、副委員長としての私の初仕事として、一九九一年に「セクハラ一一〇番」を実施した。「セクハラ」という言葉は、この年の流行語大賞に選ばれるほど、この取り組みはセクハラについて世論を喚起した。そのお陰でテレビ出演なども多くあった。その後も委員会では「セクハラ防止法案大綱」などを提案した。その後、一九九九年には男女雇用機会均等法が改正され、事業主にセクハラ防止義務を課す規定ができたときは、本当に嬉しかった。

これら委員会活動の積み重ねの上に、一九九二年には第二東京弁護士会の副委員長に就任した。初めての女性副会長であった。第二東京弁護士会では、その後も女性の副会長がコンスタントに誕生するようになり、二〇一四年には副会長六人中二人の女性副会長のクオータ制が実現した。「道」は最初の一歩から始まることを思えば、それなりの役割を果たしたかなと思っている。

日弁連の常務理事には二回なっている。これも七〇数人中女性は二名であった。そんな活動の延長線上で、二〇〇五年には関東弁護士連合会（以下、関弁連という）の理事長になった。関弁連は東京高等裁判所管内の弁護士会の連合会で、東京の三弁護士会に、関東の各県、それに山梨、新潟、静岡までの一〇県の弁護士会の連合会で、全国の弁護士の約六割を擁する、全国に八つある弁護士連合会の中で最大規模のものであった。理事長としては女性初であった。

どこに行っても白髪のまじる副理事長が理事長とみられ、私は副理事長とみられることや、関弁連理事長宛に来る文書の封筒の中に「理事長様、御令室様」と書き添えられているのを発見したときは、団体の長＝男という固定観念が根強くあることを実感させられた。

関弁連理事長のときは、すでに三多摩法律事務所から独立し、杉井法律事務所を設立した（二〇〇〇年）後であったので、日常業務との両立は大変であった。

ひめしゃら法律事務所の開設

私は二〇〇九年に夫と共にひめしゃら法律事務所を開設した。この時、夫は六五歳を過ぎ、私は六五歳寸前であった。裁判官の定年は六五歳であるから、本来なら、もう「引退」してもよい歳であった。しかし、司法制度改革の下で、大量に増員された弁護士（司法試験合格者の大幅増によって大幅に増加したのは、弁護士のみで、裁判官、検察官はそう大幅には増員されていない）の就職難という問題も出てきていた中で、若手弁護士の養成という役割の一端を少しでも担えればよいとの決断であった。

二〇一四年には、設立五周年のつどいを開き、多くの方々に祝っていただいた。五年の間に司法支援センター（通称：法テラス）のスタッフ弁護士である四人の弁護士を、それぞれ一年間養成し、地方の弁護士過疎地に送り出してきた。現在、客員弁護士を含めると、弁護士一〇人の体制になり、多摩地域では大きい事務所の一つになっている。できるだけ若手に事務所経営を任せていきたいと思っているが、七一歳の今でも数多くの事件（主として離婚等の家事事件）を受任し、書面も書き、法廷にも行く現役の弁護士である。

「私の七〇年弁護活動というより社会運動？」（女性労働研究第六〇号）

＊　＊　＊

3　女性が働きつづけるためにたたかった先輩たち

（1）定年での差別など

①　結婚退職制、若年定年制に抗して

戦後、経済の激変、物価高のなかで働かざるをえない女性、そして、男女平等教育のなかで自立して職業をもって働くことを求める女性たちも激増します。そして、労働組合の急成長のなかで、女性たちは婦人部をつくり労働組合運動に参加していきます。

しかし、企業や財界は、女性労働者を結婚前の「腰かけ」としてしかみない。結婚後は、家庭内で夫を支える専業主婦となるライフコースを押しつけます。

一九六〇年代からの高度経済成長のなかで、結婚しても、出産しても働きつづける女性が増えるにつれ、これまで「結婚したら退職する」「二五歳になったら退職する」といった職場での慣習や入社時にその旨の念書を書かせられ職場を去っていったたくさんの女性たちがいました。しかし勇気をもって結婚退職制や女性だけの若年定年制は違法だと裁判闘争に立ち上がる女性が出てきます。

たとえば住友セメントの鈴木節子さんです。新婚旅行から帰った鈴木さんに会社は退職を迫ります。しかし、男性は結婚しても働きつづけられるのに、どうして女性は結婚したら退職しなければいけないのか、鈴木さんにはどうしても納得がいきません。その素朴な思いは多くの女性の共感を呼び「鈴木さんを守る会」が結成され裁判闘争を支援します。そして一九六六年一二月二〇日、日本で初めての「結

婚退職制は違憲・無効」という判決が東京地方裁判所から出されます。

鈴木さんの裁判の最大の手がかりは憲法でした。憲法二七条は「すべての国民は、勤労の権利を有し、義務を負う」と定め、「すべての国民」のなかには当然ながら女性も含まれます。結婚退職制は、女性についてだけ「結婚したら仕事をやめるか」（退職）を迫り、仕事をつづけたい女性は、結婚しないことを選ばせるわけです。判決は、「働く権利」か「結婚の自由か」と選択を迫る。これは憲法二四条に規定する女性に対する差別で「法の下の平等」に反すると同時に結婚の自由を制限するものとしたうえで、会社が結婚退職を迫るのは、民法九〇条にいう「公序良俗」に違反するので無効としたのです。

憲法の「両性の平等」「個人の尊厳」は、まだまだ「社会通念」として定着していなかった時代に、裁判という場を通じて結婚退職制が民法九〇条のいう「公の秩序、善良の風俗（略して公序良俗）」に反するとされ、「公序良俗」違反として「無効」と判断したのです。民法九〇条の規定は戦前から存在しましたが、戦前では女性差別は民法はじめ各種の法律上、いわばあたりまえにあったわけで、女性差別が「公序良俗」になったのは、前述したように憲法にもとづいて女性差別をなくすさまざまな法律の改正があり、法的には女性差別は通用しないことになったからにほかなりません。

憲法の男女平等原則は施行から約二〇年にして労働法の分野でようやく「社会通念」として裁判所に認められたのです。

そしてその後も女性の働く権利に対するさまざまな差別も憲法をよりどころに裁判闘争のなかで「違法である」ことが確立していきます。

戦後つくられた労働基準法では、男女の賃金差別は禁止しますが、その他雇用上の男女差別については明確な禁止規定がなかったのですが、住友セメント事件が先駆けとなり、女子だけに若年（二五歳とか三〇歳とかの年齢で）定年を設ける制度や男女差別定年制についても無効とする判決が相次ぎます。

② 男女差別定年制をなくさせる

日産自動車事件では、女性の定年を男性の定年と五歳低く設定した差別定年を無効とする最高裁判決（一九八一（昭和五六）年三月二四日）が出ます。判決は「労働条件において合理的な理由なく女性であることを理由に差別的に取り扱うことは民法九〇条の公序に反して無効である」と判断し、それが判例法理として確立したのです。原告の中本ミヨさんが「一歳の差は一切の差に通じる」との合言葉で繰り広げた運動の勝利でした。

中本さんは書いています。「〝女も人間。人間らしく生きたいといういたって素朴な願望からでした〟[7]」と「女らしく」「女の子らしく」も大変ひっかかる言葉でした。その内容が男の子だったら問題にもならないことを禁じられるのです。女に生まれたのは自分のせいではないという反発でした。戦争中はとくにひどくなり、友人たちと〝女は兵隊を産む道具じゃない〟とか「前線」と「銃後」の差別論など、今考えると他愛のない議論もしました。

それにしても、何の恨みもないのに殺し合いに行かされる男性も、戦地に行くことが決まった男性と本人の意思にかかわりなく急遽結婚させられる女性も、ともに哀れに思えてなりませんでした。おぞましい言葉ですが、こうした結婚を「種つけ」などと言っているのを聞きました。適齢期を過ぎても結婚しない女は「非国民」と言われかねない雰囲気さえありました。

これは戦前そして戦中の男女の関係を見事に言い当てているのではないでしょうか。そして中本さんはつづけます。

「敗戦によって、こうした暗雲も一気に吹き飛び、女性も人間として認められたと喜んだ戦後の一時期、しかし事はそんなに簡単には進まなかったわけです」。

最初、レッドパージ的に解雇されてから約三〇年という日々をたたかいぬいた中本さん。最後の「真の平等とはどんな社会、どんな人間関係なのでしょうか。若い世代の英知と実践に大きな期待を寄せたと思います」と、結んでいます。

もうひとつ私の心を打つ中本さんの言葉があります。

〝労働運動のなかで敵に勝つということは、味方のなかの敵の思想に勝って多数派となり統一すること。団結の中身は「なれあい」からは生まれない。味方のなかの敵の思想に勝ったとき敵にも勝つのだ〟という東京地評の市毛良昌組織部長の言葉を紹介しています。「味方のなかの敵」は労働運動のなかにも存在した女性差別的な考え（すなわち「女の本領は家庭であって、働き続ける必要はない」というったもの）について、男性との間で真剣で腹におちる討論と対話が必要だったことを意味します。

（2）働く女性の今（概観）

女性の労働力人口は、コロナ禍の前までは年々確実に増加し、二〇一九（令和元）年の労働人口総数に占める女性の割合は四四・四％となっています。また、女性の労働力率（一五歳以上人口に占める労働力人口の割合）は五三・三％（男性七一・四％）になっています。女性雇用者は雇用者全体の四五・

図表6　女性の年齢別労働力率の推移

M字型は年々浅くなっているものの、女性の就労をめぐる状況が改善されたとはいいがたい。

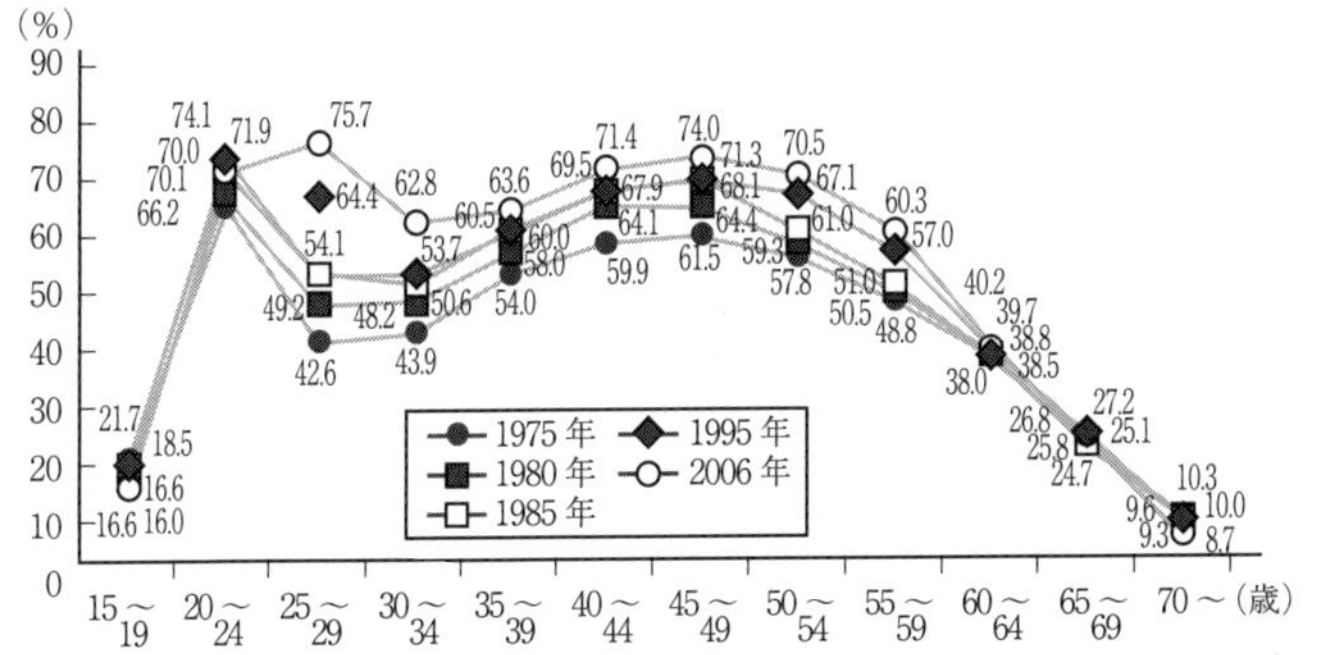

総務省「労働力調査」より作成　内閣府「男女共同参画白書　平成19年版」より

三％です。いずれにしても、働く女性は働く者の半数に近づいています。ただ短時間雇用者（週三五時間未満）に占める女性の割合は六七・二％と依然として高いのが実状です。

そして、女性雇用者でもっとも多いのは、「医療、福祉」の六二五万人、「卸売業、小売業」の五一九万人ということで、コロナ禍でもっとも影響を受けた職種といえます。

女性の労働力率を年齢階層別にみると（図表6）、「二五～二九歳」（八五・一％）と「四五～四九歳」（八一・四％）を左右のピークとし、「三五～三九歳」（七六・七％）を底とするM字型カーブを依然として描いています。しかし一〇年前の平成二一年と比較すると、すべての年齢階層で労働力率は上昇しており、グラフ全体の形はM字型から台形に近づきつつはありますが、北欧諸国のような台形にはなっていません。やはり、子育て期間は仕事をやめている女性が多いのです。

雇用者数に占める女性比率が五割以上の産業は「医

療・福祉」（七六・八％）「宿泊業・飲食サービス業」（六四・三％）「生活関連サービス業・娯楽業」（六一・二％）となっています。

女性雇用者総数に占める割合（役員を除く）は「正規の職員・従業員」四四・〇％に対し「非正規の職員・従業員」五六・〇％と、非正規の人が多くなっていて、男性の正規が七八％に対し、非正規二二％と、正規の方が多いのと対照的です。女性は、非正規でいつでもクビを切ることができて、家庭に戻れる労働力として位置づけられていることがわかります。

平均勤務年数でみると、正社員、正職員の女性は一〇・四年で男性は一四・二年で、女性の勤続年数もずいぶんと男性に近づきました。正社員、正職員以外の女性も七・七年で男性の一〇・五年と相当接近してきています。

令和元年の一般労働者の所定内給与額は、女性が二五万一〇〇〇円、男性は三三万八〇〇〇円となっていて、男女間の賃金格差は男性と一〇〇とした場合、女性は七四・三で、依然として格差があります。この格差は、役職の違いによる影響が九・五ともっとも大きく、その他勤続年数の違いによる影響も四・一と大きくなっていますが、年齢（〇・六）、学歴（〇・三）、労働時間（一・八）の違いはそれほど大きくはありません。核家族共働き世帯の妻の勤め先収入は、実収入に占める割合は二五・〇％であり、家計の四分の一を占めます。家計にとって妻の収入は欠かせない実情で、妻も家計を支えていることははっきりしています。

短時間雇用者数は、女性は一二四三万人、男性は六〇六万人で、女性の割合は六七・二％を占めます。男性の一日あたりの実労働時間数は五・四時間ですが、女性のそれは五・三時間で、労働時間としてもほとんど変わりません。しかし、一時間あたりの所定内給与は、男性一〇〇とした場合の女性は九三・四と依然として男女格差がある実態は変わっていません。

4　賃金差別を是正させるたたかい

(1)　裁判闘争など

①　男女別賃金表

日本は同一労働同一賃金の原則にかかわるILO一〇〇号条約を一九六七年に批准しています。しかし、男女の賃金差別を禁ずる労働基準法四条はあるものの、どのような場合が男女の賃金差別にあたるかについて法律上は明確にされていません。そこで賃金差別を訴える訴訟も数多く起こされました。

秋田相互銀行では、初任給は男女同一ですが、二六歳からA表とB表の二つの賃金表を適用し、実際には男性にはA表を、女性にはB表を適用していたため、男女で賃金格差が生じていました。七人の女性が裁判を起こしました。日本で初めての男女賃金差別を争った事件でした。秋田地裁は、一九七五年四月一〇日、労基法四条に違反するとの判断をし、差額賃金の支払いを命じました。

その後も、賃金差別の事件は、日ソ図書事件（東京地裁一九九二年八月二七日判決）では、「質と量において同等」にもかかわらず、初任給の格差を是正せずに放置したのは、労基法四条違反との判決が下っています。

② コース別賃金

男女雇用機会均等法施行前後に、男女別の雇用管理制度を改めて導入されたコース別人事制度について、均等法施行前に入社して低い賃金の一般職とされた女性労働者がこれを違法として提訴する事件が相次ぎました。というのも、企業は均等法施行を前にして、男女別賃金は許されないことからコース別（つまり性別による差別などはなく、仕事の内容による差別なのだと言いのがれできるように）賃金体系を変えてきました。

多くの事件で均等法が施行された九九年までは、コース別賃金は違法ではないとの判決が出されますが、東京の兼松事件では、東京高裁で原告六名のうち四名について職務に同質性のある入社八年目の男性との間ですら相当な賃金格差があることに、合理的な理由が認められないとして不法行為を認め、原告勝訴の判決となりました。

個々の裁判では、敗訴もしましたが、裁判に訴えた女性たちのたたかいは、均等法の募集、採用、配置、昇進について、努力義務から差別禁止規定に改定をさせるのに大きな役割を果たしました。そして、〇六年六月「コース等で区分した雇用管理についての留意事項」、一三年二月「コース等で区分した雇用管理を行うにあたって事業主が留意すべき事項に関する指針」などの指針や通達などが出されることになり、コース別人事制度への企業の指導が行われる成果にも結びつきました。

③ 昇進昇格差別

さらに昇進、昇格差別の是正を求めて、鈴鹿市役所事件、社会保険診療報酬支払基金事件、芝信用金庫事件などが提訴されました。芝信用金庫の事件では東京地裁および東京高裁の判決では、昇格の有無が賃金の多寡を直接左右するものであり、資格と職位が峻別されている場合には、昇格に関する差別は賃金差別と同一視できるとして、昇格したと同一の効果として、課長職の地位を認めました。昇格した地位を認めた唯一の判例といえます。

④　家族手当等の是正

岩手銀行事件は、夫婦が共に会社に就業している場合、家族手当の支給対象を「世帯主」として、配偶者の年間収入が被扶養の限度額を超える場合には「夫たる行員」と定めて、結果的には女性には家族手当が支給されないことになっていました。これについて、盛岡地裁の一九八五（昭和六〇）年三月二八日の判決は、「夫たる行員」と定めているのは合理性を欠いて違法と判断しました。

次に、私が担当した日産自動車事件をご紹介します。もともとは、男性には一律に支給されるのに、女性の場合は家族手当は「夫が不具廃疾」（つまり病気や障害のために働けない）の場合のみ支給するという規定があったのですが、これは女性差別だと、労働組合の女性部が反対して、この規定を削除させました。しかし、その後会社は規定を一方的に「世帯主に支給する」に変えてしまいました。これだと女性の場合、世帯主であることは少ないので、家族手当は支給されません。そこで、三人の女性が世帯主を夫から自分に変えて申請しました。それでも支給されません。そこで裁判を起こして支給を求めました。裁判のなかで会社側は、「世帯主」とは住民票上の世帯主ではなく、生計の主たる担い手（収入の多い方）と会社が認めたものであると主張しました。そして、東京地裁の判決（一九八九（平成元）年一月二六日）は、家族手当の分割申請を認めない会社の支給方式のもとでは、家族手当受給者を「世帯主」とする規定および収入の多い者とする運用は、不合理とはいえず女性差別にあたらないというものでした。しかし、東京高裁では、妻より少ない収入を得ている男性が家族手当を受給していることを立証するため、次々と証言に立ってくれました。そして九〇年八月、世帯主条項を廃止して「男女の別なく実際に扶養している従業員に支給する」と、就業規則を改めさせる和解を勝ち取りました。

この事件を通じて、私は会社側の代理人が、原告の夫である証人に向かって、「お宅の表札は（夫または妻の）どっちが先に書かれているか」などと質問したこと、そして証人は「（夫婦）並べて書いています」とかわしたことを鮮明に覚えています。

弁護士ともあろうものが、その質問で夫が主で妻が従であたりまえという答えを引き出そうとしたことに腹が立ったものでした。

住民票上の「世帯主」の大部分が夫である現状のもとで、「世帯主」条項は、性に中立的にみえても、結果的には女性を差別するものになることを裁判で明らかにし、「世帯主条項」を廃止させた意味は大きかったと思います。

今でも、家族手当だけでなく、住宅手当等諸手当で「世帯主条項」がある企業があるのではないでしょうか。これを廃止させる取組みも大事ですね。

⑤ 当事者らの述懐

（i）日立中研の堀口暁子さん

日立中央研究所で働き、一九九二年から女性の賃金昇格差別是正をもとめて裁判闘争をたたかい、二〇〇〇年に差別是正を勝ちとった原告九人の原告団長の堀口暁子さんは次のように語っています。[8]

「結婚退職制、女性の若年定年制、男女による差別定年制、出産を理由とした不当配転。解雇、生理休暇の賃金カット、女性の仕事は補助的位置づけ、能力蔑視、女性へも家族手当支給を、賃金差別是正のたたかい……。女性が働き続けることそのものを否定された時代がありました。そのたたかいが少しずつ社会通念を変え、司法の判断を変え、憲法が通用しない企業の労務政策を変えてきました。その積み重なりに支えられて、日立で働く私たちは、賃金差別だけでなく昇格差別是正のたたかいに立ち上がることができたのでした。

原告九人は結婚しても、子どもの母になっても、有給休暇も生理休暇も取得し、仕事を続けながら賃金と昇格差別を求めて力いっぱいたたかうことができました。困難なことが数多くあった時代に、たたかいをあきらめずに歴史をつくってきてくれた多くの人たちのおかげです」。

堀口さんがおっしゃっているように、働きつづけることそのものを否定された女性たちが裁判闘争で最大の手がかりにしたもの、それが憲法であったのです。

国際的流れのなかで、わが国でも一九八五年に男女雇用機会均等法が成立し、そのなかで「定年差別は禁止」と明記され、その後も女性たちのたたかいのなかで「均等法」は改正を重ねてきましたが、国連の「女性差別撤廃条約」からみると、まだまだ不十分です。

(ii) 坂本福子弁護士

女性の労働弁護士として著名な坂本福子弁護士は、「堀口さんは体重二七・八kgの私がとにかく元気でいて欲しいと気遣ってくれました。団結に基づく愛の有難さをひしひしと胸に刻み込まされた思い出です」と語っています。また志賀穂子さんの三〇歳定年制是正の裁判について、「私にとって最初の女性差別是正裁判となったこのたたかいを通じて、私は一人の労働者が困難を超えてたたかうことの大切さと、立ち上がった者の『一人のたたかい』とせずに共にたたかう多くの労働者、市民の大きな力を知ったのです。そのことは、以来半世紀に近い差別是正の裁判闘争での私の原点になっています」と語っています。[9]

（2）男女賃金差別の原因はどこに？

① 二重の差別（性差別と非正規差別）下の女性労働者

女性労働者は約三〇五八万人、全労働者の四四・四％を占め、今や日本の産業にとってはなくてはならない存在になっています。男女雇用機会均等法が一九八五年に制定され、その後再改正を重ねて、職場での女性差別が禁止された成果もそれなりにあります。しかし依然として著しい男女賃金格差があります。一般男性労働者の賃金を一〇〇とした場合、一般女性労働者は約七割です（厚労省賃金構造基本統計調査）。こんなに大きな格差があるのは先進国では珍しいのです（図表7）。さらに女性の短時間労働者はそれを下回る四〇％台です。女性の場合、雇用形態による格差と、二重の格差があるのです。

女性の場合、パートや派遣労働者などの非正規雇用がどんどん増え、二〇一四年には五六・六％になり、正規より多くなっています。男性では非正規はとくに青年層で増えているものの、まだ約八割は正社員ですので、非正規は女性に集中しています。パート・アルバイトで働いている者の約八割、派遣労

図表7　日本の賃金における男女格差

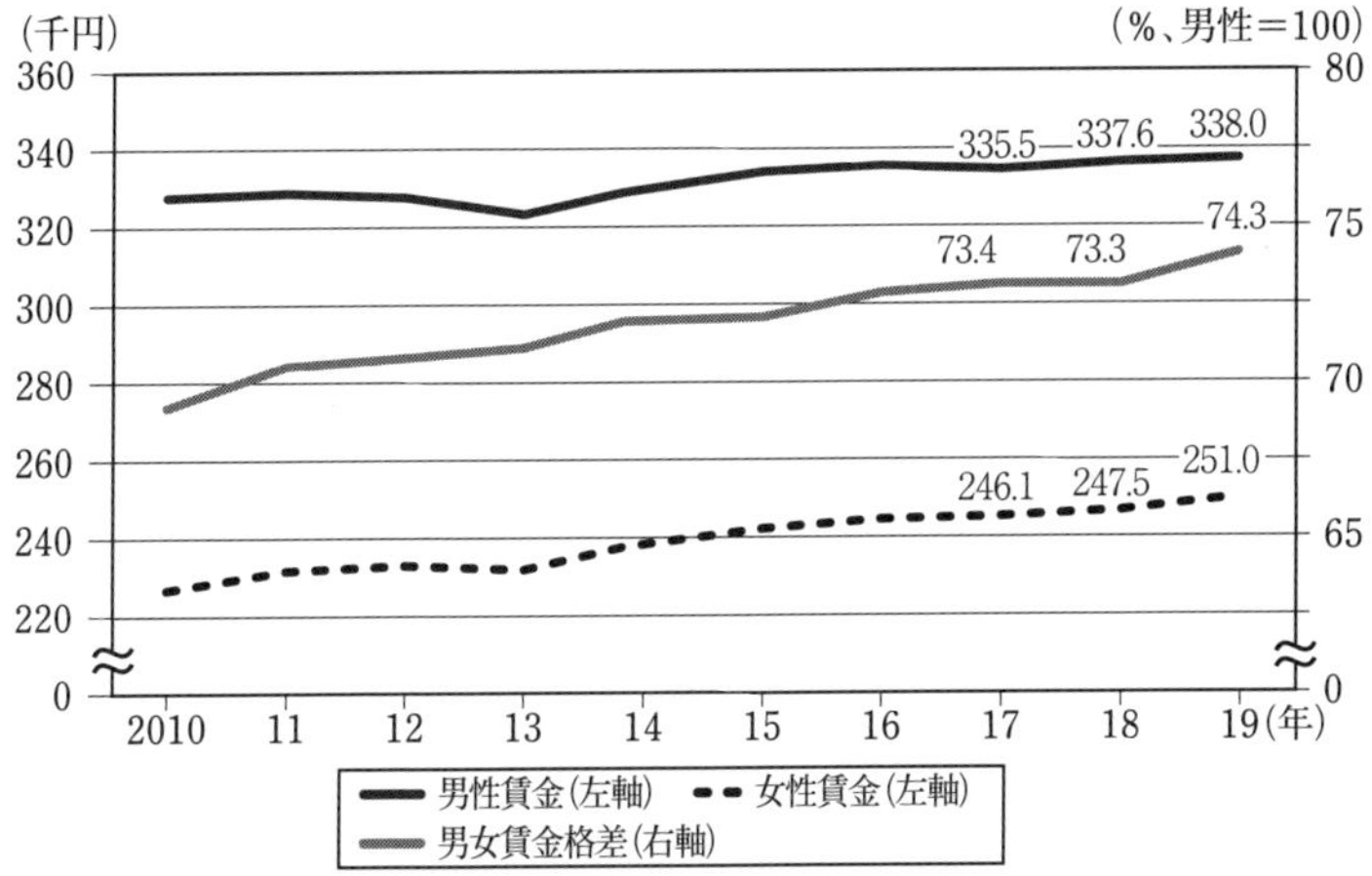

注：短時間労働者を除く常用労働者の比較
資料：厚生労働省「賃金構造基本統計調査」より

働者では六割近くを女性が占めています。そして女性派遣労働者の仕事は一般事務、事務用機器操作、ファイリングに集中しています。これらの業務は、もともと女性の正社員が担っていたのですが、より低賃金でいつでもクビ切りしやすい派遣労働者に置き換えられたのです。「女性は補助職」という位置づけは今でも変わっていません。そして非正規を含めると、年間の平均給与は男性五三二万円、女性二九三万円です（国税庁民間給与実態統計調査）。

　正社員の場合も、女性は昇進昇格の途は険しく、転勤ができないなどの理由で管理職への途のない「一般職コース」に位置づけられたりしています。女性の管理職は非常に少なく女性係長であっても（全係長）の一八・七％にしかすぎません（令和二年度雇用均等基本調査・図表8）。女性管理職や役員の少ないことが男女の賃金格差にもつながっているのはいうまでもありません。そのうえ職場での政策の方針立案に女性が参画できないことにつなが

図表8　日本の男女格差は156か国中120位

分野	2021年		2020年	
	ギャップ指数	順位	ギャップ指数	順位
政治	0.061	147位	0.049	144位
経済	0.604	117位	0.598	115位
教育	0.983	92位	0.983	91位
健康	0.973	65位	0.979	40位
総合	0.656	120位	0.652	121位
	156か国		153か国	

（ギャップ指数は男女格差がなければ1.000になる）

図表9　役職別女性管理職割合の推移（企業規模10人以上）

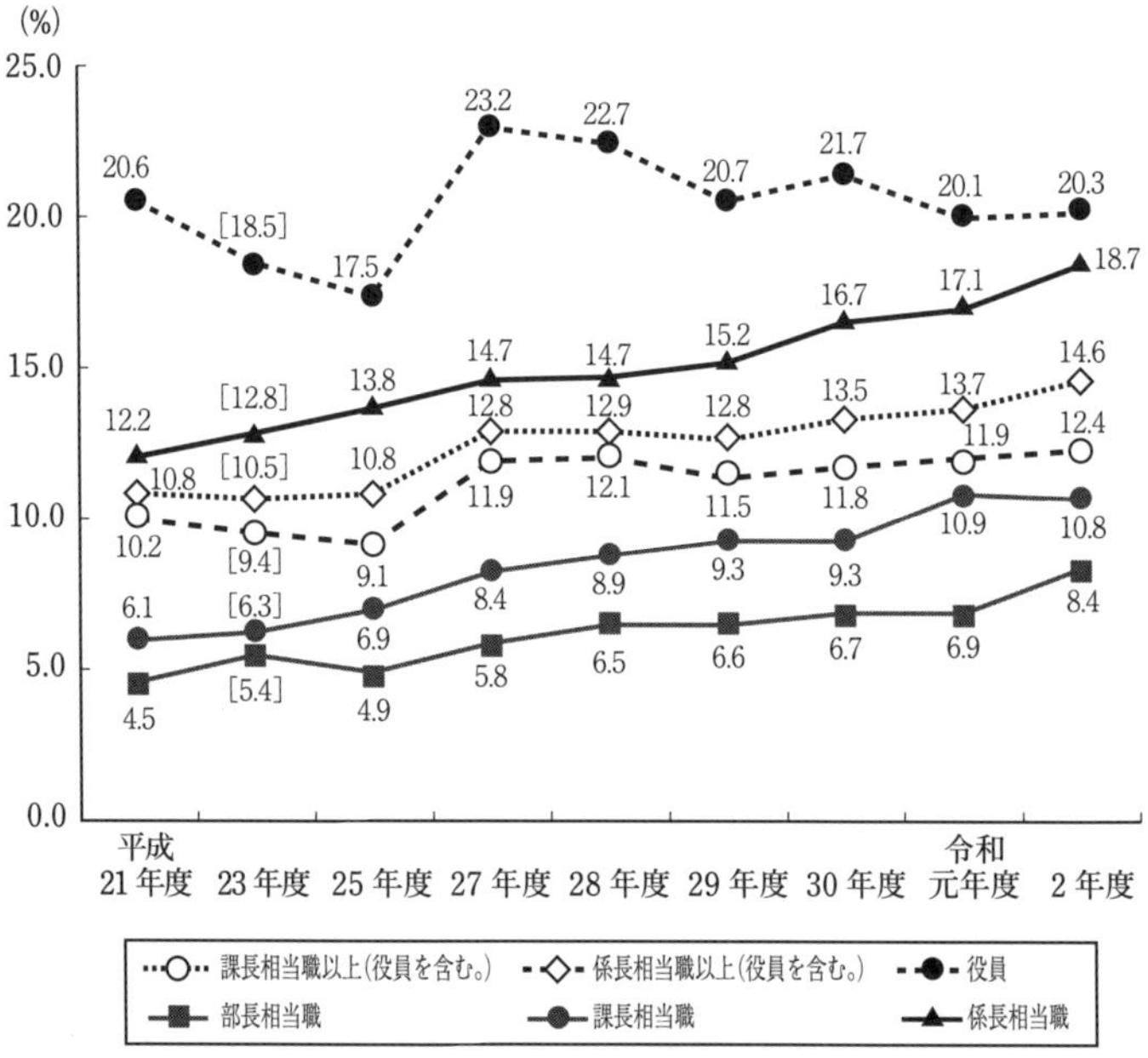

＊平成23年度の[　]内の割合は岩手県、宮城県及び福島県を除く全国の結果。

図表10　ジェンダー・ギャップ指数（GGI）2022年

日本は 146 か国中 116 位

■ 教育と健康の値は世界でトップクラスだが、政治と経済の値が低い。

■ 指数 0 が完全不平等、1 が完全平等

（　）内は 2021 年

政治参画	0.061：139 位	(0.061：147 位)
経済参画	0.564：121 位	(0.604：117 位)
教育	1.000：　1 位	(0.983：　92 位)
健康	0.973：　63 位	(0.973：　65 位)

■ 経済参画は 2021 年より低下

①女性の労働参加率の低下が男性より大きかったこと（ギャップは 17.73）

②管理的職業従事者が、男性は増加した一方、女性は低下したこと（ギャップは 74.22）

順位	国名	指数
1	アイスランド	0.908
2	フィンランド	0.860
3	ノルウェー	0.845
4	ニュージーランド	0.841
5	スウェーデン	0.822
10	ドイツ	0.801
15	フランス	0.791
22	英国	0.780
25	カナダ	0.772
27	アメリカ	0.769
63	イタリア	0.720
79	タイ	0.709
83	ベトナム	0.705
92	インドネシア	0.697
99	韓国	0.689
102	中国	0.682
116	日本	0.650

浅倉むつ子『新しい労働世界とジェンダー平等』16頁（かもがわ出版、2022年9月）より著者作成

ります。二〇二一年のOECDの調査でも「雇用機会での男女格差がもっとも顕著なのは日本」と述べられています。世界経済フォーラムのジェンダーギャップ指数でも経済分野は一一七位ととりわけ低いことがそれを表しています（図表11・12）。

②　コロナ禍の最大の被害者は女性

日本の男女賃金格差は世界的に見ても大きいのです（図表7）。「女性は家計の補助。賃金は安くてもいいし、雇い止めしてもいい」という社会通念が今でもあるからです。それを反映してコロナ禍でもっとも影響を受けているのも女性です。感染拡大が本格化した昨年四月の女性就業者数は前年同時期より五三万人減り、男性の二七万人減に比べ二倍の落ち込みです。同じ四月に跳ね上がった休業者数も女性は前年同月比二四九万人増で、増加数は男性の一・五倍となりました。内閣府によると昨年七～九月期は、女性全体では仕事から離れた人の多くが職探しせずに「非労働化」する傾

図表11

順位	国名（前年順位）	ギャップ指数
1	アイスランド(1)	0.892
2	フィンランド(3)	0.861
3	ノルウェー(2)	0.849
4	ニュージーランド(6)	0.840
5	スウェーデン(4)	0.823
6	ナミビア(12)	0.809
7	ルワンダ(9)	0.805
8	リトアニア(33)	0.804
9	アイルランド(7)	0.800
10	スイス(18)	0.798
120	日本(121)	0.656

資料：世界経済フォーラム「グローバル・ジェンダー・ギャップ報告書」

向がありますが「家計補助的」であれ、夫婦の収入を合わせてやっと家計が成り立っている家庭にとっては、主婦の非労働化は家計崩壊をまねきます。またシングルマザーの完全失業率は予測値よりも悪化し、子どもを養うために仕事を探しつづけ、それでもなかなか見つからないという状況があります。

③　男女賃金差別の根っこにあるもの——家族賃金

(i)　戦前の女性の賃金と男性の賃金

「家」制度は、戦後はなくなりました。しかし「家」意識は、戦後社会に根強く残っていることはこれまで述べてきたところです。とりわけ国連の女性差別撤廃委員会からも再三勧告を受けている男女の「同一価値労働、同一賃金」原則の実施はなぜ進まないのでしょうか。「家」制度の名残りを根強い社会的慣習という面からみてみましょう。

戦前の女工たちの賃金は自分一人の生活をぎりぎり維持する程度でした。一方男性の賃金はどうだったでしょうか。社員や準社員はもちろん、職工についても結婚して妻子

図表12　各ポストに占める女性比率の国際比較

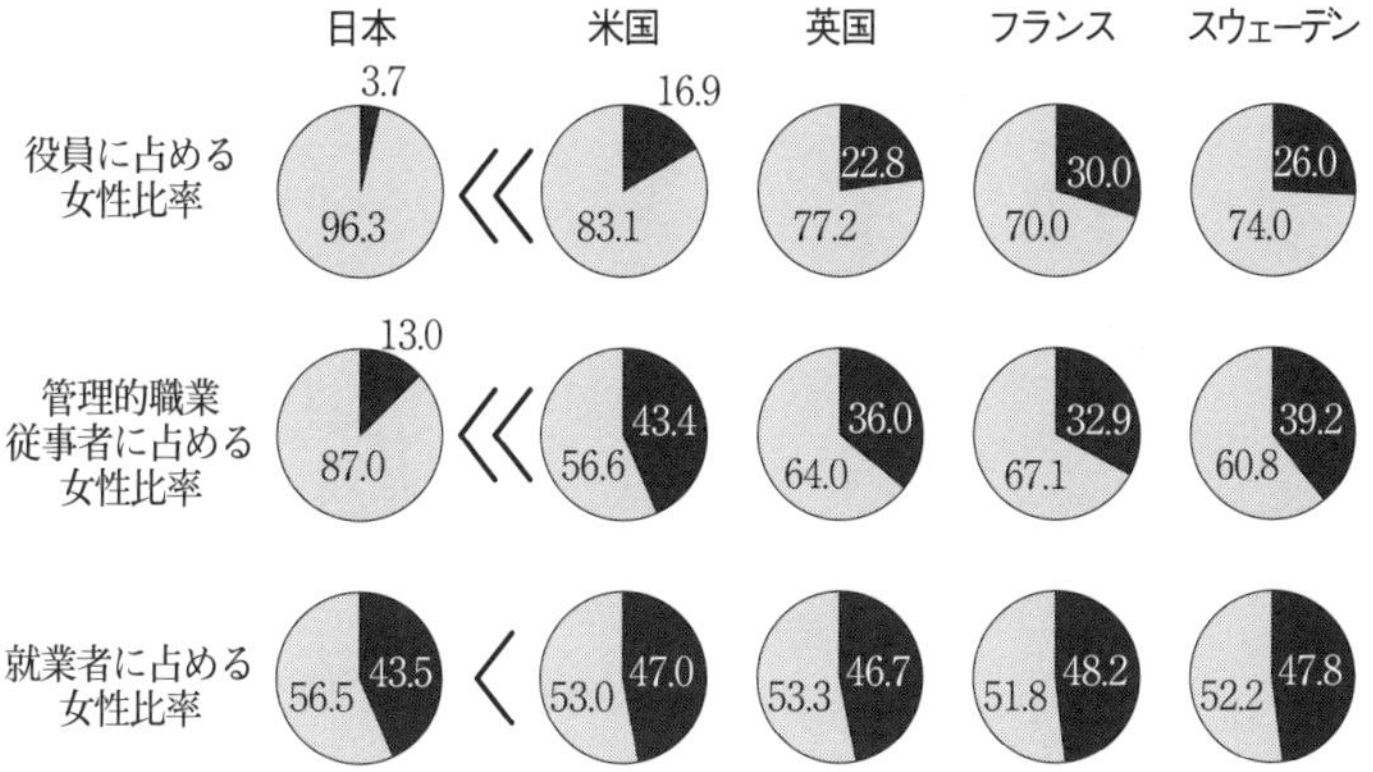

資料：経済産業省ウェブサイトより。グラフ中、黒い部分が女性比率。

ができればその人たちを養うに足りる賃金、すなわち「家族を扶養できる賃金」が保障されるべきだと考えられてきました。

呉海軍工廠《こうしょう》の伍堂卓雄氏が一九二二年に発表した「職工給与標準制定の要」によると「彼等が生活費の最低限として当然要求しうるものは一人前の職工として其職を励む以上、自己一身の生活は勿論日本の社会制度として避くべからざる家族の扶養に差し支えない程度のものならざるべからず……」と述べられています。

この論文が発表された当時の政治状況は前年の一九二一年には全国の工場で労働組合が続々と結成され、争議が苛烈を極め、穏健だった友愛会は大日本労働総同盟友愛会と改称し、階級闘争主義を掲げるようになりました。一九二二年には日本共産党が結成されています。海軍幹部士官だった伍堂氏にとって、労働運動の共産主義化を防ぐために「家族を考える」「生活給」を打ち出すことには大きな戦略的意義があったといいます。

この流れがすぐに実現に向かったわけではありません

が、日中戦争から第二次世界大戦へと進むなかで企業間の労働移動が禁止され、終身雇用が強制され、賃金については労働者全員の画一的な年齢給の形（年功序列制）をとった家族扶養的生活賃金の確立に向かったといわれています。

（ii）戦後の〝家族賃金〟

家族賃金の考え方は、実は日本独特のものではありません。それは資本主義の発展段階とのかかわりがあります。一九世紀中期の工場法等により、保護の対象となった女性と児童が労働市場から退き、労働組合によって男性労働者に対して、家族を養える賃金を払えとの要求という形で出て来たともいえます。ですから、家族賃金は〝家父長制と資本主義のパートナーシップ〟を確立させた現代の性別役割分担の基礎に他ならないという見方もできます。

日本では戦後は労働組合から家族賃金の要求が出ます。たとえば戦後日本の賃金体系の原型ともいわれる電算賃金体系では、男性労働者の年齢に応じた扶養家族と賃金額が想定されていました。そして、高度経済成長期には総評が〝世帯賃金〟を要求します。「生活できる賃金を！」という要求はすなわち「妻子を養える賃金を！」という意味を持っていたのです。

年功序列賃金は生活保障給的な性格をもつ、家族賃金とも位置づけられるでしょう。しかし、そこには、男性は妻子を養うもの、女性は家庭を守るものという〝性別役割分担〟が厳然としてあったことも事実です。これが一九六〇年代からの高度成長期に改めて「男は仕事、女は家庭」というジェンダー意識として、固定化されることにつながっています。

④　財界の女性労働政策

しかし〝家族賃金〟の保障は、高度経済成長期を迎え企業にとってはだんだん負担になってきます。その理由の一つは労働力不足です。そこで目をつけたのが家庭の主婦を労働市場に引っ張り出すとのことです。一九六〇年～七〇年代に製造業中心にパートタイム（以下パートという）雇用の利用を進めます。パート労働者は、臨時工に替わって安い賃金でいつでもクビを切れる労働者として、企業にとって使い勝手のよい労働者として登場したのです。また、労働者の家庭にとっても、家事・育児をこなしつつ家計の補助となる主婦のパート労働は、「家庭と両立」できる働き方として受け入れられました。

しかし、パートとはいっても名ばかりで基幹的な仕事に従事し、また労働時間も長いものも多く（疑似パート）、でも身分としては正社員とは異なる差別的な地位（半人前の労働力）に位置づけられていました。

男性労働者に対しては、仕事に打ち込み会社にすべてをささげる「仕事人間」こそが一人前の男であり、それを支える女性は家事育児を一手に引き受ける者として性別役割分担意識を浸透させました。つまり男性は「内助の功つき労働者」として「二四時間働けますか」の掛け声のもとで長時間過密労働を強いる、妻には「内助の功」を押しつけるイデオロギーです。だから女性は結婚出産していったんは家庭に入る、そのうえで、働くとしても「家庭との両立」可能な家計補助的なパート労働を奨励する、そのような女性労働力政策が、わが国の高度経済成長を支えたのです。

ジェンダー差別の根っこにはこうした財界の女性労働力政策があることをしっかり見抜かなければなりません。

また、後述するように、税制や社会保障の制度上、サラリーマンの低収入の妻（いくら低収入でも自営業者の妻は入らない）はさまざまな優遇措置が与えられています。このことが反面では妻は働くとしても非正規の家計補助的な低賃金に甘んじる方が、家計にとっては〝得〟との意識を醸成し、男女の賃金格差を温存することにもつながっていることも直視する必要があります。

男女にかかわらず非正規雇用が増えて男性稼ぎ主の雇用で家族が暮らせるという前提も崩れてきている今日、ジェンダー不平等をなくし、家族や世帯ではなくて個人を直接支援する個人単位の税制や社会保障の仕組みを考えることが重要になってきているといえるでしょう。

また「家族賃金」は、生活を保障する賃金という点ではある時期までは労働者からの要求にもかなっていたといえますが、すでに終身雇用、年功序列賃金が崩れてきている今日、仕事の価値に応じた賃金制度に変えていく必要があるでしょう。同時に、家庭と仕事の両立を可能にするために男女ともに労働時間の抜本的短縮、残業、深夜業の規制が不可欠になります。そうすれば女性労働は決して半人前ではなく、賃金差別する理由はなくなるからです。

⑤ 国連などからの勧告

賃金格差を縮小することはジェンダー平等の基礎ですし、日本政府に対し国連からも再三にわたって格差縮小のための取組みの強化を求められています。ＥＵ（欧州連合）では女性の賃金は男性の八～九割になっていますが、それでもまだ格差があること自体が重大だとして、ＥＵは二〇二一年三月、男女賃金格差の公表を企業に義務づけ、正当化できない場合には是正させる「賃金透明化指令等」を出しました。是正しない企業への罰金、ペナルティも含まれています。

⑥　男女賃金格差是正は男女ともの労働時間の短縮から

たしかに今では、結婚で会社をやめる女性は少なくなりました。しかし、今でも、女性は第一子出産後に五割近くが仕事をやめています。そして、出産後、女性を正規で雇い入れる企業は少なく、かつ女性自身も、子どもが保育園に入れない、入れたとしても、保育園の送り迎えをしてもらえる人がいないというなかでは、どうしても正規では働けずに、非正規ということにならざるをえない実情があります。だから、女性の非正規率は約五六％にのぼります。非正規と正規の賃金格差が著しいことは周知の事実です。

それに、いったん会社をやめる（勤続年数が短い）、そして会社は、男性と同じように残業も転勤もいとわず会社にすべてをささげる労働者を管理職モデルにしていますから、女性の管理職は部長級ではわずか八・五％にすぎません。それもあって、男女の賃金格差は非正規を含めると、男性の約半分です。先進国のなかでも最低レベルです。そしてその低い賃金は、年金の低さにも直結しています。生涯賃金にすると、約一億円もの格差があるのです。

日本の異常な男女賃金格差の根っこには、男性の長時間労働とそれを支える性別役割分担があることをしっかり見抜く必要があります。性別役割分担についていうと、先進国のなかで男性の家事育児時間が異常に短いのも、日本の特徴です。

そしてまた、こうした男性の働き方、女性の働き方を標準モデルにして、後述する税制や社会保障制

図表13　6歳未満児のいる夫の家事・育児関連時間（1日あたり）

日本の男性がここまで他国の男性に比べて家事・育児に関わっていない、関われないのはいったいなぜなのか？

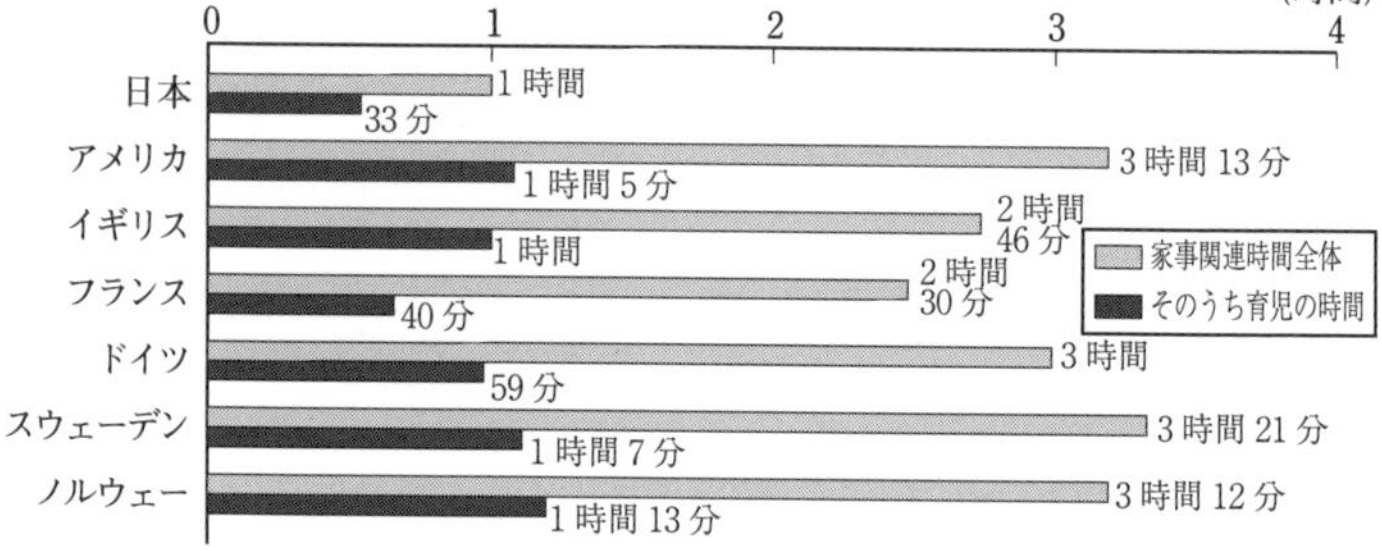

（備考）Eurostat “How Europeans Spend Their Everyday Life of Women and Men”(2004)
Bureau of Labor Statistics of the U.S. “America Time-Use Survey Summary”(2006)
及び総務省「社会生活基本調査」(平成18年)より作成。
日本の数値は、「夫婦と子どもの世帯」に限定した夫の時間である。

内閣府「男女共同参画白書　平成22年版」より

度がつくられているのです。

⑦ セクシャル・ハラスメントをなくさせる取組み

一九八九（平成元）年「セクハラ」が流行語大賞になり、セクシャル・ハラスメントが社会的にもクローズアップされました。

セクシャル・ハラスメントという用語は一九七〇年代アメリカでのフェミニズム運動のなかでつくられました。実は、女性の社会（職場）進出とともにあった性的な攻撃（嫌がらせと訳されていますが実態は攻撃に近い）で、日本でも「大正時代の身の上相談」などに、悩みの声があがっています。その意味では、とても「古い」問題ですが、セクシャル・ハラスメントという言葉を得て、ようやく社会的問題として表面化したのです。アメリカでは判例を通じて救済がはかられ、一九八六年に連邦最高裁で「性差別」と認められました。

私も冒頭にあげた年、第二東京弁護士会が弁護士会としては初めて「セクハラ一一〇番」を実施した時の責任者として、一日で寄せられた一三八件の相談の分析と公表にかかわりました。その態様は、身体的接触はもちろん、卑猥な発言や冗談、ヌードポスターなどを職場に貼る、性的なうわさを流す等、さまざまですが、女性を仕事の対等なパートナーとは見ず、性的な関心の対象としてしか見ないことから起きる、あるいは上下関係（地位）を利用して性関係を求めるものです。

アメリカではジェンダーによる働く権利の侵害として把えられていますが、「女性の暴力」として人格権の侵害ととらえることもできます。また、ＥＵなどでは、職場環境が壊される敵対的職場環境という見方をしています。

いずれにしても、職場でのジェンダー差別であり人権侵害です。そして、それは被害者個人の人格権の侵害であるとともに、職場環境を悪化させるものとして、企業の責任としてとらえられる、その点で「新しい問題」として浮上してきたといえます。

日本でも、一九九二年四月一六日福岡地裁の判決で、会社には、職場を労働者にとって働きやすい環境を保つよう配慮する義務（安全配慮義務）があると、初めて認められました。そして、各地で数々の裁判も起され、運動も起きるなかで一九九七年に、男女雇用機会均等法が改正されました。初めて事業主のセクシャル・ハラスメント防止義務が定められ、施行に伴い厚生労働大臣の指針もつくられました。また、人事院規則には、より厳しい規定が定められました。男女雇用機会均等法は二〇〇六年に再改正されています。しかし、これらの規定は、防止のための事業主の配慮義務を定めるだけで、違反に対しての制裁や被害者救済の規定がないことが問題です。

ところで今日、セクシャル・ハラスメントにかぎらず職場での「いじめ」や「嫌がらせ」の相談は年々増加しており、各種の「ハラスメント」として、防止対策が迫られています。これは女性にかぎることではなく、まさに「働きやすい職場環境」の問題です。ハラスメント対策については、第5章で改めて述べます。

5 世帯単位の各種制度

(1) 税制

① 個人単位課税の例外

日本の所得税法は、一八八八(明治二〇)年に創設されましたが、「同居ノ家族ニ属スルモノハ総テ戸主ノ所得ニ合算スルモノトス」(一条)として、世帯課税制度が採用されていました。

なお、「家」制度を定めた明治民法が制定されたのは、その一一年後の一八九八(明治三一)年です。「家」制度は、前述したように、戸主の強大な権限と家督相続制度を採用しました。明治民法では、夫婦別産制といって、妻または夫が婚姻前から有する財産および婚姻中自己の名で取得した財産は、妻または夫個人の特有財産でした。しかし、妻は無能力者であり、妻の財産は夫が管理することになっていたので、妻自身が自分の財産を管理することもできませんでした。ですから、世帯単位課税は、「家」制度そして戸籍制度によって維持されたのです。

戦後一九四六(昭和二一)年の新憲法の公布に伴い、民法も改正され「家」制度も廃止されたことはすでに述べました。しかし、所得税法は世帯単位課税が維持されます。が、一九四九（昭和二四）年シャウプ勧告を受けて一九五〇（昭和二五）年に原則的には、個人単位課税に改正されました。

しかし、次の三つの場合は、世帯単位課税が残されてしまいました。

（i）所得税法五六条（事業から対価を受ける親族がある場合の必要経費の特例）

（ii）世帯員の所得控除制度

（iii）納税者の配偶者、同居成年者、扶養親族の合算制度

です。その理由としてあげられたのが、ア　事業と家計とが必ずしも分離されていない、イ　家族に給与等を払う慣行がない、ウ　家族間では所得を任意に分散することによって税負担の軽減が図られるからというものでした。

（iii）については、一九八八（昭和六三）年に廃止されました。しかし（i）（ii）は現在も存在しており、問題になっています。

（ii）については一九六一（昭和三六）年に、扶養控除額の引き上げとともに配偶者控除として衣替えして登場し、現在も存在します。

②　所得税法五六条について

所得税法五六条は次のように規定しています。

「納税者と生計を一にする配偶者その他の親族が、当該納税者の経営する事業から所得を受けた場合においては、当該所得はこれを当該納税義務者の有する事業所得とみなす」。

たとえば、事業主である夫が、事業を手伝う妻に給料を支払っても、たとえその支払った給料がその労働力に見合った金額であったとしても、夫の事業所得の計算上必要経費とされず、妻自身の収入にもされないという制度です。つまり、妻の給料は、夫の所得と合算され、合算額から一定額（現在の事業専従者控除額は八六万円）が控除されるのみです。ただし、第二項で「青色申告者の場合、事業に専従する者に対する給与額の一定額を限度として事業主の必要経費とみなす」とされています。青色申告となれば、五六条本文は適用されず、給料の支払いが認められることになっていますが、いわゆる「白色申告」の場合は、本文どおりで妻の働き分は経費と認められないのです。

所得税法三七条では、収入を得るために直接に要した費用の額や一般管理費、販売費その他所得を生ずべき労務について生じた費用を必要経費として控除することができることになっていますが、これについての特例ということになります。

戦前であれば、個人事業は戸主のもとで家族全員が協力し合って、家族の財産を形成し、それを共同で管理し使用することから、こうした世帯単位課税が正当化されていたのでしょう。個々の家族員の労働は、無償労働が当然とされていたからです。

しかし、今日では、家族員それぞれの権利意識も高まり、家族間では無償ということになれば、家族員は他の企業に勤務することになり、事業承継が損なわれてしまいます。そして一方で、青色申告にすれば、給料を払い、経費として控除できることや、会社組織にすれば当然給料が支払えるし、経費となることとの対比からもきわめて不公平といえます。

また、専従者控除額八六万円は、本来給与に相当するものですが、配偶者控除は適用されません。この点でも不公平ですね。そのため個人商店などの個人事業主が加盟している全国商工団体連合会（全商連）の婦人部などがその改正を取り組んできています。

ところが確定した判例でも、「所得税法五六条は、（中略）必ずしも（家族員に）個々の対価を支払う慣行があるものとはいえず、対価が支払われる場合であっても、支払われる対価をそのまま必要経費として認めることとすると、個人事業者がその所得を恣意的に家族に分散して不当に税負担の軽減を図るおそれが生じ（中略）そのような方法による税負担の回避という事態を防止するために設けられたものと考えられる」（東京高裁一九九一（平成三）年五月二二日判決）としています。未だに、家族間では所得を任意に分散して税負担を軽減しようとしているから、それを防ぐためのもので立法事実があるとしているのです。しかし、この点は、青色申告でも白色申告でも区別なく、給与等が労務の対価として適正額であることを規定して、税務行政の執行面で対応すればすむことではないでしょうか。

いずれにしても、「家」制度が廃止されてすでに七〇年以上も経つ今日、戦後の高度経済成長のもとで、農家は激減し、個人事業主も法人化するなかで、家族経営も一変しています。そして、たとえ親（あるいは夫）の事業といえども、それに従事すれば給与をもらうのは社会常識になってきているにもかかわらず、所得分割をさせないという立法趣旨は通用しません。

憲法二四条は個人の尊厳と両性の本質的平等をうたっています。そして、民法七六二条でも夫婦別産制をとっています。個人単位課税の原則から、親族間といえども雇用契約等契約の自由はあるわけです。「一人一人の国民が人として又主権者としての処遇を平等に受けられるという何でもない当たり前の『常識』が我が国の税務においては殆ど通用してない」[10]という指摘が今でも的を得ています。早急に改定すべき課題です。これも「家」制度の名残りだといっていいでしょう。

二〇二〇年三月二日から六日まで、国連の女性差別撤廃委員会（CEDAW）の会期前作業部会が開催され、日本の第九次レポートに向けた事前質問事項（LO I：List of Issues prior to reporting LO I）が検討されました。そのLO Iの二五項目中には、LO I二〇一六に引きつづき「家族経営における女性の労働を認めるための所得税法の見直し」が入っています。国連からもこの所得税法五六条の見直しが求められているのです。

③ 配偶者控除制度

前述したように、個人課税原則のもう一つの例外が、世帯員の所得控除制度です。なかでも一番問題なのは、配偶者控除制度です。所得税法に扶養控除が導入されたのは一九二〇（大正九）年ですが、この時の「扶養家族」は、一八歳未満の者もしくは六〇歳以上の「不具廃疾者」だけで、実は妻は入っていませんでした。妻は、当時、農業や商業等の担い手でもあったからです。「同居の妻」を扶養家族に加えたのは一九四〇（昭和一五）年です。第二次世界大戦に向けての戦費調達のため、低所得者にまで徴税が及んだため扶養家族の多い者の税負担を軽減することが要請され、かつ「産めよ増やせよ」という人口政策上からも、妻を扶養家族として所得税控除の対象としたのです。

所得税法上、特別に「配偶者に対する配慮」が言われ出したのは、一九五八（昭和三三）年ですが、現実化するのは一九六一（昭和三六）年です。すなわち、一般の扶養親族より高額にし基礎控除と同額の配偶者控除が創設されたのです。税法上「妻の内助の功」を評価するものだといわれました。時あたかも高度成長期を迎え、主婦をパート労働者として労働市場に引き出すねらいもあったと思われます。

給与所得者（サラリーマン）に配偶者がいて、その配偶者が働いていない専業主婦の場合、あるいはパートなど低収入で働いている場合、そのサラリーマン自身の所得から配偶者控除が受けられる制度です。この制度は、あくまでも「配偶者控除」であり、「妻控除」ではありません。しかし現実には、無職ないし低所得の配偶者はほとんどの場合妻であるので、実際は「妻控除」といってもいいでしょう。そこで以下わかりやすくするため控除を受ける者を夫、控除対象となる者を妻として説明します。

所得税の非課税の限度額は、給与所得の場合は、収入から給与所得控除（令和三年現在では五五万円）に基礎控除（令和三年現在では四八万円）をプラスした一〇三万円です。つまり、妻の収入が一〇三万円以下なら、妻自身の収入には所得税がかかりません。と同時に、夫の所得から最高三八万円の配偶者控除が受けられるという仕組みです。

ただ、この配偶者控除は配偶者の年収が非課税限度額（一〇三万円）を一円でも超えれば、全く受けられない仕組みです。だから妻の収入が一〇三万円を少しでも超えると妻である配偶者本人に税金がかかるだけでなく、夫も配偶者控除が受けられなくなるので、税金が一挙に増える、つまり、世帯収入としては、税引後の手取額が減少するといういわゆる「逆転現象」が出てきました。

そのため、一九八七（昭和六二）年に配偶者特別控除が創設されました。創設時は、妻の年収が七〇万円未満の場合は、最高額の三八万円が配偶者控除に上乗せして控除されたので、妻が専業主婦の場合は、最高額七六万円が夫の所得から控除されたのです。現在では、配偶者特別控除が配偶者控除に上乗せされることはなくなってはいますが、配偶者控除も配偶者特別控除も、共働き世帯に比べて、片働き世帯（パートも含む）の税負担を軽減するという意図で導入された仕組みといえるでしょう。

配偶者特別控除は二〇〇四（平成一六）年から、給与収入一〇三万円以下の部分が廃止され（この部分は配偶者控除のみ）それを超えて一四一万円未満のところのみ残されました。しかし妻の所得金額に応じて、夫の所得金額から一定金額が三八万円を限度に段階的に控除される仕組みには変わりありません。

二〇二一（令和三）年現在では、配偶者控除も配偶者特別控除も、夫の所得が一〇〇〇万円を超えている場合は受けられませんし、配偶者特別控除が適用されるのは、妻の年間所得が一三三万円未満となっています（配偶者控除の仕組みは、図表14参照）。

以上みてきたように、妻の年収が一〇三万円以下の場合、妻には税金がかからず、夫も配偶者控除を受けられます。一方、妻の年収が一〇三万円を超えると、妻にも所得税が課せられ、夫も配偶者控除も受けられなくなります。だから「世帯単位」でみると、妻の年収を一〇三万円以下に押さえる方が〝得〟ということになります。そして妻の年収を一〇三万円以下にすると、年収一三〇万円以下のいわゆる被扶養者にもなりますので、後述する健康保険も年金も保険料を払わずに、給付を受けられることになり、また、企業の家族手当・住宅手当等がある場合、それも支給されることにもなります。これらのことから「世帯」にとってはもっとも有利な働き方として、妻の年収を一〇三万円以下に抑える、年収一〇三万円以下の就労を調整することとなり、「一〇三万円の壁」といわれるものなのです。そのことはまた、妻は夫の許容する被扶養者の範囲内で、すなわちパートで働くという選択が誘導されているだけでなく、妻の働き方についての夫の介入を許しています。それが妻自身が一人の労働者として、い

図表14　配偶者控除——103万円、106万円、130万円の壁

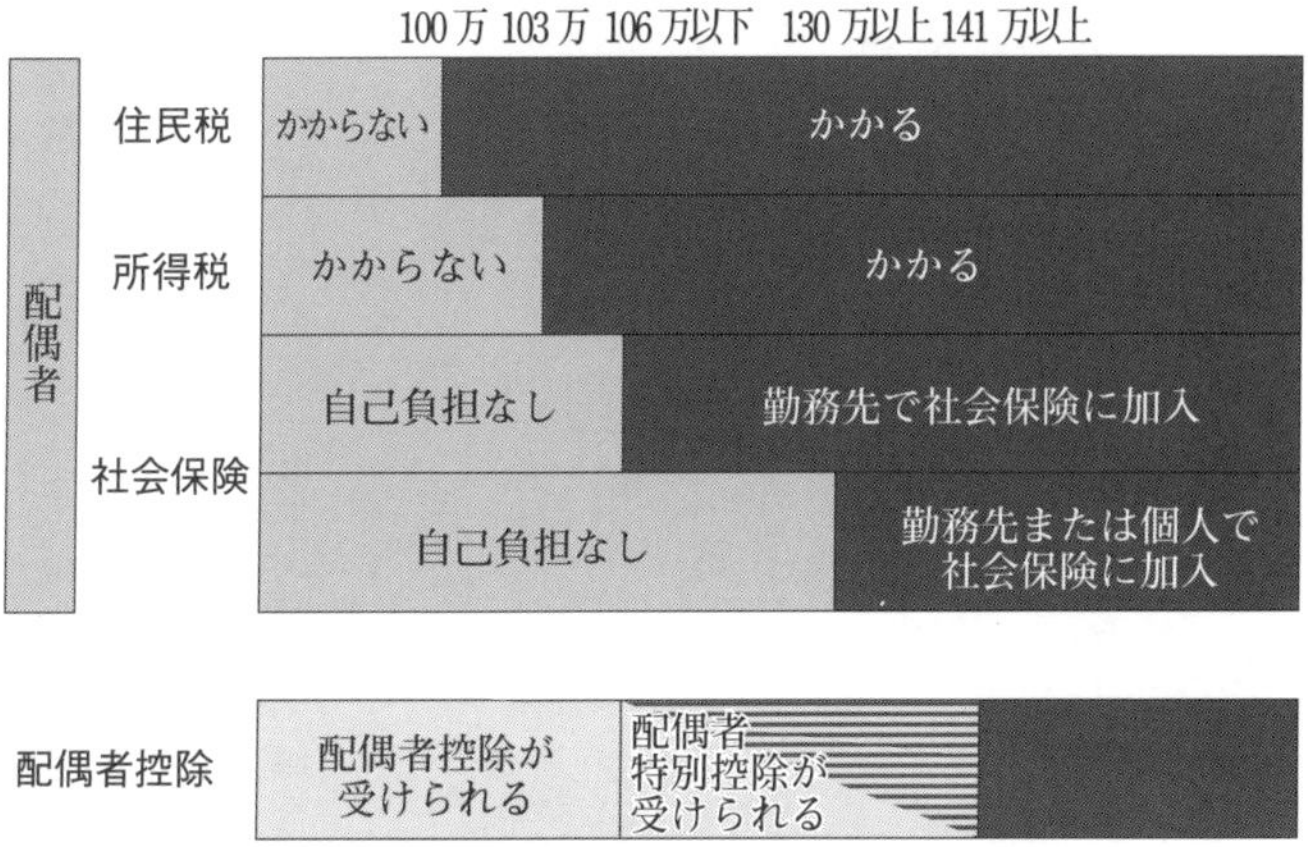

資料：全労連作成。2022年国民春闘白書より

かに低賃金でも賃上げを要求する主体になれないことにつながっているのです。

（2）健康保険制度等での世帯単位の優遇

①　健康保険等の家族給付

医療保険は、病気、ケガ等による医療給付を行うもので、本来は保険料を払っている被保険者自身に、病気・ケガ等の事故が生じたときに給付されるものです。

ところが、被用者保険制度の健康保険（組合管掌健康保険・旧政府管掌健康保険）と船員保険では、被保険者の被扶養家族に病気・ケガ、死亡・分娩の事故が生じたときも保険給付がなされ、この給付を「家族給付」といいます。

被扶養者は法律上「主トシテ其ノ被保険者ニ依リ生計ヲ維持スルモノ」とされています。つまり「主として被保険者によって生計をたてているもの」です。

どの程度の生計維持関係があればいいのかは画一的に決めることはできず、それぞれのケースごとに「社会通念」にしたがって保険者（健康保険組合）が決めることになっています。ただ一つの目安として次のような通知が出ています（昭和五二年四月六日『保発九号、庁保発九号最高改正平成三年（二月二日）』）。

（i）被保険者と同一世帯に属する場合

年間収入が一三〇万円未満（六〇歳以上の者又は障害厚生年金の受給要件に該当する障害者のときは、一八〇万円未満）でかつ被保険者の収入の二分の一未満の場合

（ii）被保険者と同一世帯に属さない場合

年間収入が「一三〇万円未満」でかつ被保険者の仕送り額より少ない場合

なお、同一世帯に属するとは、住居および家計を共同にすることで、同一戸籍内にある必要はないし、被保険者が世帯主である必要もなく、直系尊属（両親、祖父母など）配偶者（内縁を含む）子、孫および弟妹は、世帯を別にしていても生計維持関係があればよいとされています。

このように働く妻の場合、一三〇万円未満の収入であれば、夫の健康保険の被扶養者として家族給付が受けられ、自分で健康保険に入って保険料を払わなくてもすみます。

妻の収入が一三〇万円以上になれば自分で保険料を払って健康保険に入らなければならないので、やはり、世帯収入としては減ってしまいます。だから、妻は一三〇万円未満で働こうとします。ここにはやはり「一三〇万円の壁」があるのです。

② 国民健康保険の「世帯単位」原則

国民健康保険は市町村の住民が対象となります。被保険者は市町村内に住所を有する者のうち、被用者保険制度の被保険者とその扶養家族、生活保護の受給者、後期高齢者医療保険制度の被保険者を除いたすべての者で、あくまでも住民一人ひとりすなわち個人です。しかし、市町村への届出は、世帯主が行うことになっています（国民健康保険法九条）。

納付する保険料は、国民健康保険法七六条にもとづく保険料として徴収されるか、または地方税法上国民年金保険税として徴収されるか、各市町村の条例で定められています。保険税方式を採るのは、徴税事務の簡素化、徴税成績の向上のためとみられます。

ところで、保険料は、世帯に属する被保険者の所得割額を合算して、被保険者数などをもとに算出されます。算出した保険料（あるいは保険税）は、世帯を単位として賦課されますので、「世帯主」に納付通知が送られ、納付義務が課せられます。

奇妙なことに、世帯主が会社員や公務員で被用者保険に入っていて保険料は健康保険組合等に徴収されていても、同世帯に属する家族の国民健康保険の被保険者の保険料として算出された納付書（納税通知書）は世帯主に送られてくるのです。

ある時、女性の国会議員さんたちとの懇談会があった際、国会議員といえども国民健康保険の被保険者で、会社員の夫の方に納付書が送られてくるので、自分は「世帯主」に養われている妻という立場なのか！　と憤慨されていたことを鮮明に覚えています。

つまり、ここにも個人単位ではなく「世帯単位」が厳然と存在しているのです。

これは、片働きより共働きが多数になっている今日でも、「世帯主」という名のもとに戦前の「家」制度の「戸主」（家長）が生き残っているといえるのではないでしょうか。

本来、被保険者は世帯員個々人なのですから、個人単位で納付できるようにすべきです。なお、高齢者医療制度、介護保険制度においては徴収義務は個人単位であるのに、保険料の徴収は扶養している配偶者や世帯主からも徴収できることになっていて、「納付の連帯責任」という世帯単位も併用されていることも付け加えておきます。

③ 国民年金の第三号被保険者制度

国民年金法では被保険者の資格として第一号から第三号まで規定されています。第二号被保険者は雇用されている者であり、被用者健康保険の被保険者です。それ以外の者は原則第一号です。第一号は自営業者などで個人として加入し被保険者となるわけですが、その届出は本人に代わって世帯主がすることができ、かつ保険料の納付義務も被保険者にありますが、世帯主および配偶者に連帯責任を負わせています。配偶者に負担能力がないときは、相手配偶者が負担することになり、相手配偶者が負担しないかぎり、配偶者に年金受給権は発生しません。

ここにも、補完的に「世帯単位」が併用されています。

一方で、第二号被保険者の被扶養配偶者（前記、被用者健康保険の被扶養配偶者に同じ）は第三号被保険者であり、年金保険料を支払わずに基礎年金が支給されるのです。つまり、ここでも、サラリーマンの専業主婦ないしパートの低収入の配偶者は優遇されているのです。そして、被扶養配偶者の保険料は、その配偶者が負担しているわけではなく、被用者年金（厚生年金、共済年金）制度全体でまかなわれているのです。この点でも第一号被保険者の配偶者と比べて、不公平感をぬぐいきれないですね。

1 しんぶん赤旗二〇二〇年八月二四日くらし家庭欄「くらしのなかのジェンダー」
2 人見絹枝『女子スポーツを語る』（ゆまに書房、二〇〇〇年）
3 しんぶん赤旗二〇二二年二月二四日
4 しんぶん赤旗二〇二〇年一二月三〇日
5 しんぶん赤旗二〇二一年一〇月二五日テレビ・ラジオ欄
6 以上、しんぶん赤旗二〇二一年七月九日、同月一〇日「放送とジェンダー」上、下
7 以下、中本ミヨ『されど忘れえぬ日々――日産自動車の男女差別を撤廃させた12年のたたかい』（かのう書房、一九九六年）
8 堀口暁子「日立の女性差別反対のたたかいを振り返って」（『学習の友』二〇二〇年四月号）
9 坂本福子「連載・弁護士五二年――働く女性とともに平等を願って」（「婦人通信」二〇一二年八月号）
10 黒川功「親族が事業から受ける対価の取扱いについての一考察」税務大学論叢三〇号、一九九八年、二八四頁

◆コラム1　世帯主とは?

「世帯主」という用語は、住民基本台帳法に根拠があります。法務省の通知によると、「世帯」とは、「居住と生計をともにする社会生活上の単位である。世帯を構成する者のうちで、その世帯を主宰する者が世帯主である」「『その世帯を主宰する者』とは、『主として世帯の生計を維持する者』」となっています。つまり、その世帯を代表する者が「世帯主」なのです。「世帯主」という用語は廃止すべきであるというのが世界の流れでもあります。

たとえば、一九八五年にナイロビで開かれた第三回世界女性会議で採択された「ナイロビ将来戦略」(二九五項)では、「世帯主」という用語の廃止や世帯主を男性に限定する思想の撤廃がうたわれています。

また、OECD(経済協力開発機構)専門家会議の報告書では「家族と雇用」行動指針の第一に、課税および社会保障の基準として「一人のみを生計維持者とする」ことを撤廃することが掲げられています。このように国際的流れも「世帯主」や「主たる生計維持者」の撤廃の方向であるといえます。

◆コラム2　国際男性デーとは

毎年一一月一九日を男性の記念日とする国際的なイベントです。

一九九九年からトリニダード・トバゴで始まり、記念日を設定しそれに関するイベントは、オーストラリア、カリブ海、北アメリカ、アジア、ヨーロッパおよびアフリカでさまざまな個人およびグループにより行われています。現在三六か国で記念日を設定しています。

その目的は、男性と男の子の健康に注目して、性の関係を改善し、性の平等を促す肯定的な男性のロールモデルに光を当てることを含んでいます。コミュニティ、家族、結婚および育児に関して、男性と男の子への差別に光を当て、その問題に取組み解決することを目指すものです。しかし国際女性デー（三月八日）とは異なり、国際デーのリストには入れられていません。

第5章

今後の課題
——憲法をよく読み、活かす運動を

1 「家族の絆」の強調の先にあるもの——改憲派の家族像

（1）改憲派はなぜ夫婦別姓に反対するのか

夫婦別姓制度の実現を望む世論が高まる一方で、これを阻止しようとする改憲右翼団体「日本会議」系国会議員の地方議員らの運動が活発化しています。

日本会議地方議員連盟は二〇二〇年一〇月の総会で「女性局」を設置しました。これは、「女性天皇」「女性宮家」や、夫婦別姓（氏）制度に反対する世論をいかに醸成するかが活動の中心です。「女性局」の初代局長に就任した吉田あい杉並区議（自民党）は、「家族の絆を守るためにも、私たちはこの（選択夫婦別姓）制度には反対していかなければならない」と表明しています（日本会議機関紙「日本の息吹」二〇二一年八月号鼎談中）。

また、同局長代理の藤山裕紀子京都府議（自民）も「女性局を中心に、家族のあり方や夫婦別姓の問題点の理解を広めるための勉強会を開催していきたい」と語っています。

山谷えり子参院議員は「神政連レポート意（こころ）」二一三号で「このところ自民党内にも別姓賛成派が増え」ていて「安易に別姓推進の流れができてしまう危うさ」を感じたことから、高市早苗参院議員とともに『『絆』を紡ぐ会』を結成したと説明しています。

山谷、高市両氏は、神道政治連盟（以下「神政連」という）国会議員懇談会の副幹事長と幹事です。ちなみに会長は安倍晋三元首相でした。神政連は「日本に誇りと自信を取り戻す」とうたい、日本会議と同じく日本の過去の侵略戦争を「自存自衛」「アジア解放」の〝正義の戦争〟と美化し、「神道の精神」にもとづいて「憲法改正」を目指しています。

山谷氏が紹介しているのが「神社本庁」の常任理事会が一九九六年に決定した「基本的見解」です。神社本庁は戦前は絶対的天皇制を支えた靖国神社や各地の護国神社が戦後解体されて宗教法人として生き残ったもので、日本会議の事実上の構成団体です。この「基本見解」には「家族祭祀《さいし》」＝「祖先祭祀の継承」や、「家庭の役割を重視する立場」「わが国の文化伝統」の観点から夫婦別姓制度に反対すると宣言されていました。

自民党議員らが、夫婦別姓に反対するのはなぜでしょうか。

山谷氏は「個人」は「家族という基礎単位」のなかで育つとし「夫婦別姓」は「行き過ぎた個人主義」を持ち込むものだと主張しています。

そこには、憲法の理念である個人の尊重・尊厳よりも「家族」を重視する考えが明らかです。そして「家族」とは、戦前の「家」制度のもとの家族なのです。だから彼らが強調する「家族」は、憲法を敵視し、改憲を企てる試みと表裏一体であることを見抜く必要があります。

現に一九五〇年代に提起された明文改憲論のなかでは、「家族制度復活論」が公然といわれました。たとえば一九五三年一二月一四日に出された内閣法制局の憲法改正問題に関する資料（要旨）によると、「旧来の家制度を廃止した二四条二項の規定は、日本の実情に適しないとの意見もあるのでこれを再検討する」との項目が存在します。そして翌一九五四年に改憲を公然と掲げた鳩山内閣の改憲策動にも同趣旨の項目が入っていました。しかし再軍備反対と同時に「家」制度復活反対の女性層も加わった幅広い改憲反対運動で、その策動を阻止しました。その後の自民党の憲法調査会では一九七〇年代から九〇年代にかけて「家」制度の復活ととられる表現は避けて「家庭は祖先から受けて子孫に伝承すべきもの」というように「家族（家庭）の保護」ということを強調する形での二四条改憲の策動は引き継がれていきます。

一九八二年八月に出された自民党憲法調査会の中間報告でも「男女平等については、第一四条の一般規定と婚姻についての第二四条にみられるだけで不十分であり、あらゆる状況下における男女平等を新しい項目をおこして規定すべきだという意見が婦人委員から提起された」とされる一方で「第二四条の規定は、家庭の保護・育成をうたっておらず、改正を要すると考える」との意見が出されています。

二〇〇〇年代の改憲構想は、ジェンダー平等についてのバックラッシュと軌を一にしています。一九九九年に男女共同参画社会基本法が成立し、ジェンダー平等や女性のリプロダクティブ・ヘルス・ライツがいわれ出したその時期に、ジェンダーフリー教育への執拗な攻撃があったことも忘れてはなりません。

結婚の形態や、家族の実態、あり方が多様化している今日だからこそ「家」制度にノスタルジアを感じる保守的家庭像を理想の家庭像と喧伝する動きが、「家庭の幸せがあればよい」という「マイホーム主義」をよしとする、政治的無関心層の人びとの共感を得られた面もあることも見逃せません。

二〇〇〇年からの両院の憲法調査会でも自民党の議員が「憲法の最大の欠陥は二四条的なもの。家族やコミュニティといったものを全く認めていない点にある」などと発言しています。つまり、憲法二四条が個人主義の元凶で、家庭崩壊等の社会問題の原因はそこにあるという意見です。

そして二〇〇四年に自民党憲法改正プロジェクトチームが出した「論点整理」では、「家族や共同体の価値を重視する観点から（二四条は）見直すべきである」と明記されました。

（2）自民党の改憲草案は？――戦前の「家族国家」観と類似

さらに二〇一二年に自民党は「日本国憲法改正草案」を公表しています。この草案は憲法の全面改憲案であり、九条の二として国防軍の規定を設け自衛隊を憲法上の存在として明記していますが、二四条についても次のような改憲案が提案されています。

① 新しく第一項として「家族は、社会の自然かつ基礎的な単位として尊重される。家族は互いに助け合わなければならない」を加える。

② 現行の一項の「婚姻は、両性の合意のみに基づいて成立し」から「のみ」を削除する。現行二項の列挙事項の最初にあった「配偶者の選択」等を削除して「家族」を最初にして「扶養」「後見」等を付け加える、というものです。

これだけではわかりにくいのですが、同草案の前文その他の条項とあわせてみてみましょう。

前文では「日本国は……天皇を戴く国家であって」とあり、第一条には「天皇は日本国の元首であり」が加わります。そのうえで「日本国民は……家族や社会全体が互いに助け合って国家を形成する」（前文）とあります。さらに一二条には「国民は……自由及び権利には責任及び義務が伴うことを自覚し、常に公益及び公の秩序に反してはならない」とあります。つまり国民の人権は、公益や公の秩序に反してはならないという基本原則が明記されているのです。さらに、一三条では「全て国民は人として尊重される」となります。現憲法一三条には「すべて国民は、個人として尊重され」とあるのと、どうちがうのでしょうか。現憲法一三条は「個人」は、国家や社会の基礎が「個人」にあり、さまざまな個性をもちちがう価値観をもつ個々人の人権が最大限尊重されなければならないことを意味します。それに対し改憲草案は、人権の主体としての個人ではなく、同質的な「人（ヒト）」一般に解消しているといえるでしょう。

つまり、先にみたように、改正草案では、「家族」が「社会」の「基礎的な単位」との位置づける一方で「個人の尊重」が抜け落ちているのです。

このように改憲案は、「個人の尊重」より「家族の尊重」であることが明らかです。そしてまた「公共」のもっとも身近で最少の形が家族である一方で、最大の「公共」が国家であり、家族は国家を支えるものという考えが示されています。戦前の「家族国家」の思想になんと似ていることでしょうか！戦争を行う「国家」を、家族が下支えし戦争協力を強いられた戦前の時代の「国家」と「家族」観と同じです。

そこには「国家」は「家族」に支えられるのであって、「家族」を「国家」が支えるという思想はありません。

だから、「家族は、互いに助け合わなければならない」のです。「自助・共助」が基本であり、「公助」は最小限に止められます。復古的に見える「家族の価値」の強調は、実は、新自由主義のもとで、貧困や格差が広がり、コロナ禍でそれがより過酷な形で顕われている今日の現状のなかで「自己責任（自助）」と「家族の共助（共助）」を強調して、国家が政治としての責任（公助）を果たさなかった

「アベスガキシダ政権」以来の自公政権の無責任さを正当化する論理なのです。弱肉強食の新自由主義を支える家族観です。

ところで、自民党と旧統一教会（世界平和統一家庭連合）のゆ着が問題になっていますが、旧統一教会の家族観は自民党のそれと一致しています。「夫婦別性反対」「同性婚反対」「家庭教育支援大事」等々です。

ここで、政府の「少子化対策」をみてみましょう。菅前首相は、少子化対策のひとつとして、不妊治療費の助成という提案をうち出しました。たしかに、身体的要因から子どもをもちたくてももてない夫婦にとってそうした政策は必要であるし、有難いことです。しかし、すでにみた世論調査でも、希望する子ども数をもてない者にとっての、最大のネックは、「子育てにお金がかかる」ということ、つまり、経済的理由なのです。だから少子化対策には、現実の貧困・格差への国家の支援だけではなく、高等教育も含めた学費の無償化や給付型の奨学金制度といった教育政策が不可欠なのではないでしょうか。

それなのに、少子化対策基本法では「家族や子育てに夢を持ち、かつ安心して子どもを生み育てる社会の実現に資すること」が「国家の責務」ではなく「国民の責務」とされています。本末転倒も甚だしいといえます。

2 改めてジェンダー平等にかかわる憲法を検討する

これまで戦前の家父長制の「家」制度を根本的に変えたのが、日本国憲法の制定であったことはくりかえし述べてきました。戦後、憲法にもとづき男女差別をなくし男女平等を保障するさまざまな法律の改正・制定がされたわけで憲法はまさに〝女性の権利宣言〟でした。

（1）個人の尊厳（尊重）と性別による差別の禁止

まず憲法一三条は「すべて国民は個人として尊重される」ことと、国民には「生命・自由及び幸福追求に対する権利」（幸福追求権）があることを定めています。

そして一四条一項では「すべて国民は法の下に平等であって人種、信条、性別、社会的身分又は門地により政治的、経済的又は社会的関係において差別されない」と「性別」による差別禁止が明記されました。まず戦前の女性に対する政治的差別（①選挙権・被選挙権そして地方政治への参政権も認めない、②政党への参加、政治活動を認めないなどの差別）法規は撤廃されました。そして教育の差別――男の子と女の子のコースを分けた男女別教育の廃止、女性にも高等教育の門戸が開かれました。労働者としての権利を保障するために新しく労働基準法が制定され、そのなかで男女同一賃金原則（労基法四条）が規定されました。

人間の平等、個人の権利の普遍性をうたうのは近代憲法の特徴ですが、性別による差別を明確に禁止する憲法は日本国憲法制定（一九四六年）当時では、まだ少数でした。またそれなりの理由はありますがアメリカ合衆国憲法では未だに明文の規定はありません。憲法一四条が「性別」による差別を明確に禁じ、かつ「政治的、経済的又は社会的関係において」差別されないことをうたっているのは先進的です。そのうえで憲法はさらに二四条を設けているのです。これもまた当時としては画期的なことでした。

（2）憲法が二四条を設けた意義

①　近代家族の特徴

一八世紀末のフランス革命の頃から、近代国民国家が成立してきます。その頃の国家と家族はどんな関係だったのでしょうか。

家族は国家が国民を統治するための中間団体として、国家により公的に保護されました。つまり、家族は「国家による国民統合の装置」として保護されたのです。しかし一方で家族は、「国家権力の介入を防ぐ防波堤」でもありました。このような公私二元論で国家と家族の関係が成り立っていました。

日本の戦前の民法も影響を受けたフランスのナポレオン民法典では、妻は夫の後見下で、財産の処分権や管理権が認められず、夫と妻とでは貞操義務も離婚要件も明確な不平等が法的に認められ、家長の支配と家族の服従によって家族制度が確立されていました。明治民法と同様の家父長制家族です。フランス憲法は「自由と平等」をうたっていますが、それは、あくまでも、公的分野においてであり（とはいえ、公的分野でも長いこと選挙権をはじめ男女は平等ではありませんでした）、家族の内では、家長が家族を代表し、家長が女性や子どもを支配することを容認するという二重構造でした。そして家族は「国家権力の介入を防ぐ防波堤」であるのは、反対に「法は家庭に入らず」といわれるように、国家は、家族内の家族間の不平等・人権侵害には介入せず、家族内の差別、人権侵害や女性の隷属を固定化し隠しました。

② 現代憲法としての二四条

公私二元論にもとづく近代憲法は二〇世紀後半以降修正を余儀なくされ、ワイマール憲法にみられるような現代憲法のもとで家族の保護と男女平等が確立されていきます。わが日本国憲法は現代憲法の典型ともいえるものです。一三条、一四条のほかに二四条を設けて、婚姻の自由と夫婦同権の明記とともに、婚姻や家族に関する法律は、個人の尊厳と両性の本質的平等に立脚して制定されなければならないことを明記しました。家族内の人権侵害や両性の不平等がある場合は国が家族内に積極的に介入できることを示したといえます。

ただ、ベアテ・シロタさんが精力的につくりあげた「ベアテ・シロタ草案」にもとづいてつくられたマッカーサー草案にあった「家族は人類社会の基礎であり、その伝統は善きにつけ悪しきにつけ国全体に浸透する。それ故、婚姻と家族とは、法の保護を受ける」との文言は、運営員会で削除されました。その文言は、「家」制度に通じかねず家族保護の色彩を払拭することに主眼がおかれたためといわれています。

そして、一九四六年六月からの帝国議会での審議（憲法改正、新憲法はあくまでも帝国憲法の改正という形をとった）の過程では、保守派議員からの「家」制度擁護論と、社会党や日本共産党などの左派議員からの、ワイマール憲法型の家族保護論の両論が主張されました。憲法学者の辻村みよ子さんは「結局、この両者を同様に排除する形で「家」制度の否定による近代化、民主化が志向されました。いわば左右両派の攻撃に対する妥協として、個人尊重主義を基礎とした画期的な憲法二四条が成立したということができます」と述べています。[1]

③ 憲法は「家族の保護」をうたってないか？

ところで、憲法は、改憲勢力がいるように「家族（家庭）の保護」を視野に入れていないのでしょうか。そんなことはありません。

たしかに、前述したように、憲法制定過程では、ワイマール憲法およびそれにならった諸憲法が、婚姻や家族について、保護規定をおいているのにそのような規定はありません。そして、もともと、ベアテ草案にあった「女性と子ども、恵まれないグループの人々は、特別の保護が与えられる。国家は、個人が自ら望んだ不利益や欠乏でないかぎり、そこから国民を守る義務がある」はマッカーサー草案の段階で削られています。

各国憲法のなかには、社会主義国の憲法、たとえば、中華人民共和国憲法では「婚姻、家族、母親および児童は、国家の保護を受ける」とあります。また、先進資本主義国であるドイツ連邦共和国基本法では「一　婚姻および家族は、国家秩序の特別の保護を受ける。二　子どもの育成および教育は、両親の自然的権利であり、かつ何よりもまず両親に課せられている義務である。三　この義務の実行については、国家共同体がこれを監視する。四　すべての母は、共同社会の保護と配慮とを請求することができる」と規定されています。同じく、先進資本主義国であるイタリア共和国憲法でも「共和国は、婚姻に基づく自然的共同体としての家族の権利を認める」「子どもを育て、教え、学ばせることは両親の義務であり、権利である」などと規定されています。

そして、世界人権宣言では「家庭は、社会の自然かつ基本的な集団単位であって、社会及び国家の保護を受ける権利を有する」（一六条三項）とあり、二五条一項では「自己及び家族」の健康および福祉のために十分な生活水準を保持する権利がうたわれ、二項では「母と子とは、特別の保護及び援助を受ける権利を有する」と定められています。

そこで、日本国憲法をみてみると、二四条二項には、「家族に関するその他の事項」が含まれているのです。だから、有名な憲法学者である宮沢俊義さんは次のように述べています。「個人の尊厳と両性の平等に立脚する家庭こそ、民主社会の重要な生活単位であり、そこでこそ人間に値する生活が営まれる可能性が多いのであるから、憲法は、それをどこまでも守ろうとする。マッカーサー草案に『家庭は人間社会の基底である』とあったのも、諸国の人権宣言に家庭を保護する旨の規定があるのも、その意味である。日本国憲法には、そういう規定はないが、それは民主主義の当然の帰結であり、あえて明文の規定をまたない[2]」。

(3) 二四条の社会権的側面と現代的意義

前述したように、憲法はまず第一に国家が立法によって家族を保護することを認めていますが、個人の尊厳と両性の本質的な平等に反するような家族関係を保護するような立法は許されないことも明確にしています。また、特定の形態の家族のみを保護する立法は許さないのです。そして、国家が家族関係に不当に介入することも認めません。その点では自由権規定です。

しかし、同時に憲法は家族関係を維持するための何らかの援助を行うよう国家に対して要請しているとみられます。今日の社会において、家族生活の経済的保障がなければ「個人の尊厳と両性の本質的平等」は維持されず、人間に値する生活が脅かされてしまいます。国家による社会保障、労働権の保障、教育権の保障がなければ「個人の尊厳と両性の本質的平等」にもとづく家庭（家族）生活を築くことはできません。国民には家庭生活の保護のための医療、介護、保育、教育、その他の社会保障等の充実を求める権利（社会権）があるといえます。その意味では、二四条は社会権的規定という側面をもつのです。そして、二五条に規定される「生存権」は二六条の「労働権」二七条「教育権」等の社会権規定とあいまって、個人はもとより「家族」も健康や福祉、社会保障の対象とされなければならないことを意味すると解されるのです。[3]

利谷信義氏は「二五条にある生活権保障はより具体的には家族の場におけるよりよい生存の保障につながらなくてはならない」と述べ、二四条と二五条を「あわせて読む」必要性を指摘されています。[4]隈野隆徳氏も「二四条と二五条を統一的に把握し運用することが重要である」とされています。[5]

ところで、少子高齢化が進むなかで家族をめぐる状況は大きく変化しています。第一に、家族の小規模化がつづいています。戦後の特徴でもある核家族化は、最近ではより進み、夫婦と子と親の三世代以上の世帯は、一九六〇年には三一％あったのが、二〇一九年には五・一％に減少し、さらに一人世帯と夫婦のみ世帯が全世帯の約五割を占めます（二〇一九年で一人世帯二八・八％、夫婦のみ世帯二四・四％）。

第二に、少子化により一八歳未満の子どものいる家族の減少です。日本の合計特殊出生率は二〇二一年には一・三七まで落ち込み、先進国中でもっとも低い国の一つであす。それもあって、一八歳未満の子どものいる世帯数は、全世帯の五分の一にすぎなくなりました。さらに、そのなかで夫婦と子と親の三世代同居の世帯は五・一％に減少する一方で、母子・父子世帯は七％を占めるようになりました。ひとり親になった理由は生別が八割（父子）から九割（母子）を占めます。

第三に、平均初婚年齢が上昇をつづけ、晩婚化の傾向はいっそう強まっています。離婚については離婚件数、離婚率ともに二〇〇二年をピークに上昇しつづけ、その後漸減してはいるものの、婚姻件数三に対して離婚件数は一です。同居期間五年未満が三一％を占めます。親が離婚した子どもの数は一九七〇年には九万人であったが二〇一九年には約二〇万人になっています。また、結婚した妻の一六・九％、夫の一九・七％が再婚であり、一九六五年の再婚率が妻五・七％、夫八・六％、に比べて大幅に増加しています。

第四に、晩婚化・非婚化により二五～二九歳では女性の約六割が未婚・非婚で、その割合は上昇しつづけているし、子どもをもたない夫婦もあります。また、夫婦別姓を貫くために婚姻届を出さない事実婚カップル、同性婚あるいはシングルマザーとして婚外子を産むことを意識的に選択する者も確実に増加してきています。

以上要するに、今日の家族（家庭）のあり方はきわめて多様化しているといえます。女性のライフスタイルも変化してきています。

こうした状況は、生活の維持、子どもの養育、高齢者の介護等も含めて、家族のことは家族にまかせればよい（自助・共助）ということは通用せず、国や社会による「公助」（ケア労働の保障）が不可欠になっている家族が多数存在し、それを放置するのは国としての責任放棄なのです。そうした家族の実態をふまえて、社会権的側面をもつ二四条は現代的意義をもつ貴重な条文です。

それにひきかえ、改憲派がもくろむ家族規定は、むしろ家族をこのような公助の対象とはとらえず、逆に「家族は互いに助け合わなければならない」という条文（案）にみられるように、私的な相互扶助義務の主体ととらえている点で、戦前の「家」制度復活に通ずるのです。

改憲派の考える家族は「互いに助けあう」自助、共助が大前提の家族です。しかし、憲法二四条は、社会や国家による「公助」により支えられる家族です。二五条の生存権をはじめ、二六条の教育を受ける権利、二七条の労働権等、社会権の三条規定により支えられる家族であることを忘れてはなりません。

（4）憲法を活かすには——おかしいと思ったら声をあげる

新憲法制定時には社会問題化していなかった同性婚などについて、憲法は規定しているのかどうかなど現代的課題については後に述べます。

大切なことは、憲法で男女平等がうたわれたからといって長いこと、性別役割分担や性差別があたりまえの社会で育ち生活していた人びとにとって、日常生活のなかで意識が変わるのは簡単なことではないということです。憲法制定（一九四六年一一月）から七五年たった今日でも、まだまだジェンダー差別は存在することはすでに見てきたとおりです。

そして、国民の意識が変わらないかぎり、ジェンダー差別や性別役割分担が「社会通念」として「公序良俗」として許容されてしまうのです。

そして「男は仕事、女は家庭」という性別役割分担が「社会通念」として是認されるかぎり、女性差別にはあたらないというのが判例の傾向です。

初任給に男女差があっても、その時の「社会通念」からは認められるとして、その後の賃金格差も肯定されるという判例がいくつもあります。

また「コース別雇用」についても、採用当時は男女雇用均等法が制定されていない状況下で「社会通念」として是認されていたとして、均等法制定以降でないと差別とは認めない判例もあります。

だから、これまで「あたりまえ」とされていたことに対し国民が「おかしい」と声をあげることがとっても大事なことなのです。

3　今後の課題――民主主義の十分条件をつくろう

（1）女性参政権（選挙権）は民主主義の十分条件か？

①　女性参政権と民主主義

前田健太郎さんの著書に『女性のいない民主主義』（岩波新書、二〇一九年）があります。この本によると、ヨーゼフ・シュンペーターの『資本主義・社会主義・民主主義』（一九四二年）では、「民主主義とは、政治指導者が競争的な選挙を通じて選ばれる政治体制を指す。これに対して、競争的な選挙が行われない国を、権威主義体制あるいは独裁体制と呼ぶ」そうですが、ジェンダーの視点からみれば、いくら競争的な選挙を通じて選ばれる政治体制であっても人口の半分を占める女性に参政権を認めない国の政治体制は、とうてい、民主主義とは言えないと問題提起されています。

代議制民主主義が生まれたヨーロッパでも、参政権は長いこと男性の手に握られ、女性は排除されてきました。

図表15　女性参政権の先発国

導入年	国名
1893	ニュージーランド
1902	オーストラリア
1906	フィンランド
1913	ノルウェー
1915	デンマーク、アイスランド
1917	カナダ
1918	オーストリア、エストニア、ジョージア、ドイツ、アイルランド、キルギスタン、ラトビア、ポーランド、ロシア、イギリス
1919	ベルギー、ベラルーシ、ケニア、ルクセンブルク、オランダ、スウェーデン、ウクライナ

出典：Paxton and Hughes（2017）52頁より筆者作成。前田健太郎『女性のいない民主主義』（岩波新書、2019年）77頁より

今では、民主主義の国で女性に参政権がない国は、世界的に見てもほとんどありませんね。しかし、図表15をみてわかるように、歴史的にみると女性参政権は男性の普通選挙権が早い段階で認められた国であっても、必ずしも早期に獲得できたわけではありません。

イギリスでは一九一八年に女性参政権も部分的に解禁され、全成人に選挙権が与えられたのは一九二八年です。アメリカでは一九二〇年に女性参政権が認められました。しかし、フランスで女性参政権が認められたのは一九四四年です。スイスは一九七一年まで女性参政権を導入していませんでした。

参政権（選挙権および被選挙権）の獲得は民主主義にとっては必要条件といえますが、その獲得にも長くねばり強いたたかいが必要だったことがわかります。

しかし、女性の参政権が認められていても男性ばかりが議席を占める議会は、女性を代表する議会とはいえません。そして女性を適切に代表するには、一定以上の数の女性議員が必要になるでしょう。

図表16　女性参政権の導入と女性議員の割合

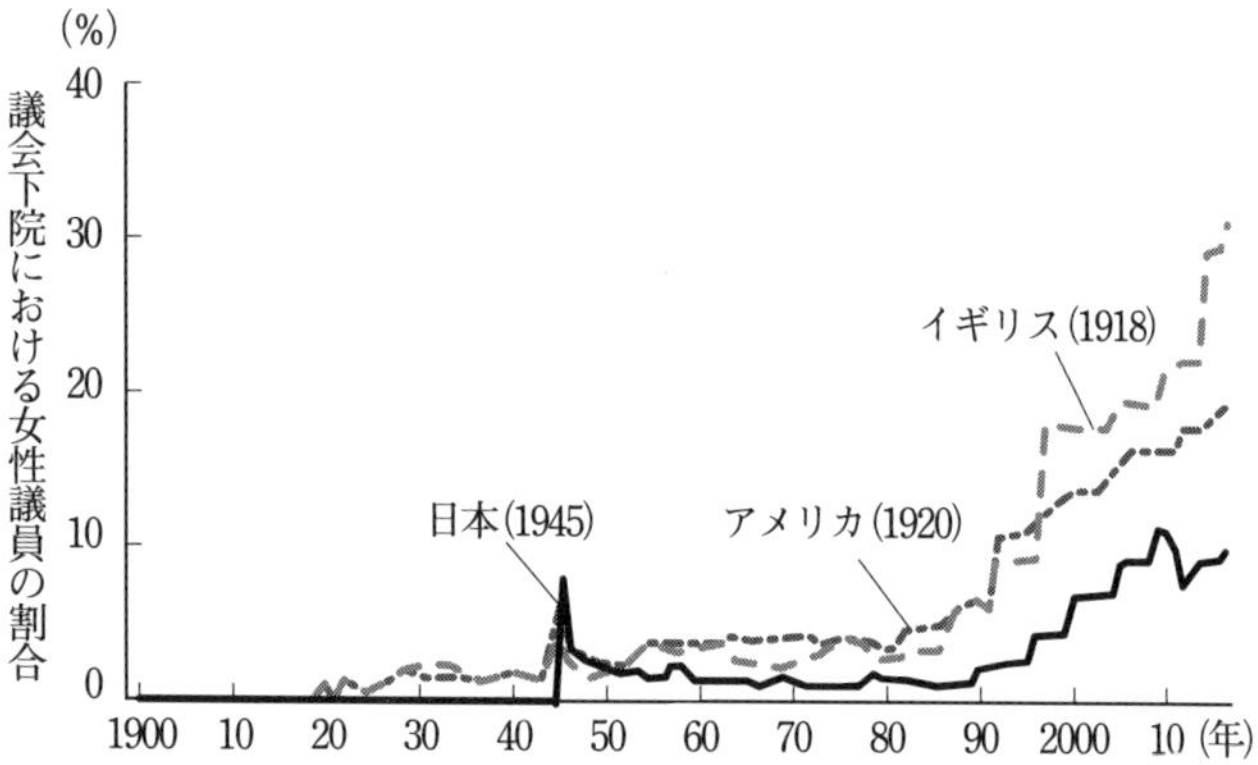

注：(　)は女性参政権の導入年
出典：V-Dem Version9より筆者作成。P70

つまり民主主義社会にとって、一定数以上の女性議員がいなければ、十分に民主主義である(十分条件が整っている)とは、いえないというのが前田さんが言わんとするところです。同感ですね。

②　女性議員の占める割合が民主主義のバロメーター

前田さんの前掲書に図表16が載っています。

前述のようにアメリカでは女性参政権は一九二〇年に導入されますが、第二次世界大戦後まで女性議員はほとんど誕生していません。その後も一九八〇年代まで五％程度でした。

イギリスでも、一九二八年に男女平等な選挙権が実現したものの、やはり一九八〇年代まで女性議員の割合は五％程度にとどまっています。

日本の場合一九四五年に女性参政権が導入され、翌年の総選挙では公職追放で多くの現職議員がいなかったこともあって三九人の女性議員が当選し、

図表17　女性議員の進出

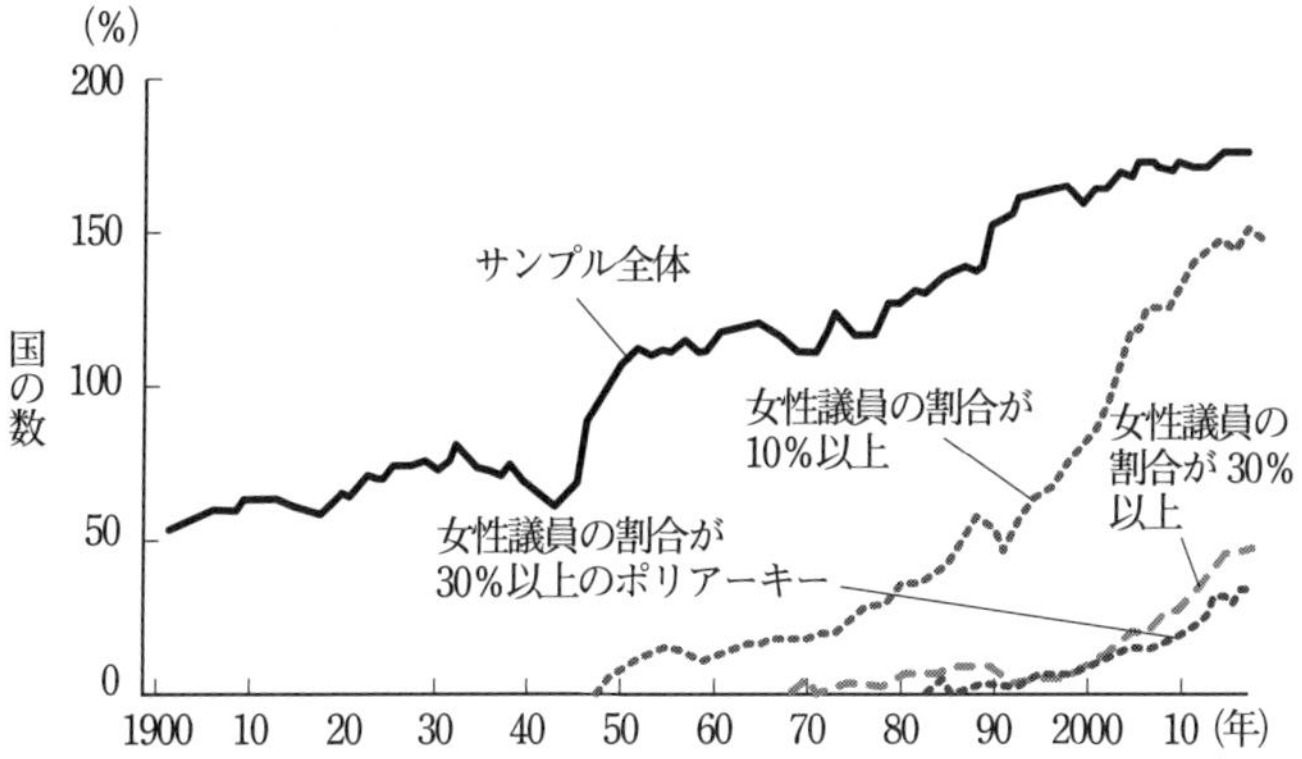

出典：V-Dem Version9より筆者作成。P87

八・四%を占めました。しかしそれ以後女性議員は急速に姿を消し、一九九〇年代ごろまでほとんど伸びを見せていません。

　このように、女性に選挙権が与えられているだけでは不十分です。女性が男性と同程度の議席を占める政治体制こそが、民主的といえるでしょう。

　前田さんの図表17は、三つの視点から図示したといいます。

　第一は、議会下院における女性議員の割合が一〇%を上回る図です。

　第二は、議会下院における女性議員の割合が三〇%を上回る図です。この三〇%という値は、組織のなかで女性が能力を十分に発揮できる下限（クリティカル・マス）です。

　第三は、クリティカル・マスを備えた国のうち、競争的な普通選挙を行っている国です。

　これをみると、女性議員の割合が一〇%を突破した国の数は一九五〇年代から増えつづけ今日ではほとんどの国がこの条件を満たしています。そうでない国は三〇か国程度です。ですが、女性議員の割合が三〇％を超えている国の割合は、それほど多くないのです。競争的な普通選挙を行っている国として女性議員の割合が三〇％を超えているのは一九八三年のフィンランドが最初です。そのような国が本格的に増え始めるのは、二一世紀の現象といえます。

③　日本の女性議員は一〇％を切る

ところで、今日の日本はどうでしょうか。衆議院議員に女性が占める割合は、九・九％で一〇％を切ります。二〇二二年版世界経済フォーラム（ＷＥＦ）の調査によると、日本のジェンダーギャップ指数は世界一四六か国中一一六位です。とりわけ政治分野では一三九位になっています。先進国としては恥ずかしいくらい低水準であり、とうてい「民主主義の国」といえないのではないでしょうか。なお、同調査によると閣僚比率は一二六位、過去五〇年間の女性首相の在位期間は〇年（女性首相が誕生したことがないのだから当然ですね）で七六位になっています。

政府の第五次男女共同参画基本計画では、これまでの目標であった「社会のあらゆる分野において、二〇二〇年までに指導的地位に占める女性の割合を少なくとも三〇％程度に」という達成期限が守られなかったため、この目標は「二〇年代の可能な限り早期に」と先延ばしにされてしまいました。そして「あらゆる分野において」のなかでもっとも重要な政治分野、国の政治方針を決める国権の最高の議決機関である国会での男女共同参画がこんなに遅れているのは恥ずかしいかぎりですね。

この現状を変えようと、二〇一八年に超党派の女性議員が結束して議員立法で「政治分野における男女共同参画推進法（略称）」（以下候補者男女均等法という）の法案を提案し、同年に成立しました。

この法律は、政党に女性立候補者の割合を増やすよう努力義務を課していますが、法的強制力はありません。そのため、二〇一九年参議院選挙での各政党の女性候補者の比率は二八・一％にとどまっています。社民七一・四％、共産五五・〇％、立民四五・二％と立憲野党は均等に向け努力していることが見てとれますが、問題は政権党である自公です。自民党は一四・六％、公民党は一八・三％という低さでとうてい〝努力した〟とはみられない状況です。政権与党が女性の政治参加の足を引っ張っているのです。当選した女性議員は一〇・一％と微増にすぎません。

そして、法律の施行後初めての衆議院議員選挙（二〇二一年一一月の総選挙）をみてみましょう。女性候補者の割合は、全体で一七・七％と法施行前の前回衆院選の一七・八％と比べてほとんど変らず、依然として女性候補者を増やそうとする努力が政権与党にはいっこうに見られませんでした（ちなみに自民九・八％、公明七・六％、社民が六〇・〇％、共産三五・四％、立憲一八・三％です）。前回の参院選と同様に、野党は共産「五〇％」社民「五〇％」立民「当面三割、最終的には半々」という目標を設定していましたが、自民・公明は前参院選時と同様に、目標すら設定しないという無責任さでした。

衆院選は、小選挙区では一人しか当選できない制度のため、各党が候補者も一人しか擁立できないので、政党が本気で取り組まないかぎり、女性候補は増えないし、今回は野党が候補者を統一する選挙協力もあって、これまで女性候補を積極的にたててきた共産党、立憲民主党も今回の総選挙での現実の女性候補者数の割合は、前述の数字にとどまっています（この点で小選挙区制に問題があることも事実です）。

選挙結果は、女性の当選者は小選挙区二四人、比例二一人で、自民二〇人（七・七％）、立憲一三人（一三・五％）、公明四人（一二・五％）、維新四人（九・七％）、共産二人（二〇％）、国民民主一人（九％）、れいわ一人（三三％）、にとどまりました。結局下院（日本では衆議院）に占める女性割合はこれまでの九・九％に対し、今回は九・六％と前回を下回る結果で、やはり一割にとどかないのです。

立憲民主党の泉健太代表は、二〇二二年六月の参院選では、比例区も含めて可能なかぎり「女性候補五割」を目指すといい、共産党の公認候補は約六五％が女性でした。開票結果は、女性当選者は三五人で二〇一六年、一九年の二八人を上回り過去最多になりました。それでも全当選者に占める割合は二八％で、非改選を合わせると女性参院議員は過去最多の六四人ですが、割合は二五・八％にすぎません。

④ 地方議会での女性議員

地方議会ではどうでしょうか。やはり二〇二〇年一二月末でみると、全体としても一四・五％と低迷しています。

女性の割合がもっとも高いのが東京都の特別区議会で三〇・二％、政令指定都市の市議会では二〇・四％、市議会全体では一六・二％、都道府県議会は一一・五％、町村議会は一一・三％となっています。すべての都道府県議会に女性議員がいる一方で、市区議会の三・七％、町村議会の二九・〇％では未だに女性議員はゼロとなっています。

もっとも身近な町村議会議員が女性ゼロだったり、平均しても一一・三％しかいないという現状は、まさに日本は未だ「女性のいない民主主義」なのだということを如実に表しています。

二〇二一年六月の候補者男女均等法の改正で、国や自治体は、議員活動と妊娠・出産・育児などの家庭生活の両立を支援する体制づくりを行うとされました。ハラスメントについても、研修の実施や相談体制の整備が求められました。政府は、専門家らによる検討会を設置し、今春に向けて、研修用のビデオ教材づくりを始めたといいます。

その作業に先だって、内閣府が全国の地方議員から集めたハラスメントの事例は約一三〇〇件で、内訳はパワハラ六八・四％、セクハラ二二・九％、マタハラ一・四％などでした。しかも、被害を受けたのは、有権者からが五三・五％で、同僚である議員からの四六・五％を上回っています。「投票するからと交際を強要された」「ポスターにわいせつな内容を書き込まれた」等々で、有権者の意識改革も大変大事であることがわかりますし、有権者の意識のなかに、まだまだジェンダー差別が根強くあることがわかります。

（2）今こそ政治の場でのクオータ制の実現を！

①　日本とフランスの比較

ところで今年（二〇二二年）は、日本で初めて女性が参政権を行使した一九四六年から七六年です。七六年経っても女性議員の割合はいっこうに増えません。

ここで、日本とほぼ同時期（一九四四年）に女性参政権が認められたフランスと日本を比べてみましょう。

初回（二〇〇六年）のWEFのジェンダーギャップ指数のフランスの順位は七〇位で日本の七九位とさほど差がありませんでした。しかし今回はフランスの順位は一六位とぐんと順位をあげ、政治分野では二〇位になっています。日本の一四七位とではその差は歴然です。そして、フランスでは現在、閣僚は男女同数で、議会に占める女性議員は三九％です（日本の約一〇％とは大ちがい！）。

このちがいはどこからくるのでしょうか。フランスでは二〇〇〇年から罰則つきでクオータ制であるパリテ（議員候補者数を男女同数にする）法が導入され、本気で女性議員を増やしてきた結果なのです。女性議員の比率をあげるには、自然成長に任せるのではなく、国による政策的支援が不可欠なのです。今や途上国も含め一三〇以上の国で議席の一定割合を女性にあてるクオータ制がとられていますが、日本は「候補者」についての実効力のある男女均等法も実現できてないことは前述のとおりで、政治分野の遅れがジェンダー平等の足かせになっている現実を変えるには、クオータ制の導入が不可欠ではないでしょうか。

元文部大臣で日本ユニセフ協会会長である赤松良子さんが会長を務める「クオータ制を推進する会（Qの会）」は、「議会の半分を女性に」と運動しています。

クオータ制については、選挙の公平性を害するという意見があったり、日本維新の会は「やみくもに数値目標の設定や実現に先走ることになれば、不幸なミスマッチが起こる可能性を否定できない」と消極的な姿勢を示しています。しかし、クオータ制はじめ、ポジティブ・アクション（暫定的是正措置）は、非常に遅れている分野に特別の措置をするというもので、公平性を害するものではありません。もちろんある程度是正された段階では、止めるものです。女性が人口の半分を占めるのに女性議員が一〇

%という現状は、平等ではないのでフィフティ、フィフティになるまでの間は女性を優遇するということを政策的に採ることが必要で、決して公平性を害することではないのです。

朝日新聞の社説（二〇二二年一月二九日）では、「一案として、各党が足並みをそろえて、比例区の候補者を男女同数にしては」と提案しています。候補者名簿に順位がなく、個人名での得票順に当選が決まるので、党内合意を得やすいだろうとのことだそうです。社説のしめくくりに「全会一致の議員立法で決めた法律（著者注・候補者男女均等法）である。このまま均等法の形骸化を許してはならない」とあります。まさにそのとおりと思います。

（3）指導的地位に占める女性の割合と積極的是正措置

①　国家公務員に占める女性の割合

二〇二〇年四月一日付で採用した国家公務員に占める女性の割合は三六・八％で、前年度を一・四ポイント上回り、二〇〇五年度の調査開始以降で最高となりました。また、総合職試験からの採用者に占める女性の割合は三五・四％となりました。

全体の採用数は八六一人でうち女性は三一七人。中央省庁の幹部候補となる総合職は七三一人中二五九人が女性で、割合は過去最高の三五・四％となりました。一般職は三九・一％、専門職は三三・八％が女性でした。

しかし国家公務員法上、採用と昇進は性差別禁止を明記しているにもかかわらず、女性の採用割合は未だ半数にはなっていないのです。たしかに試験合格者、採用者、在職者に占める割合は増加しつづけてきました。しかし役職段階別にみると、係長職は二六・五％ですが、地方機関課長、本省課長補佐相当職一二・三％、本省課長相当職五・九％および指定職相当四・四％と、職務の等級が上がるにつれ、女性比率は急減します（令和二年七月現在）。

② 国の審議会等における女性委員の割合

国の審議会等における女性委員の割合は、二〇二〇（令和二）年九月三〇日現在四〇・七％になりましたが、専門委員、特別委員等は三〇・三％で、ようやく三〇％をクリアした段階です。

③ 地方公務員に占める女性の割合

二〇一九（令和元）年度の地方公務員採用試験採用者に占める女性の割合は、都道府県では全体で三六・三％、うち大学卒業程度三三・六％、政令指定都市では全体で四四・二％、うち大学卒業程度で四〇・一％です。長期的にみれば都道府県の大学卒業程度において上昇傾向にあります。

④ 女性の管理職と役員

厚労省の「令和二年度雇用均等基本調査」によると、係長相当職以上の女性管理職を有する企業割合を役職別にみると部長相当職がある企業は一三・一％、課長相当職がある企業は二〇・八％、係長相当職がある企業は二二・六％となっています。まだまだ係長以上の管理職に女性がいない企業が多数あることがわかります。

また、管理職に占める女性の割合は、部長相当職では八・四％、課長相当職では一〇・八％、係長相当職では一八・七％、となっています。いずれも令和元年に比べるとやや多くなっていますが、とても三〇％には届いていません。

これらの分野でも、ジェンダー平等の実現には目標割合を設けて女性を積極的に登用するポジティブ・アクション（積極的是正措置）が必要です。

EU諸国ではジェンダー平等のためにポジティブ・アクションを有効に活用しようと呼びかけています。

⑤　企業の女性役員

東証一部上場企業のうち、女性役員のいない企業が二〇二一年七月末時点で三割にのぼります。女性役員の比率は上場企業全体で七・五％にとどまります。男女共同参画局が二〇二一年末に「役員四季報データベース」（東洋経済新聞社）などをまとめホームページで公表したものです。

女性役員のいない東証一部上場企業には、東レやキャノン、JR東海や博報堂ホールディングス（HD）、日本テレビHD、フジメディアHDが名をつらねています。女性役員がいても一人だけの企業や、三割に満たない企業が圧倒的です。経済三団体のトップを出している企業では、住友化学は役員一七人中女性は一人（五・九％）、SOMPO・HDは二六人中三人（一一・五％）、日本製鉄は一八人中一人（五・六％）でした。

政府は第五次男女共同参画基本計画（二〇二〇年一二月閣議決定）で「東証一部上場企業役員に占める女性の割合を二〇二二年までに一二％にする」目標を示しており、経団連も「三〇年までに三〇％以上」

の目標を掲げていますが、達成には程遠い現状です。

ノルウェーやアイスランドでは、会社役員についても、一方の性が四割以下であってはいけないという法律を制定し、企業に義務づけています。こうした「役員均等法」をわが国でもみならわなければならないのではないでしょうか。

（4）積極的是正措置(アファーマティブ・アクションまたはポジティブ・アクション)の必要性

①　積極的是正措置

政治の場でのクオータ制については前述しましたが、雇用の場などでも女性差別や人種差別など差別を是正するためには、積極的是正措置が必要です。

アメリカやオーストラリアではアファーマティブ・アクションと呼ばれていますが、ヨーロッパ諸国ではポジティブ・アクションと呼ばれています。

日本では、男女共同参画社会基本法や男女雇用機会均等法で、積極的是正措置として奨励されています。現実にある差別を是正するための暫定的な措置です。

アメリカでは、もともとは人種差別を是正するものでしたが、一九六七年の大統領令一一三七五号で性別も加わり連邦政府との間に五万ドル以上の契約をもつ従業員五〇人以上の組織は、アファーマティブ・アクション計画書を労働省の担当部局（ＯＦＣＣＰ）に提出しなければなりません。計画書には、従業員について職種別の人種・出身国・性別割合、地域労働市場における女性と少数民族者の雇用可能な有資格者労働者プール（集団）の分析、両者を比較して女性と少数民族者の雇用が少ない分野の認定、少ない場合はその修正のための目標と日程の設定、目標達成に向けての進捗状況の報告などを記載します。違反に反する制裁として、罰金や補償金の支払い、契約の解約や中止、一定期間の契約資格剥奪があり得ます。

② 差別の実態の公表の義務づけが第一歩

EUでは、女性の賃金は男性の八〜九割になっていますが、二〇二一年三月男女の賃金格差公表を企業に義務づけるEU指令案を発表しています。是正しない企業への罰金、ペナルティも含まれています。日本ではどうでしょうか。歴代政府は、企業に男女賃金格差の実態の公表を義務づけることすら拒否しつづけてきました。「女性活躍推進法」では、財界の反対で賃金格差公表義務を盛り込むことができませんでした。また、一九九三年までは有価証券報告書で記載が義務づけられていた、男女別平均賃金の記載を「省令改正」で削除してしまいました。

男女賃金格差是正は、賃金格差の実態を目に見えるものにする、すなわち公表です。そのうえで、格差是正計画を策定させ公表することが第一歩です。そして国はその是正計画の実行を指導・監督を行うようにすることが必要です。

また、国としても、男女賃金格差の実態を把握したうえで、是正計画を策定すべきです。

二〇二一年一月の国会で、岸田首相は、男女の賃金格差を有価証券報告書の開示項目にすることを検討すると約束しました。このことは、一歩前進ではありますが、女性活躍推進法その他の法令での男女賃金格差の公表の義務づけが必要です。また、開示だけではなく格差是正に向けての企業の計画書の作成と公表の義務づけもあわせて法令に盛り込む必要があります。

「公表」がなぜ必要かというと、医学部入試の男女合格率の公表により、そのことがわかります。二〇一八年に医学部で女性受験者などに不利な合否判定がなされたことは前述しました。再発防止を求めた世論におされ、文科省は二〇二一年度の医学部入試での男女割合倍率を公表しました。それによると二一年度の全国八一大学の医学部入試では、女性の合格率（合格者数／受験者）は一三・六％で、男性一三・五一％を上回りました。[6]

全国の医師・歯科医師一〇万人以上が加入する「全国保険医団体連合会」（保団連）によると、男性の合格率が女性より高い医学部は、二〇年度までは、全体の約七割だったのに対し、二一年度は五割以下に減ったとのことです。

文科省は一八年九月に、一三〜一八年度分を公表していますが、いずれの年度も女性合格者率は男性より低く、今回の公表で初めて女性が男性の合格率を上回ったのです。保団連は、「男女別合格率公表が影響していると考えられる」と指摘したうえで、受験科目ごとの男女別成績などの公表を求めています。

「公表」が不正な差別を許さない、公正な入試制度につながることが証明されたともいえるでしょう。

③　理工系分野に進む女性の少なさとそれへの対策

また、ＯＥＣＤ（経済開発協力機構）諸国のなかで、日本だけが女性の四年生大学・大学院への進学率が男性より低いこともあり、高等教育を受けた男女の生涯収入の格差が非常に大きいことも問題です。

その一因として、理工系分野を専攻する女性が少ないということも指摘されています。「女子なのに理工系なんて」という周囲の思い込みや偏見、「アンコンシャス・バイアス」があるのではないでしょうか。

同じくOECDの調査によると、高等教育機関における入学者の女性割合は、日本は「自然科学・数学・統計学」分野で二七%、「工学・製造・建築」で一六%と比較可能な三六か国中いずれも最下位でした。

埼玉大の女子学生は、理学部で約三割、工学部で一割弱ですが、裾野を広げるため、二〇二一年度から女子中高生に特化した事業を始め、出前授業などで理工学の魅力やロールモデルとなる女性研究者を紹介し、実際の研究生活も発信しているといいます。

このように、中高生へ働きかけるだけでなく、女子入学生への優遇策も出始めています。大阪大学は二〇二二年四月から、理工系三学部で成績優秀な女子入学者五〇人に二〇万円の入学支援金を支給する制度を開始。名古屋大学工学部は一部学科の学校推薦型選抜で女子枠を設けるといいます。芝浦工業大学では、女子限定の公募推薦入試制度の導入を進めてきています。

工学分野では、従来の「重厚長大」産業だけでなく、環境保全やデジタル化などニーズが多様化していて、企業側も女性の採用に積極的という面も出てきているそうです。

ここで注目したいのは、推薦入試制度で「女子枠」を設けることです。これもアファーマティブ・アクションであり、クオータ制です。クオータ制についてはこれまでも、「逆差別」だという反対論があります。しかし、現実に大きな格差がある時期に、積極的に是正措置（優遇策）をとることは、将来をみすえた格差是正のために必要なことで差別にはあたりません。ただ、格差がほぼ是正された段階でそうした措置を撤廃することも必要でしょう。

④　積極的是正措置はあくまでも暫定的なもの

ここで、最近問題になっている都立高校の「男女別定員制」について考えてみましょう。

現在（二〇二二年）都道府県立高校で、男女別の定員を設けているのは、都立高校だけです。

これについて、性別によって入試の合格点に差がでる、男女差別の制度なので変えるべきだという意見書や署名が多数だされてきています。

たしかに、二〇二一年度の入試結果に関する東京都教育委員会の分析によると、男女別定員制をとる一一〇校のうち、過半数の五六校で女子の方が合格最低点が高く、最大で男子と一二二点もの差があったこと、合格点に差があること、そのため約八〇〇人の不合格者のうち、七〇〇人が女子だったことが判明しています。この結果は、女子だけが学校のレベルを下げて受験しなければならないという不公平であり、憲法一四条が禁止する〝不合理〟な差別といえるでしょう。この結論には私も異論はありません。

ただ、この問題も歴史的にみることが大事だと思います。

都立高校の男女別定員制は、一九五〇年に導入されています。その時期は、戦後まもなくです。戦前は男女別学、別内容、別系統、つまり「男の子のコース」と「女の子のコース」とが峻別されていました。一九四七年の憲法の施行に伴い同年に教育基本法が公布されました。そこで初めて「男女共学」が明記され、戦前の学制が根本的に改革されます。したがって、戦前の男子のみの中学校、そして女子のみの高等女学校は廃止され、男女共学になり、新制の高等学校となります。戦前の中学校、高等女学校は、ほぼ設立時期にあわせてのナンバースクールでしたが、新制高等学校に生まれ変わると同時に地域名の高校になりました。

ところで、もともと男女別学だったわけですから、女子が旧制のナンバースクールに入学するには本人あるいは周囲の抵抗もあったようで、入学者はごく少数にとどまりました。たとえば、私の出身校である都立立川高校は、もと府立第二中学校でしたが、都立立川高校になったのは一九五〇（昭和二五）年です。これに先立つ一九四九（昭和二四）年に初めて女子が入学します。二年生に一人が編入学、一年に一九人が入学します。学校全体の定員は四〇〇人ですから、女子がいかに少数かわかります。さまざまな面で女子にとっては不都合もあったのではないでしょうか。

どういう経緯と議論があったかさだかではありませんが、翌年の一九五〇（昭和二五）年四月から、同校は男子三〇〇人、女子一〇〇人となります（おそらく、日比谷高校、戸山高校なども同様だと思います）。この時点では、男子三〇〇人に対して女子一〇〇人という男女別定員は、暫定的な特別措置であったと思われます。そして、立川高校の場合、女子一〇〇人は男子一〇〇人とで男女二五人ずつ五〇人の男女クラスとされ、男子の残り二〇〇人が男子クラスと編成されました。ということで女子の立場からみると、クラスはまさに男女同数の男女共学であり、全体で二〇数人が八クラスに散らばるよりとても過ごしやすかったといえます。

また、入学試験については女子一〇〇人の定員のため、女子の高校進学率も男子よりずっと低かった時代にあっては女子はチャレンジしやすかったといえるでしょう。

しかし、男女の高校進学率もほぼ同じになり男女共学があたりまえになっている今日、男女別定員は、むしろ女子への差別につながっている実態も指摘されている今日、女子にとって「暫定的」な特別措置ではなくなり、逆に女子に不利な措置になっていることは明らかであり、早期に解消されるべきだと考えます。

このように、暫定的な積極的是正措置は、ある時期まで必要であるし、必要であったことを改めて確認したいと思います。しかし、他の分野（政治、経済分野）では、まだまだ必要があることを強調したいと思います。

（5）ケア労働の重要性と公的整備の必要性

①　ケア労働は無償労働（アンペイド・ワーク）？

「あなたは仕事をしていますか？」という質問に対して、専業主婦のみなさんはどう答えるでしょうか。一般的には「いいえ」となるでしょうが、「自分だって、家事や育児をやっているのに。なんで？」という疑問がわくでしょう。日常用語の「仕事」は生活を支える活動全般を含み、もちろん家事も育児も立派な仕事です。にもかかわらず、世間的には、家事・育児は仕事＝職業とはみられていないからです。つまり社会的には〝無償労働〟だからです。

無償ではあるけれど、生活を支えるのに不可欠な活動を経済・社会のなかにきちんと位置づけるために発明されたのが、アンペイド・ワーク（UW：unpaid work）という言葉です。アンペイド・ワークという言葉は、北京世界女性会議（一九九五年）で採用された行動綱領で初めて使われました。①経済活動のなかで過小評価されてきた農業や家族経営企業での女性の貢献、そして②経済活動として認められてこなかった育児・介護、環境保護、ボランティア活動での女性の貢献、これら従来はアンペイド・ワークとされてきた労働を、貨幣価値に換算することによって、女性が社会発展に果たしている貢献を目に見えるようにすることが提言されたのです。

これを受けて経済企画庁が日本でUWの試算を一九九七年に発表しました。その貨幣換算額は九九兆円（一九九一年のGDPの二一％に相当）に達すること、そしてこの無償労働と有償労働を合わせた仕事時間をみてみると、女性が男性を上回ることが明らかになりました（図表18）。

その意味で、UWは男の仕事＝有償、女の仕事＝無償という偏った性別役割分担を是正するための有効な概念なのです。

よく、夫が妻対して「誰にメシを食わせてもらってると思ってるのか！」とか「タダメシ食いやがって！」等と侮辱するのも、家事・育児等の労働が社会的にも〝無償〟とされていることの反映でもあります。

これら無償であるケア労働を社会的にも重要なものとして位置づけ、評価し直すことが求められます。

②　コロナ禍ではっきりしたケア労働の重要性

前述したように、家族の多様化が進むなかで、従来「家庭内」の「女性」に押しつけられてきた「ケア労働」を見直す必要があります。

ケア労働といえば、保育・高齢者介護・医療等です。これらは、かつては家庭内で家族によって担われてきた労働ですが、今日では、とても家庭（家族）では担い切れず、ケア労働として社会的にも認知されてきました。しかし前述したように、もともと家庭（家族）内で担われ、かつ女性が担ってきたが故に、政治的・経済的にも軽視されてきたといえるのではないでしょうか。保育・介護労働者の賃金がほかの職種に比べて異常に低いということに、そのことが如実に現れています。二〇二〇年財務省の調べによると、職種別月収（ボーナスを含む）が平均三五万二〇〇〇円のところ、介護職は二九万三〇〇〇円、保育士は三〇万三〇〇〇円です。これら労働はまた家庭内労働であったため、もともとは無償労働でもあったからです。本来〝ただ〟で女性が担う労働が、女性の社会進出が進むなかで、働きつづけるためには〝不可欠な〟社会的インフラにもなってきたわけです。保育所についていえば、とりわけ女性の労働権を保障し、働きつづけるには保育所は不可欠です。保育施設は社会的（公的）に制度化され整備されるべき社会的インフラ整備として当然のことなのです。そしてまた、未来社会を担う子どもを社会で育てるという社会的意義からも、そのことが言えます。だから、児童福祉法にも「市町村は、保護者の労働又は疾病その他の事由により、その監護すべき乳児、幼児、その他の児童について保育を必要とする場合において、（中略）当該児童を保育所（中略）において保育しなければならない」（二四条一項）という規定があるのです。

しかし、その保育所の整備を怠り、折あらば、民営化をねらってきたのが歴代の保守政権であったことも明らかではないでしょうか。

図表18　1日当たり労働時間

暦年	無償労働		有償労働		労働時間合計	
	男 性	女 性	男 性	女 性	男 性	女 性
1996	0時31分	3時50分	5時36分	2時48分	6時7分	6時38分

資料：経済企画庁経済研究所「1996年の無償労働の貨幣評価」平成10年5月21日公表より図解雑学ジェンダー（ナツメ社）より

1：仕事のある日
1日のスケジュール例

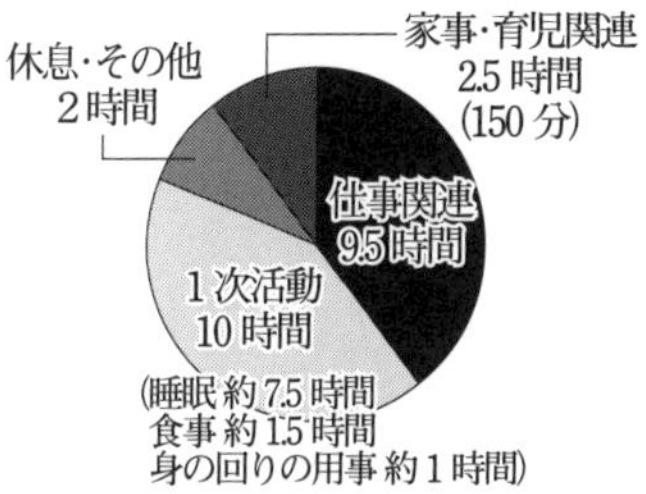

2：対象者の仕事関連時間の分布

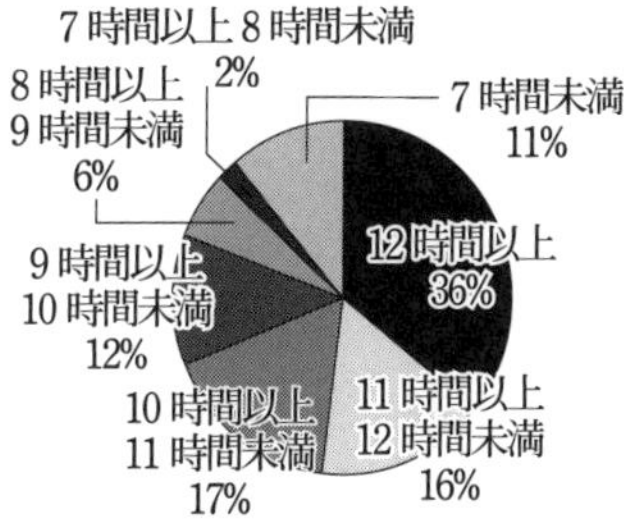

資料：国立成育医療研究センターの資料から作成。
（2022.1.25赤旗より）

　介護労働についても同様なことがいえます。介護は男女ともの労働権保障、そして、高齢者自身の生存権の確保にとって不可欠なインフラなのです。
　コロナ禍のなかで、ケア労働の重要性がいわれ出していますが、ジェンダー平等という視点からもケア労働を社会的に位置づけ、公的に整備していくことが重要です。

（6）労働時間とジェンダー平等

① 父親の家事・育児時間を一日一五〇分にするには？

国は、少子化社会対策大綱（二〇年）などで「六歳未満の子どもを持つ父親の家事・育児時間を一日一五〇分にする」という目標を掲げています。そのためには、仕事の時間をどれくらいにしたら良いのでしょうか？

国立成育医療研究所センターが、二〇二〇年初めに研究結果を発表しました。研究チームは、総務省の「社会生活基本調査」（二〇一六年）のデータから、◎一番下の子どもが未就学児、◎夫婦と子ども世帯、◎夫婦ともに就業しているといった条件を満たす父親三七五五人について「仕事のある日」の過ごし方を分析しました。分析の結果、睡眠や食事、入浴など生活に欠かせない「一次活動時間」（一〇時間）と、休息・その他の時間（娯楽・自由時間など）（二時間）を二四時間から差引き、先に引用した政府の家事・育児関連時間の数値目標一五〇分（二・五時間）を確保するとしたら、仕事関連時間（仕事と通勤に要した時間）を九・五時間未満にする必要があることがわかったといいます（図表18）。

ところが、未就学の子どもを持つ父親の七割は仕事関連時間が一〇時間以上（図表18）という実態です。しかも、一二時間以上が最多の三六％で、そうした父親の家事・育児時間の平均は一日一〇分という結果をはじめ、大多数の父親にとっては一日一五〇分の家事・育児関連時間を確保することは不可能です。同センター政策科学研究部長の竹原健二さんによると、「そもそも（家事・育児関連時間を一日一五〇分の）目標を達成しようと思ってもできる社会ではありません。働き方改革を急速に進める必要があります」と言います。そして、「一日二四時間の上限がある以上、父親の家事・育児時間を増やすには、個人の努力や意識の問題ではなく、社会の問題として捉え、代わりにどの時間を減らすかという考えが必要です」と話します。

まさに、父親の家事・育児時間を確保するのは社会の責任であり、長時間労働の是正がなければ実現できないことがわかります。

ちなみに一二時間以上の仕事関連時間は過労死ラインとされる「月おおむね八〇時間」の時間外労働を超える可能性があります。

ＩＬＯの基準では、週四九時間以上を長時間労働としていますが、日本の男性労働者のその割合は二七・三％で、先進国のなかでは異常に多いのです。たとえばフランスは一四・〇％、ドイツは一二・〇％、スウェーデンは八・七％です。[7]

夫の休日の家事関連時間が長ければ長いほど第二子以降の出生があるという統計もあります（同書二七頁）。

家事関連時間を少子化対策のみで見てもらいたくないとは思いますが、女性が家庭と仕事を両立させるには、国をあげて男性を含めた全労働者の労働時間の短縮が不可欠です。

竹原さんも〝長時間労働の是正〟は夫婦ともに定時退社できるようにする、職住接近のための家賃補助を増額するなどの提案をしています。

② 女子保護規定の撤廃の歴史

ここで、労働時間問題について、歴史をふりかえってみましょう。

日本の場合二〇一九年の「働き方改革」による労働基準法の改正より以前は、労使の協定があれば、法定の労働時間（基本、週四〇時間、一日八時間、週一日の休日）を超えて労働させることができました。残業規制はなきに等しかったのです。諸外国の場合、労働時間法制がしっかりしていて、男女とも残業も特別の場合以外はありません。

日本では、かつては、労働基準法に女子保護規定（時間外は年間一五〇時間、休日労働の制限、午後一〇時から午前五時までの深夜業の禁止）がありましたが、これらの規定は一九九七年男女雇用機会均等法の改正と同時に、「平等」の名のもとに削除されました。もっとも、労働大臣の告示により、男女とも年間三六〇時間の規制がされましたが、女性にとっては「男並み」の労働が強いられました。ただ、運動によって、育児・介護の家庭責任をもつ女性については施行後三年間は年間一五〇時間の規制が定められました。また、深夜業については「小学校入学するまでの子を養育する男女労働者」や「要介護者」を抱える男女労働者が免除を請求した場合は認めなければならないとされています。しかし、「事業の正常な運営を妨げる場合は、この限りではない」とのただし書があります。しかし、厚労省の通達でも、請求があった場合は原則認める方向での運用がされています。

二〇一九年の法改正で、ようやく労基法上、年間三六〇時間の残業規制がされましたが、三六〇時間というのはフランスの四〇時間、ドイツの六〇時間に比べ、規制にならないほど緩やかなものです。しかも、週四〇時間以内、一日八時間の法定労働時間はあくまでも原則であり、「変形労働時間」「ホワイトカラーエグゼンプション」等の名のもとに、いくらでも抜け道のある法規制です。もっと抜本的な労働時間の規制をしないと、国際語として有名な「カローシ」はなくならないでしょう。

また、家事関連労働時間の男女の公平な分担がないかぎり、女性労働者は「第二級」の労働力として男女差別賃金の口実にされる事態は解消されないでしょう。

その点でも、労働時間の短縮はジェンダー平等実現への大前提であり鍵なのです。

(7) ハラスメント対策

① ジェンダー平等は持続可能な社会の最重要課題

二〇一五年九月、国連で持続可能な開発目標(SDGs)が採択されました。SDGsは、二〇三〇年までに貧困や飢餓、気候変動や災害など、持続可能な世界に向けての一七の目標と一六九のターゲットを提示しています。SDGsの目標の五番目に「ジェンダー平等とすべての女性・少女のエンパワーメントの達成」があげられています。エンパワーメントとは、自分らしく自分の力を発揮できることです。ジェンダー平等は、他の一六の目標を達成するためにも不可欠な横断的な目標とされているのです。

たとえば、COP26が二〇二一年一二月に閉幕しましたが、開催中、市民活動家らがサイドイベントで、脱酸素社会への移行に伴う労働と雇用の〝公正な移行〟をジェンダー視点で議論したといいます。女性は、社会のなかで力がなく資金へのアクセスがないため、気候変動による影響が起きたとき大変脆弱なのです。スリランカはもともと農業国ですから、女性たちは気候変動の結果、農村から都市に移住せざるを得なくなり、多くの女性がファッション産業に依存しています。どうしたら、女性たちの労働や雇用を守りながら、脱炭素社会に移行するのかを考えなければなりません。

このように、ジェンダー平等は、気候変動対策などと底辺でつながっていることを忘れてはいけないと思うのです。

同時に、性別を問わず、誰もが人間らしく暮らせる社会にするため、女性から出発した課題を、全労働者、全国民の課題にしていく必要があります。

前述した労働時間の短縮は、まさに誰もが人間らしく豊かに生活できるためのジェンダーを超えた課題といえるでしょう。

② ハラスメント対策

次に、もともとセクシャル・ハラスメントをなくすとして登場した課題が、広く「ハラスメント」をなくす政治課題になっていることを紹介したいと思います。

(ⅰ) ハラスメントは労働相談のトップ

実は、全国の労働局の個別労働相談のなかでトップを占めるのが「ハラスメント」なのです。健康で人間らしく働きつづけるためには、長時間過密労働をなくすことはもちろんですが、ハラスメントを職場からなくすこと、これが日本でも世界でも重要課題になっています。

ＩＬＯ（国際労働機関）では、二〇一九年総会で「仕事の世界における暴力とハラスメントの禁止条約」（第一九〇号条約）と同名の勧告を採択しました。そして、日本でも、二〇一九年の第一九八回通常国会で「女性の職業生活における活躍の推進に関する法律等の一部を改正する法律」が成立し、同時に「労働施策の総合的な推進並びに労働者の雇用の安定及び職業生活の充実等に関する法律」（以下労働施策総合推進法または単に法律という）が改正されました。法改正により、二〇二〇年六月から、職場におけるパワーハラスメント防止対策が事業主に義務づけられました。中小企業は二〇二二年からの施行ですから、今年からは全企業が対象となります。

法改正に伴って、「男女雇用機会均等法」でセクハラに関する規定が、「育児・介護休業法」でマタハラの規定が改定されました。ハラスメントを受けた労働者が相談を行ったことや、その労働者の調査に協力をしたことを理由にする解雇や不利益取扱禁止が明記されたのです。さらに、これらの法律で広く事業主のハラスメント対策義務が規定されました。

事業主に義務づけられたのは、①事業主のハラスメントを許さない方針の明確化、周知、啓発、②相談体制の整備、③事後の迅速かつ適切な対応です。あわせて、行為者と被害者のプライバシー保護、不利益取扱いの禁止などです。

ＩＬＯ条約では「仕事の世界における暴力やハラスメントは人権侵害で、機会均等に対する脅威であり、容認できず、デーセントワーク（人間らしい働きがいのある労働）とは相容れない」として、ハラスメント禁止の規定を設けて、罰則・制裁についても具体的に詳しく規定しています。わが国も早期に条約および勧告を批准して、罰則・制裁を含め法的規制を強化する法改正が求められます。

（ii）ハラスメント禁止はすべての分野に

前述したように、国会議員や自治体議員についてのハラスメント防止を義務づける、候補者男女均等法の改正がありました。雇用分野でのハラスメント防止を規定する法改正もされました。しかし、学校でのハラスメントは文科省の各種通知はあるものの、個別の禁止法はなく、民法の不法行為規定（七〇九条七一五条）に拠っています。

しかし、社会全体として、どんな分野でもハラスメントは許さないという罰則・制裁つきの禁止法が必要です。まずＩＬＯのハラスメント禁止条約・勧告を批准したうえで、統一したハラスメント禁止法の制定を要求すべきでしょう。

（8）求められる女性差別撤廃条約選択議定書の批准

世界では、一九九〇年以降「ジェンダー主流化」を合言葉にして、男女差別の解消を進めてきました。あらゆる分野で、ジェンダーの視点で、法律や政策などをとらえ直すことが求められています。それが「ジェンダー主流化」です。

具体的には、政策・意思決定過程に男女半々の目標を揚げることや、前述したような積極的差別是正措置を進めること、刑法やＤＶ法等の法改正が必要です。

それに加え、国連の女性差別撤廃条約の選択議定書の批准が不可欠です。これは差別を受けた個人が一人でも女性差別撤廃委員会に差別申立（通告）することができるシステムです。国内の裁判所等で救済されなかった人びとが、国際的場面で、差別救済を申し立てることを可能にするため、一日も早い批准が求められます。

4　平和主義とジェンダー平等の関係

日本国憲法の三大原則は①国民主権、②基本的人権の尊重、③恒久平和主義です。このうち①②については近代憲法の原則として、諸外国の憲法にもある原則ですが、③については、日本国憲法ほど徹底している憲法は他に例をみません。

憲法は、九条で戦争放棄、戦力の不保持、国の交戦権の否定を宣言しているだけでなく、前文において「諸国民」の「平和のうちに生存する権利」（平和的生存権）をうたっています。すなわち「全世界の国民がひとしく恐怖と欠乏から免れ平和のうちに生存する権利を有することを確認する」と書いているのです。人びとにとっての平和は、単に、戦争や武力衝突がない状態だけでなく、日常生活のなかでの「恐怖」や「欠乏」のない状態を意味するからです。戦争は暴力の最たるもので、差別や貧困を根にもつ社会から生じ、それが人びとには「恐怖」や「欠乏」を与えます。平和な社会を築くには、戦争や武力行使をしないだけではなく、社会のなかに根強くある差別や暴力や貧困をなくしていかなければならないのです。

前文ではまた「平和を愛する諸国民の公正と信義に信頼してわれらの安全と生存を保持しようと決意した」とあります。ここには、力（暴力、軍事力）を排除し諸国民が相互に信頼（リスペクト）しあうことによって平和を維持する決意が表わされています。戦前の日本の軍国主義は、「家」制度に象徴される家父長制社会に支えられていました。だからこそ、憲法は二四条で家庭（家族）内の力の支配を排除し差別をなくすことで、平和的生存権を保障し、恒久平和主義を裏から支えようとしているのです。

家族構成員間の差別をなくし、平和と個人の尊厳をうたう二四条は、九条とともに憲法の恒久平和主義を支えているのです。

憲法学者の清末愛砂さんは、「二四条と九条が憲法の平和主義の両輪である」ことを強調し、「軍事化を進めるための明文改憲が現実のものとして差し迫っている現在、九条のオリジナルな意味とともに平和主義としての二四条の価値を社会に広げることが、喫緊の課題になっているのではないでしょうか」[8]と結んでおられます。同感です。

安保法制の強行のうえに、最近では「敵基地攻撃能力」と銘うって、軍事力強化が進められている今日、二四条の制定趣旨と過程をふりかえることによって、改めて、憲法改悪を許さない決意を固めたいと思います。

女性差別撤廃条約の前文は、「国の完全な発展、世界の福祉及び現想とする平和は、あらゆる分野において女子が男子と平等の条件で最大限に参加することを必要としている」とうたっています。また、二〇一五年に採択された国連のＳＤＧｓは、「すべての国を対象として環境、社会、経済の三つの分野に対応する二〇三〇年までの一五年間の持続可能な開発」の包括的な行動計画ですが、目指しているのは「あらゆる貧困と飢餓に終止符を打つこと。平和で公正かつ包括的な社会になること」です。ＳＤＧｓの目標五は、ジェンダー平等です。

ＳＤＧｓの一七項目の目標は、貧困の解消とジェンダー平等の実現がベースになっていますので、全分野でのジェンダー視点での統計の整備に基づく点検が不可欠です。貧困の解消は、前述した憲法前文の思想と一致しています。そして、平和の構築のためにもジェンダー平等は不可欠です。

二〇一七年に国連で採択された核兵器禁止条約には「女性および男性の双方による平等で十分かつ効果的な参加が、持続可能な平和と安全の促進と達成のための不可欠な要素であることを認識し、女性の核軍縮への効果的な参加を支援し強化することを約束すべき」とうたわれています。

核戦争が現実のものになりかねない今日、男女双方による平等で効果的な参加が、持続可能な平和と安全には不可欠であるとの指摘は胸に響きます。それはまた、憲法的価値観です。ジェンダー平等は、憲法的価値観を広げることによって達成されます。憲法を護り生活に定着させ、活かすことが求められていることを改めて強調したいと思います。

1　辻村みよ子『憲法改正論の焦点』（法律文化社、二〇一八年）一二八頁
2　宮沢俊義『法律家全集四　憲法Ⅱ』（有斐閣、一九六三年）四〇八頁
3　杉井静子「24条改憲論と家族の現状」日本科学者会議編『憲法と現実政治』（本の泉社、二〇一〇年）三一五頁
4　利谷信義「日本の家族」（法学セミナー増刊、一九七九年）一一頁
5　隈野隆徳「日本国憲法における家族と社会保障」「公法の諸問題Ⅱ」（専修大学法学研究所紀要一〇号、一九八五年）一二六頁
6　しんぶん赤旗二〇二二年一月三〇日（一二面）
7　『少子化社会対策白書　令和三年版』二六頁
8　中里見博ほか『右派はなぜ家族に介入したがるのか』（大月書店、二〇一八年）第五章・清末愛砂

あとがき

本書を書こうと思った直接のきっかけは、夫・杉井嚴一の逝去（二〇一九年一月六日）です。享年七五歳、結婚して四九年目でした。

私たちの結婚は一九七〇年で日本国憲法が発布されてから二〇年以上が経っていました。にもかかわらず彼の親族の強い反対にあいました。「結婚は両性の合意のみに基づいて成立する」という憲法と現実のギャップを思い知らされました。それから私は戦前の民法の「家」制度をことあるごとに勉強するようになりました。

すると、「家」は制度としてはなくなったけれども、家父長制的な「家」意識は日本の至るところに残っていることがわかり、講演会などで「おかしくはないですか」と問題提起してきたつもりです。

夫の逝去を機に改めて「家」制度にさかのぼって、その名残を払拭しなければジェンダー平等社会は実現しないと考えました。それが弁護士（法律家）としての私の役目ではないかと思ったのです。

私は結婚し子育てをしながらも、弁護士として仕事を続けるなかで、いつも「女性は損している」と思ってきました。しかし本書でも紹介しているように、ある時、男性の先輩弁護士から「杉井さんは産休を取る度に元気になるね」と言われて、初めて気づきました。「人間にとって休暇（休養）が必要で、走り続けなければならない男性は大変なんだ」ということ。「男並み」ではなくて「女並み」でいいんだということでした。

ジェンダー差別をなくすには、男女とも残業を厳しく規制し、労働時間を週三五時間くらいにし、有給休暇をもっと多く自由に取れるようにする。ヨーロッパ諸国では当然になっている「人間らしい働き方」こそが必要なのではないでしょうか。そうすれば男性も、もっと家事・育児にかかわるようになりますね。オランダでは「短時間正社員制度」として男女二人で「一・五人分」働く、パートでも正社員と待遇が変わらない制度があり、残りの〇・五は家族のために使うことができるといいます。そうした先進諸国の例も参考に労働時間制度を検討するのはジェンダーを問わない国民的な課題です。

私は女性弁護士として、数多くの離婚事件を担当してきました。そのなかで、女性が家庭のなかで「家庭（家族）のため」と思い込まされて人間として自分らしく生きることを阻まれてきたかを追体験してきました。「家族とは何か」「家族の中の個人」を考えさせられてきました。夫婦も、家族も、親子もさまざまであっていいのです。同性婚あり、ステップファミリーありです。しかし、家族の中ではみんな平等で、それぞれの人格が尊重されなければならないのに、そこで支配と差別がまかり通っていることこそ「家」意識の名残りです。憲法二四条が活かされていないのです。

ただ家庭で横暴な男性の中には、家族を養う責任から働きすぎであったり、さらには社会から求められる「男らしさ」や「強さ」のため傷ついている人も少なからずいるのではないでしょうか。男らしさの呪縛からの解放もジェンダー平等社会が目指すものです。

ジェンダー平等は個人の尊厳に深くかかわりますが、単なる女性の権利の拡張や地位の向上につきるものではありません。

また個々の家庭、職場だけの問題ではありません。日本の社会の民主化と憲法を真に社会に根付かせる課題なのです。社会の全分野でジェンダー視点での点検と、ジェンダー差別をなくすための取り組みが求められます。そのためには「おかしい」ことには「おかしい」と声をあげる。「おかしさ」に確信をもち、勇気をもって声をあげるための基礎知識として本書を是非ご活用ください。

夫が亡くなってからすでに三年が経ってしまいました。コロナ禍の中でなかなか筆が進まず、やっと書き上げました。本書は第一に亡夫に捧げるものです。また、二〇二二年二月には実母も亡くなりました。母は享年一〇一歳で大往生でしたが、私には大きな悔いが残っています。それは私の初めての著書『事件に見る親と子の余白』(新日本出版社、一九九六年)の中で、私が自分の子育てについての母の援助(週三回、家事を手伝ってもらい保育園の迎えをお願いした)について、一言も触れなかったことに不満を漏らしていたからです。遅ればせながら私の弁護士としての活動は夫だけではなく母や多くの周囲の方々に支えられていたことに心からの感謝と本書を捧げるものです。

日本評論社の串崎浩社長、そして武田彩さんにはさまざまな助言もいただき本当にお世話になり心から御礼申し上げます。最後に身内になりますが、ひめしゃら法律事務所の所員のみなさんには、ITに弱くパソコンも打たない私に代わり手書き原稿をパソコンに打ち込んでいただく等、他にも目に見えない御協力をいただいたことにも感謝申し上げます。

二〇二二年一二月

杉井　静子

【著者略歴】
杉井 静子（すぎい　しずこ）

1944年中国青島生まれ。中央大学法学部卒業、1969年弁護士登録。三多摩法律事務所を経て2009年にひめしゃら法律事務所を設立・所長。日弁連女性の権利に関する委員会委員長、家事法制委員会委員長、第二東京弁護士会副会長、関東弁護士会連合会理事長、立川簡易裁判所調停委員、都留文科大学ジェンダー学入門非常勤講師等を歴任。現在、労働者教育協会副会長、全国革新懇代表世話人。
主な著書に、『セクシャル・ハラスメント処方箋』（アドア出版、1990年）、『事件に見る親と子の余白』（新日本出版社、1996年）、『新しい法と自分らしい生き方』（同、1999年）、『格差社会を生きる』（かもがわ出版、2008年）、『たかが姓されど姓』（同、2010年）、『ドキュメント離婚事件』（共著、新日本法規出版、2021年）がある。

ジェンダー平等社会《びょうどうしゃかい》の実現《じつげん》へ――「おかしい」から「あたりまえ」に

2023年２月５日　第１版第１刷発行

著　者　杉井静子
発行所　株式会社日本評論社
〒170-8474 東京都豊島区南大塚3-12-4
電話　03-3987-8621（販売）　-8592（編集）
FAX　03-3987-8590（販売）　-8596（編集）
振替　00100-3-16　https://www.nippyo.co.jp/
印刷所　精文堂印刷
製本所　松岳社
装　幀　銀山宏子
検印省略　© S. SUGII 2023
ISBN 978-4-535-52689-1　Printed in Japan